Michael Luther & Evelyne Maaß

NLP Spiele-Spectrum

Basisarbeit

310 Übungen – Spiele – Phantasiereisen

Junfermann Verlag · Paderborn
2006

© Junfermann Verlag, Paderborn 1994
5. Auflage 2006
Text-Illustrationen: Martina Kohl
Das Symbol auf dem Frontcover ist ein eingetragenes Warenzeichen.

Alle Rechte vorbehalten.
Das Werk einschließlich aller seiner Teile ist urheberrechtlich geschützt. Jede Verwendung außerhalb der engen Grenzen des Urheberrechtsgesetzes ist ohne Zustimmung des Verlages unzulässig und strafbar. Dies gilt insbesondere für Vervielfältigungen, Übersetzungen, Mikroverfilmungen und die Einspeicherung und Verarbeitung in elektronischen Systemen.

Satz: Junfermann Druck & Service, Paderborn
Druck: Media-Print, Paderborn

Bibliografische Information der Deutschen Bibliothek
Die Deutsche Bibliothek verzeichnet diese Publikation in der Deutschen Nationalbibliografie; detaillierte bibliografische Daten sind im Internet über http://dnb.ddb.de abrufbar.

ISBN: 978-3-87387-055-0

Ich danke zwei Persönlichkeiten,
die mich beeinflußt und geprägt haben.

Fred Thenius, der mir vorlebt,
daß Freude geben die größte Freude bereiten kann,
und von dem ich gelernt habe,
die Vielfalt im Menschen und in der Natur zu sehen
und die Zusammenhänge zu begreifen,

und

Wolf-Dieter Schönfelder, der mich fühlen ließ,
was ehrliche Wertschätzung bedeutet
und wie ich Menschen respektvoll und liebevoll achte
und ihnen mit Anerkennung begegne.

Michael Luther

Ich danke meinem Kater Rufus -
meinem ersten und hartnäckigsten Leser -
von ihm habe ich gelernt, bedingungslos
zu lieben - in Demut und mit Genuß
zu leben.

Evelyne Maaß

Inhalt

Ein Dankeschön 9

Einladung zum neugierig-sein 13
    Neurolinguistisches Programmieren (NLP) 13
    Wie wir dieses Buch verstehen 14
    Ganzheitliches Denken, Fühlen, Bewegen, Erleben 14
    Neues spielend lernen 15
    An wen richtet sich dieses Buch 17
    Wie Du dieses Buch für Dich nutzen kannst 18
    Die Phantasie des Unbewußten wecken 19
    Tips für den Einsatz 20
        Peer-Groups 20
        Sportgruppen- und Übungsleiter, Kurs-
        und Workshopleiter, Lehrer 21
        Allgemeines 22

1. Rapport 23
    Einstimmung 24
    Kontakt aufnehmen 26
    Kontakt erhalten 47
    Kontakt beenden 73

2. Wahrnehmung 81
    Einstimmung 82
    Selbstwahrnehmung 85
    Sinne schärfen 104
    Kalibrieren 129
    Wahrnehmung versus Interpretation 136

3. Ziele 147
    Einstimmung 148
    Bewußte Ebene 150
    Unbewußte Ebene 166

4. Ressourcen 187
- Einstimmung 188
- Innere Zustände spüren 190
- Innere Zustände wachrufen 207
- Höchste Werte 232
- Quelle 244

5. Separator 251
- Einstimmung 252
- Zustandsänderungen durch aktivierende Übungen 253
- Zustandsänderungen durch regulierende Übungen 279

6. Future-Pace und Integration 297
- Einstimmung 298
- Future-Pace und Integration 298

Wir über uns 316

Glossar 319

Literatur 324

Musik 326

Stichwortartig 327

Ein Dankeschön

„Der Himmel des Spielens ist übersät mit Sternen, nach denen wir nur zu greifen brauchen."

Dieses Buch ist entstanden aus dem Wunsch heraus, genau ein solches Spiele- und Übungsspectrum zur Hand zu haben bei der Planung und Duchführung von eigenen Seminaren. Es wurde initiiert durch die Einladung von John GRINDER – dem Vater des NLP –, unsere eigenen Übungen und Spiele zu kreieren und NLP damit nicht nur anzuwenden, sondern auch weiterzuentwickeln und reicher zu machen. Diese große Auswahl und Ansammlung von Übungen, Spielen und Phantasiereisen wurde uns dadurch ermöglicht, daß wir von vielen verschiedenen Seminarleitern lernen durften, genauso durch die Neugier, Spontaneität und Kreativität der Gruppenteilnehmer in unseren eigenen Seminaren, mit denen wir Neues erproben und entdecken konnten, wie durch Veröffentlichungen von Leuten, die sich mit spielerischem Neuen Lernen befaßt haben.

Für die liebevolle, emotionale Unterstützung danken wir all unseren Bekannten, Freunden und Verwandten.

Spezieller Dank gebührt an dieser Stelle Ulrike Luther, die dieses Buch von Anfang an begleitet und unterstützt hat, indem sie durch schriftliche Umsetzung unsere Ideen gestaltet hat.

Unsere Zeichnerin, Martina Kohl, hat dem Buch einen ganz speziellen Pfiff gegeben.

Die Einbettung unseres Spectrums und die Entwicklung dieses Zeichens (siehe Front-Cover) stammt von Lauterbach und Gasper.

Bei der Überwindung der technischen Stolpersteine standen uns Dr. Caius „Poppi" Fabian und Doris Fröhlich zur Seite, helfend und beratend.

Wir freuen uns über alle die neugierig sind auf dieses Buch, weil sie dadurch die Energien geschaffen haben, daß unser Spectrum entstehen konnte, und laden alle herzlich dazu ein, aus dieser Fundgrube von Ideen zu schöpfen.

Ein Dankeschön von Michael Luther:

In meinem Studium wie auch in vielen Aus- und Fortbildungen habe ich einen neugierig forschenden Geist und eine gemeinsame, kreative Suche nach neuen Ideen und Anregungen erlebt. So sind viele der in diesem Buch vereinigten Spiele und Übungen entstanden, durch tiefe Gespräche und die lebendige Zusammenarbeit mit meinen Partnern und Kollegen. Allen, die mit ihrer Energie an diesem freien Gedankenaustausch beteiligt waren, verdanke ich wertvolle Impulse und einzigartige Qualitäten, die mich angeregt und begeistert haben.

Ein Dankeschön von Evelyne Maaß:

Während meiner NLP-Ausbildung bei Dr. Gundl Kutschera habe ich eine große Vielfalt an Übungen und Methoden kennengelernt. Diese stellen heute noch für mich den großen NLP-Pool dar, aus dem ich immer wieder schöpfen kann. Die in diesem Buch gesammelten Übungen und Spiele stammen im wesentlichen aus dieser Ausbildungszeit und sind z. T. wörtlich übernommen. Auch einen Zustand von Verbindung mit der Lebensenergie und ein grundlegendes Gefühl von Liebe habe ich bei Gundl als Quellzustand erlebt. Dies hat mich ermuntert, weiter über diese Verbindung zu forschen, um Zustände von Urvertrauen, totaler Hingabe, Liebe und Licht öfter und intensiver zu erleben. Auch Christel Ladwig verdanke ich viele spielerische Anregungen, um Wissen leicht und lustvoll weiterzugeben.

„Man kann den Menschen nichts lehren,
man kann ihm nur helfen,
es in sich selbst zu finden."

Galileo Galilei

Einladung zum neugierig-sein

Neurolinguistisches Programmieren (NLP)

NLP ist die Möglichkeit, in Deinem Leben genau das zu erschaffen, was Du erleben möchtest. Es bietet auf spielerische und leichte Art Werkzeuge und Übungen an, um zu erkennen, was jetzt schon in Deinem Leben da ist und Veränderungen und neue Qualitäten in Dein Leben zu integrieren. Dieses Verständnismodell der Welt, von John GRINDER und Richard BANDLER entwickelt, stellt wirkungsvolle Möglichkeiten bereit, die Kommunikation mit sich selbst und der Umwelt zu verbessern. Aus unserer Erfahrung mit diesem Denkansatz sind zwei Bücher entstanden, die Spiele, Übungen und Phantasiereisen zu diesem Bereich bündeln. In diesem ersten Buch widmen wir uns der Basisarbeit, also all den Grundlagen für eine gute Kommunikation mit sich selbst und anderen. Im zweiten Buch wenden wir uns dann der Veränderungsarbeit zu, den Möglichkeiten der NLP-Interventionen.

Für die grundlegenden Basisfertigkeiten im NLP halten wir:
- den RAPPORT, die Fähigkeit, sich neugierig auf die Welt des Anderen einzustellen, neugierig zu entdecken und den Anderen da abzuholen, wo er gerade steht;
- die WAHRNEHMUNG als die wesentliche Fähigkeit, sich selbst und die Umwelt zu erkennen, um auf diese einzuwirken;
- ZIELE, um genaue und wohlgeformte Aussagen zu machen, was man in seinem Leben erreichen möchte;
- RESSOURCEN, um die eigenen Qualitäten zu erleben, auszubauen, zu erschaffen und in sein Leben zu integrieren;
- den SEPARATOR, die Möglichkeit, einen Zustand gegebenenfalls zu unterbrechen und die Energie zu ändern in die gewünschte Richtung;
- die Integration und den FUTURE-PACE, um all diese Fähigkeiten auch als Qualität mit in die Zukunft zu nehmen und hineinfließen zu lassen in sein Leben oder in die Veränderungsarbeit.

Es gibt viele Wege und Möglichkeiten, NLP zu lernen und zu lehren; vom Anfang seiner Entstehung an war NLP ein „offenes System". Für uns ist es wichtig, daß Lernen Spaß machen soll und kann. Wir wollen den Rahmen schaffen, daß neue Dinge mit Spaß und Freude ausprobiert werden können, um mit Lust das ganze Leben lang dazuzulernen und innerhalb dieses Rahmens wollen wir Dich einladen, Neues auszuprobieren und Deine eigene Kreativität zu entdecken.

Wir wir dieses Buch verstehen

Obwohl das Buch sehr schön übersichtlich geordnet ist, verstehen wir es nicht als ein Rezeptbuch sondern als eine Anregung, Neues zu probieren und aus dem Angebot eigene Ideen zusammenzustellen, auf die individuelle Situation und Gruppe einzurichten und damit zu experimentieren. Wir bringen das, was andere wie ihren Augapfel hüten und bieten damit ein Spectrum an, wann, wo, wie und mit wem Du diese Möglichkeiten ausprobieren, weiterentwickeln und anreichern kannst. Deshalb interessieren wir uns auch für Deine Rückmeldung, Anregungen, Erfahrungen, einen Gedankenaustausch und natürlich auch neue Übungen. Am Ende des Buches findest Du unsere Adresse, um mit uns in Kontakt zu treten.

Ganzheitliches Denken, Fühlen, Bewegen, Erleben

Die Grundlage für unsere Arbeit stellt unser Verständnis des Zusammenhanges dar zwischen Körper, Atmung, Denken und Gefühl. Alle diese Bereiche wirken von Natur aus gemeinsam und gehen fließend ineinander über. Ausgehend von diesem ganzheitlichen Zusammenhang ergibt sich: wenn sich etwas in einem dieser Bereiche verändert, daß alle anderen mitschwingen und so ganz automatisch, selbstverständlich und leicht eine Veränderung in diesen Bereichen möglich ist. Unsere Übungen

aktivieren immer mehrere Ebenen zugleich und zielen darauf ab, die Balance zwischen Kopf, Herz und Bauch wiederherzustellen und damit das Gefühl für sich selbst wiederzufinden und das eigene Erleben umfassender, reichhaltiger und ganzheitlicher zu gestalten. Unsere Anregungen sprechen sowohl bewußte als auch unbewußte Teile im Menschen an und sind ein Ausdruck dessen, was wir unter NLP verstehen:

NLP mit Körper, Geist und Seele.

Unsere Ideen sind eingeflossen in Übungen, Spiele und Phantasiereisen, wobei:
- bei **Übungen** der Schwerpunkt auf dem zielgerichteten Ausprobieren und Erlernen neuer Fertigkeiten liegt;
- **Spiele** die Möglichkeit der gemeinsamen spielerisch-kreativen Erfahrung bieten;
- **Phantasiereisen** sich an das Unbewußte richten und die Phantasie anregen, neue Wege zu gehen.

Übungen und Phantasiereisen – für das „Denken" und das „Gefühl" – sind schon immer ein fester Bestandteil des NLP gewesen. Inwieweit auch Spiele – für den „Körper" – genau der leichten und kreativen, freudvollen Umsetzung der NLP-Prozesse dienen können, wollen wir hier aufzeigen.

Neues spielend lernen

„In seinem Spiel kann der Körper das Muster lernen für die Tat."
Dag Hammarskjöld

Viele Menschen überlassen sich heute einer Führung durch den Intellekt und unterdrücken bewußt oder unbewußt ihre Gefühle, halten sie unter „Kontrolle". Gefangen in festgefügten Bewegungs- und Verhaltensmustern ist das Gespür für natürliche Bewegungen und harmonisches Sein verlorengegangen. Damit aber nehmen sie sich vielfältige emotionale und körperliche Ausdrucksmöglichkeiten, für sich allein und im Umgang mit anderen.

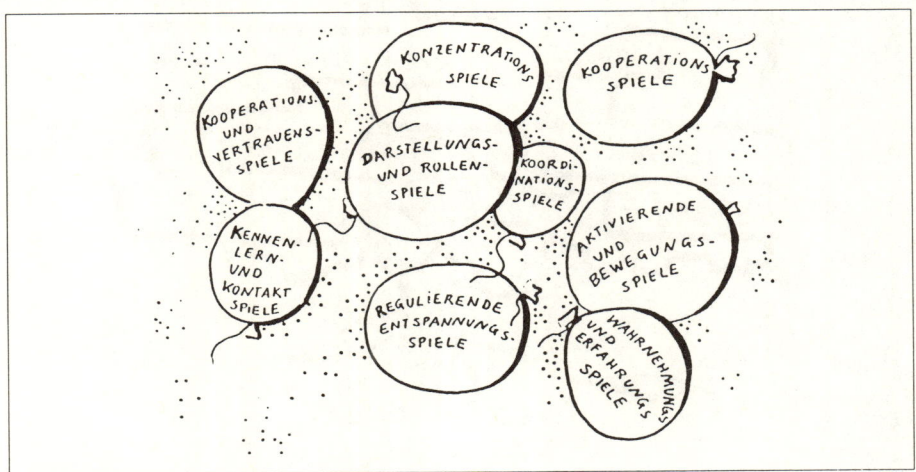

In Kindern finden wir heute noch am ehesten diese ungezwungene Lebensfreude, dieses volle Spectrum an Gefühlen und Verhaltensweisen, das uns schon nicht mehr vertraut ist und doch eine so wichtige Rolle in unserem Leben spielt. Wenn wir die Freiheit und die Freude, uns mitzuteilen wiederfinden wollen, wieder lernen, uns selbst, unseren Körper und unsere Gefühle zu achten, zu lieben und zu genießen, dann können die spielerischen Möglichkeiten des NLP wertvolle Hilfestellung auf diesem Weg anbieten.

Spiele sprechen den Menschen immer ganzheitlich an und helfen uns bewußt, zu der spielerischen Leichtigkeit von Kindern zurückzufinden, weil sie vom Gefühl und der aktuellen Stimmung und nicht nur vom Verstand allein geleitet sind. Spiel soll in erster Linie Spaß machen und durch ungezwungene Kommunikation zu Lern- und Erfahrungsprozessen führen. Spielen kann Jeder! Es stellt einen Weg dar, uns eine neue Qualität des Er-Lebens zu erschließen, eine neue Erlebniswelt, einen lustvollen Einklang zwischen Körper, Geist und Seele wiederzuentdecken. Ist dieser Prozeß einmal in Gang gesetzt, sind die Gruppenmitglieder einmal angeregt, sich selbst wahrzunehmen und zu erleben, so bekommen sie auch aus gemeinsamem Spielen und kreativer Bewegung vielfältige Informationen über sich selbst. Das Spiel ist ein Spiegel!

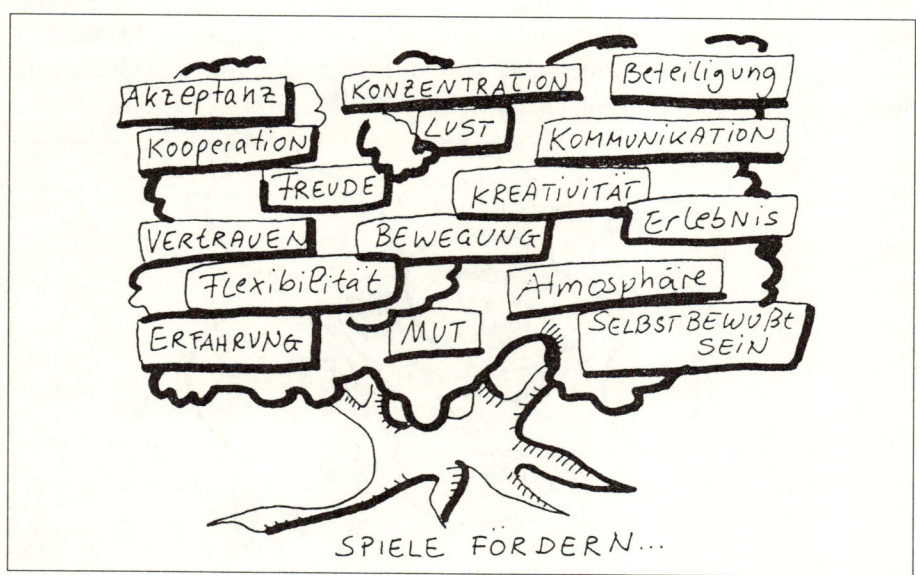

Dabei macht es für unsere unbewußte Ebene keinen Unterschied, ob wir Handlungen in einem Spiel oder in der „Realität" vollziehen. Gerade das Spielen schafft eine Atmosphäre für neue Erfahrungen und ermöglicht das Erproben ungewohnter Verhaltensweisen in ungezwungenen Situationen durch seinen „so tun als ob"-Charakter. In Rollen zu schlüpfen, die man im Alltag selten oder nie spielen kann, wird von vielen als befreiend erlebt. All diese Erfahrungen können uns unbewußt ablaufende Vorgänge wieder ins Bewußtsein rufen und dazu führen, den eigenen Bedürfnissen gegenüber aufgeschlossener und offener zu werden, Freiräume zu nutzen und Fähigkeiten wahrzunehmen. So können Spiele und NLP Dich bei der besseren Bewältigung Deiner persönlichen Lebenssituation unterstützen.

An wen richtet sich dieses Buch?

Dieses Buch richtet sich an **Dich**, wenn Du:
- Lust hast, mehr zu entdecken, was Leben sein kann – an Dir und mit anderen,
- NLP als Möglichkeit nutzen willst, Dein eigenes Spectrum zu erweitern,
- mit Menschen arbeitest oder Gruppen leitest,

weil es Basisfertigkeiten für gute Kommunikation anbietet und übt. Als

NLP-Anwender,
        NLP-Gruppenleiter,
                Peer-Group-Mitglied,
                       Kurs- und Workshopleiter, Lehrer,
                            Sportgruppen-/Übungsleiter,

kannst Du Dir aus diesem Füllhorn von Ideen eigenverantwortlich Deine eigenen Übungen und Spiele kombinieren und so Dein ganz individuelles Programm erstellen. Wir laden Dich dazu ein neugierig zu sein, nach den Sternen zu greifen und aktiv Dein eigenes Glück mitzugestalten.

Obwohl wir Dich bereits seit einiger Zeit duzen, möchten wir Dir hier das Du anbieten. Wir verstehen dies als Einladung, eine Grundlage für Nähe und Vertrauen zu schaffen, in der Du dieses Buch genießen kannst. Es richtet sich an alle Menschen, gleichermaßen an Männer und Frauen. Im weiteren Verlauf haben wir aus Platzgründen darauf verzichtet, hinter jedes „man" eine „/frau" zu setzen und hinter jeden Teilnehmer oder Leiter jeweils ein „In" oder „Innen". Wir möchten alle Frauen dazu einladen, sich dieses entweder selber zu halluzinieren oder sich auch als Gruppenmitglied, als Spieler, als Gruppenleiter angesprochen zu fühlen.

Wie Du dieses Buch für Dich nutzen kannst

Zu jedem Kapitel findest Du eine kurze Einstimmung auf das Thema und eine Einteilung der dazu gehörenden Unterkapitel. In der folgenden Übersicht werden alle Spiele und deren Variationen einzeln aufgelistet und mit der Seitenzahl versehen, so daß sie leicht und schnell zugänglich sind. Alle in diesem Buch vorkommenden Übungen, Spiele und Phantasiereisen sind in einem Index alphabetisch aufgelistet.

Über allen Ideen findest Du eine Kopfzeile, die Dir anzeigt, in welchem Kapitel und Unterkapitel Du Dich gerade befindest:

<u>WAHRNEHMUNG</u>   <u>Kalibrieren</u>

Die nächste Zeile ist dem Titel der jeweiligen Idee gewidmet:

Sprechende Hände

In der dritten Zeile haben wir der Übersichtlichkeit halber Übungen, Spiele und Phantasiereisen jeweils mit einem kleinen Kasten versehen, in dem die Art der Anregung durch ein Kreuzchen gekennzeichnet ist:

Form: **Übung:** ☐   **Spiel:** ☒   **Phantasiereise:** ☐

Um deutlich zu machen, was wir für den wesentlichen Aspekt genau dieser Anregung halten, gibt es eine kleine Skizze, eine Zeichnung.

Ziel: Hier findest Du eine stichpunktartige Beschreibung dessen, was der Hintergrund dieser Idee ist.

Weitere Anwendungsmöglichkeiten: Unter diesem Punkt haben wir Ziele, Möglichkeiten und Erfahrungen, wie wir diese Idee außerdem noch angewandt haben, zusammengefaßt.

Gruppengröße: Sie ist frei wählbar. Wir unterteilen die Vorschläge in:

☺ **Einzelübungen**, also Übungen und Spiele, die unabhängig von der Anzahl der Beteiligten ihre Wirkung für jeden einzelnen Mitspieler zeigen und die auch alleine durchführbar sind.

☺ ☺ **Partnerübungen**, Übungen und Spiele, deren Durchführung mit Unterstützung eines Partners möglich und sinnvoll sind.

☺ ☺ ☺ **Dreier- bis Fünferübungen**, Übungen und Spiele, zu deren Umsetzung wir drei bis fünf Teilnehmer empfehlen, und **Gruppenübungen**, deren

Wirkung auf der gemeinsamen Erfahrung in der Gruppe beruht. Ergänzend findest Du Angaben zu Mindestgrößen, die wir empfehlen, wenn Du die Übung in der beschriebenen Form durchführen willst.

Dauer: Die angegebene Zeit ist ein Erfahrungswert, der abhängig ist von Gruppengröße, Zielsetzung, Motivation und Tempo der Mitspieler.

Material: Hier findest Du Angaben, welche Materialien für den beschriebenen Spiel- und Übungsaufbau notwendig oder sinnvoll sind. Für die meisten Spiele und Übungen brauchst Du keine Hilfsmittel. Einfache Materialien wie Stifte, Papier, Karten, Stühle oder Decken sind auf einem Seminar oder in einer Wohnung meist vorhanden; wir empfehlen Dir, für die Durchführung vieler Spiele gerade im Bereich der Sinneswahrnehmung, Augenbinden anzuschaffen oder herzustellen. Für einige Übungen und Spiele benötigst Du umfangreicheres Material; Angaben hierüber kannst Du der jeweiligen Beschreibung entnehmen.

Musikvorschlag: Dies kann immer nur ein Vorschlag sein, der nach dem eigenen Geschmack und Empfinden so ausgewählt werden kann, daß er für Dich stimmt. Wenn bei Musik gesungen wird, achte darauf, daß der Text Eure Ziele unterstützt. Für die Spielvariationen können alle Musikvorschläge des jeweiligen Hauptspieles genommen werden.

Beschreibung/Anleitung: In einer Beschreibung geben wir den Ablauf eines Spieles oder einer Übung wieder; in einer Anleitung regen wir an, wie diese Übung, dieses Spiel, die Phantasiereise anzuleiten möglich ist.

Variationen: Hier haben wir Spiele und Übungen ähnlicher Art und mit gleichen Zielen zusammengefaßt und als Variation kenntlich gemacht. Ohne Namen sind dies Variationen des Hauptspieles; mit eigenem Namen gibt es etwas Eigenständiges, Neues in der Variation. Durch kleine Änderungen ergeben sich vielfach ganz neue Wirkungen oder eine ganz neue Einsatzmöglichkeit für ein Spiel.

Anmerkungen: Unter Anmerkungen haben wir noch einmal auf einige wesentliche Punkte, auf die es zu achten gilt, hingewiesen.

Die Phantasie des Unbewußten wecken

Eine besondere Betrachtung widmen wir den Phantasiereisen, die in uns das Unbewußte ansprechen, die Ebene des Kreativen und des Träumens. Sie wollen diese Fähigkeiten nutzbar machen und auf dieser Ebene Antworten finden, Gedanken und Ideen entwickeln; sie können Gefühle und Erinnerungen wiederbeleben, die vielleicht schon lange nicht mehr gefühlt, lange nicht mehr erinnert wurden. Im entspannten, losgelösten Zustand schaffen sie wieder Zugang zu uns selbst, um die eigene innere Weisheit zu mobilisieren, zu erwecken und zu inspirieren.

Da sich die Phantasiereisen an das Unbewußte richten, sind sie in einer anderen Sprache und Ausdrucksweise verfaßt. Dieses Modell stammt von Milton Erickson, einem der bedeutendsten Hypnotherapeuten, der den Spruch prägte: *„Das Unbewußte ist Dein Freund. Und Du kannst es nutzen und mit ihm einen freundschaftlichen Kontakt herstellen, um mit Dir im Einklang zu leben."* Die deutliche Unterscheidung von der Alltagssprache ist gewollt, um genau diese Öffnung, diese Lösung vom Alltag, vom Rationalen zu bewirken. Du wirst bemerken, daß die Sätze länger als gewöhnlich sind und teilweise nicht der normalen Grammatik folgen, daß viele Verbindungen durch „und", „oder", „wenn ... dann" und „während" entstehen. Nicht immer erscheint der Verlauf unserem Alltagsbewußtsein logisch. Hierbei kommt es nicht so sehr auf das Verstehen (durch das Bewußte) als auf das Bewirken (über das Unbewußte) an.

Um diesen Phantasiereisen möglichst viel abzugewinnen, ist es sinnvoll, sie langsam und mit einer eigenen Betonung zu lesen und Dich möglichst in einen dieser Zustände zu versetzen, die dabei erreicht werden sollen. Sorge vorab dafür, daß Ihr die gesamte Zeit Ruhe habt, es in dem Raum warm und gemütlich ist, jeder eine weiche Unterlage hat und bequem eine Weile so liegenbleiben kann. Die Musik kann den Zugang zum Kreativen unterstützen und sollte diesen Prozeß leise begleiten. Wenn die Reise zuende ist, achte darauf, daß alle liebevoll mit ihrem Körper umgehen und wirbelsäulenschonend über die Seite hochkommen. Um das Erlebte optimal zu integrieren, kannst Du Deine Teilnehmer dazu einladen, sich in Kleingruppen oder zu zweit darüber auszutauschen. Am Ende hole bitte alle in einen wachen, energievollen Zustand ins Hier und Jetzt zurück.

Tips für den Einsatz

Peer-Groups

Wir haben dieses Buch so entworfen, daß jeder seine eigene Komposition für sich zusammenstellen kann. Für die Gruppenarbeit – beispielsweise in Peer-Groups – empfehlen wir grundsätzlich, das Treffen mit einer RAPPORT-Übung zu beginnen, weil sie alle weiteren Übungen erleichtert, und mit einer FUTURE-PACE-Übung zu beenden, weil diese Übungen darauf abzielen, die gemachten Erfahrungen in den Alltag zu integrieren.

Für alle, die noch weitere Anregungen suchen, um ein Peer-Group-Treffen zu gestalten, geben wir zwei kurze Beispiele, wie ein solches Treffen bei uns aussehen würde und verlaufen kann:

- Erst einmal festlegen, was das Ziel des Treffens ist!
- Dann ein oder zwei von den RAPPORT-Übungen zusammenstellen;
- unter dem Ziel des Treffens einige Übungen, Spiele und Phantasiereisen aussuchen, gemeinsam durchführen und besprechen;
- abschließen dann mit einer FUTURE-PACE-Übung zur Integration.

Achtet darauf, daß es immer einen Wechsel von Aktivität und Ruhe gibt, so daß eine Ausgewogenheit entsteht und dieses Treffen allen Beteiligten Spaß macht. Grundlage aller gemeinsamen Aktivitäten ist der respektvolle Umgang miteinander und das Ziel, den Anderen da abzuholen, wo er gerade steht und ihn mitzunehmen. Nehmt Euch nach jeder Übung und jedem Spiel die Zeit, Eure Empfindungen und Gefühle auszutauschen und so die gewonnenen Erfahrungen für Euch zu integrieren.

Ziel:	**WAHRNEHMUNG, Alle Sinne schärfen**	Ziel:	**RESSOURCEN, Motivatoren finden**
Dauer:	**2-4 Stunden**	Dauer:	**2-4 Stunden**

Einstieg:	**Suchen u. Finden** **Augenkontakt**	Einstieg:	**Rückengruß** **Das Körpergedicht**
Inhalt:	**Blinzeln** **Lauffeuer** **Tonkette** Gewitter **Orgelpfeifen** **Zauberwald**	Inhalt:	**Guten Morgen** **Wertehierarchie** **In Fluß sein** Uhrwerk **Waschanlage** **Fan-Post**
Ausklang:	**Rücken beschenken** **FUTURE-PACE**	Ausklang:	**Atem-Meditation** **FUTURE-PACE**

Sportgruppen- und Übungsleiter, Kurs- und Workshopleiter, Lehrer

Viele der in diesem Buch aufgeführten Übungen, Spiele und Phantasiereisen lassen sich auch für den Einsatz in Sportgruppen hervorragend zur Umsetzung folgender Schwerpunkte einbringen:

- Entspannung und Selbsterfahrung,
- funktionelle Körper- und Haltungsarbeit,
- gute Kommunikation und Zusammenarbeit,
- ganzheitlich gesundheitsorientierter Breitensport,
- Abenteuer- und Erlebnispädagogik,
- vielfältige sensitive Wahrnehmungsschulung,
- Stundeneinstimmung, Kennenlernphasen, Stundenausklänge.

Allgemeines

Alle Ideen eignen sich für die Gestaltung von Seminaren, Treffen, Übungsstunden, gemeinsamen Aktivitäten und eigenen Erfahrungen. Viele der Spiele kannst Du auch einsetzen, um einen abwechslungsreichen Abend mit Freunden zu gestalten. Um die Anregungen für alle zu einem „Spielraum", einem Erlebnis werden zu lassen, ist es notwendig:
- Freiwilligkeit, persönliches Interesse und Neugier zu wecken;
- Grundregeln und Sicherheit zu bieten, um sich darauf einlassen zu können;
- eine Atmosphäre von Vertrauen, Respekt und gegenseitigem Aktzeptieren herzustellen;
- einen Raum für Freiheit und Selbstbestimmung zu kreieren;
- einen „Spielraum" mit Atmosphäre (Größe, Temperatur, Musik, Ruhe, Farben, Licht, ganzheitliche Sinnesbeeinflussung) zu schaffen.

Wenn Du magst, verleg Euren „Spielraum" in die freie Natur, in der Ihr gemeinsam eine Fülle unvergleichlicher Bewegungsmöglichkeiten und Wahrnehmungserfahrungen machen könnt. Überleg dabei für Dich, wie Du die Bedürfnisse der Umwelt anerkennen kannst, um Dich respektvoll im Einklang mit der Natur zu bewegen.

Wenn Du die beschriebenen Ideen in Deiner Gruppe einführen und umsetzen willst, dann kann es Dir helfen:
- ein eigenes „Verhältnis" zu Spielen zu haben; in jedem Fall schon eigene Erfahrungen erlebt zu haben, bevor Du mit der Gruppe spielst, um Ängste und Hemmungen von Teilnehmern zu verstehen;
- Wünsche und Erwartungen Deiner Gruppe wahrzunehmen;
- Deine Teilnehmer dazu anregen herauszufinden, was ihnen gut tut;
- Freiräume anzubieten und wahrzunehmen, wie sie gestaltet werden;
- Musik einzusetzen, wenn sie die Prozsse hilfreich unterstützen kann;
- Deine Wahrnehmung und Intuition für die Gruppenprozesse zu öffnen, um herauszufinden, wo Du unterstützen oder wo Du loslassen kannst.

Wenn Du Lust hast, kannst Du Deiner Phantasie freien Lauf lassen, Dir Deine eigenen Variationen ausdenken, mit diesen Übungen spielen und sie auf Deine Situationen, Bedürfnisse und Erfahrungen anwenden. Dies alles stellt eine Möglichkeit dar, mit diesem Buch umzugehen. Vielleicht bist Du für Dich schon neugierig darauf, was Du alles in diesem Buch wiederentdecken, neu beleben und neu entdecken kannst und wie Deine Art, mit diesem Buch umzugehen, sein wird.

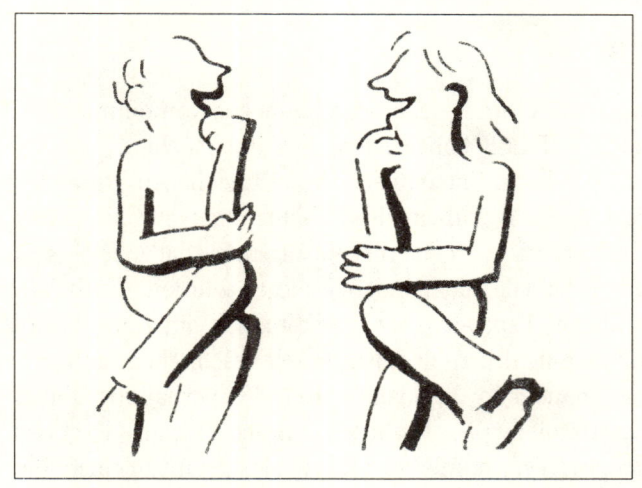

Rapport

Kontakt aufnehmen 26

Kontakt erhalten 47

Kontakt beenden 73

Einstimmung

Im NLP nennt man die Grundlage für eine gelungene Kommunikation RAPPORT. GRINDER und BANDLER haben Menschen untersucht, die eine Situation als vertrauensvoll öffnend oder unterstützend bezeichnet haben. Durch Videoaufnahmen haben sie festgestellt, daß in diesen Situationen jeweils übereinstimmend bestimmte Grundvoraussetzungen gegeben waren. Sie haben festgestellt, daß nonverbale und verbale Signale miteinander gespiegelt wurden und daß die Bewegungen wie ein sinnlicher Tanz aussahen. Die Situation am Abendbrottisch in einer Familie, die ihr Familienleben als harmonisch beschrieben hatte ergab, daß die Mitglieder untereinander in Resonanz waren, Körperhaltung und Bewegungen aufeinander abgestimmt gespiegelt wurden, Stimme, Tonfall, Geschwindigkeit und Lautstärke miteinander harmonierten und sich insgesamt zu einem harmonischen Ganzen zusammengefaßt haben.

Dieses Spiegeln kann auf folgenden Ebenen stattfinden:
- die Gesprächspartner nehmen die gleiche Körperhaltung ein;
- beide bewegen sich im gleichen Rhythmus, mit der gleichen Gestik, Mimik;
- sie sprechen in gleicher Geschwindigkeit (Sprechrhythmus, Töne usw.);
- beide atmen in der gleichen Atemfrequenz;
- gleiche Repräsentationssysteme;
- gleiche Sprache und Wortwahl, gleicher Dialekt;
- gemeinsame Inhalte;
- gemeinsame Stimmung.

Sind eine oder mehrere dieser Übereinstimmungen gegeben, wird der Kontakt meist als gut und vertrauensvoll beschrieben.

Im NLP nennt man diese Art des „sich auf den anderen Einstellens" PACEN; das „bewußte Führen und Verändern eines Zustandes" wird LEADEN genannt. RAPPORT ist jedoch mehr als nur PACEN und LEADEN. Es bedeutet, sich in die Welt eines anderen einzufühlen, neugierig zu sein auf dessen Sichtweise der Welt und ihn dort abzuholen, wo er wirklich ist und ihn mitzunehmen. Sich mit allen Sinnen in andere hineinzuversetzen, um so viel Informationen wie möglich über deren Befinden, Fühlen, Denken und Erleben zu bekommen. Es schafft die Voraussetzung für Verständnis, gegenseitiges Vertrauen und respektvollen Kontakt.

Wir haben den ersten Teil des Kapitels „Kontakt aufnehmen" genannt, um durch Üben und Spielen die Eleganz in diesem Bereich zu verbessern, wie Du andere dazu einladen kannst, daß sie gern mit Dir zusammen sind und Lust haben, Neues zu entdecken oder einfach nur, die Zeit mit Dir zu genießen.

Wenn Du diesen Kontakt hergestellt hast, kannst Du im zweiten Teil dieses Kapitels ausprobieren, wie Du diesen „Kontakt aufrechterhalten", erweitern und vertiefen kannst. Hier kannst Du herausfinden, was es bedeutet, mit anderen – Menschen, Partnern oder einer Gruppe – in Resonanz zu sein, wie eine Welle gemeinsam zu schwingen.

Der dritte Teil dieses Kapitels beschäftigt sich mit dem „Beenden von Kontakt". Wie Du Dich diplomatisch und respektvoll aus einem Kontakt zurückziehen, elegant eine Grenze ziehen oder diesen gemeinsamen Tanz beenden kannst. Wenn Du „automatisch" in vielen Situationen Deines Lebens RAPPORT hast, dann ist es vielleicht hilfreich für Dich zu üben, wie Du wieder weggehen, Dich lösen kannst. Um Dich aus einer Gruppe, einer Erfahrung oder einer Situation zu verabschieden und die Qualitäten dieses Treffens mit in den Alltag zu nehmen, haben wir in dem Kapitel „FUTURE-PACE" noch einige Übungen gesammelt, die einen Kontakt oder eine gemeinsame Erfahrung respektvoll beenden helfen.

Alle unsere folgenden Anregungen sind mehr als nur Techniken. Sie leben von der Echtheit, Deiner Überzeugung und Deiner inneren Haltung, mit der Du auf Menschen zugehst. Diese Einstellung und Atmosphäre und das Schaffen von RAPPORT sind die Voraussetzungen, damit Du bei allen Übungen, Spielen und Phantasiereisen die Wirkung gemeinsam und intensiv mit Deinen Partnern erleben und empfinden und genießen kannst.

Wegweiser

Ankommen ☺☺☺ 27

Suchen und Finden ☺☺☺ 30
Namenskreis ☺☺☺ 31
Autogramme ☺☺☺ 31
Berühmtheiten ☺☺☺ 31
Rückenposter ☺☺☺ 32
Shake Hands ☺☺☺ 32
Paarfindung ☺☺☺ 32
Augenkontakte ☺☺☺ 32
Antworten ☺☺☺ 33

Schneeflocke ☺☺☺ 34
Gleich und gleich ☺☺☺ 35
Kristalle ☺☺☺ 35
Begrüßen ☺☺☺ 35
Magnetfeld ☺☺☺ 35
Rückengruß ☺☺☺ 35

Marktplatz ☺☺☺ 36
Begegnungen ☺☺ 37
Wege ☺☺ 38

Ich bin ich ☺ 39

Rapport klassisch ☺☺☺ 40
Gemeinsam atmen ☺☺ 41
In den Mokassins des Anderen ☺☺ 42
Überkreuzspiegeln ☺☺ 42
Krabbel-Shiatsu ☺☺☺ 43
Sprachspiegel ☺☺ 43

Popcorn ☺☺☺ 44
Frau Holle ☺☺☺ 45
Stadtverkehr ☺☺☺ 45
Fröhlicher Teppich ☺☺☺ 46

Kontakt aufnehmen　　　　　　　　　　　　　　　　RAPPORT

Ankommen

Form: Übung: ☐　　Spiel: ☐　　Phantasiereise: ☒

Ziel:
Rapport und Resonanz in der Gruppe herstellen

Weitere Anwendungsmöglichkeiten:
Ganz ankommen; sich auf die jeweilige Übung, den Nachmittag oder die Gruppe einstimmen; das Thema des Treffens vorstellen

Gruppengröße: ☺☺☺

Dauer:
15-20 Min

Material:
– – –

Musikvorschlag:
Karunesh: Colours of light
oder Constance Demby: Secret Space

Anleitung:

Um zu beginnen, komm zum Kreis zusammen und spüre erstmal, wie Du hier ankommen kannst – stehen und wahrnehmen, wie Dein Kontakt zum Boden ist – wie Du hier ankommen kannst und weißt, daß die nächste Zeit für Dich ist – und Du alles, was Du nicht mehr brauchst, hinter Dir lassen kannst, in dem Wissen, daß Du später all das erledigen wirst, was Dir jetzt noch eingefallen ist. Du kannst dies jetzt abschließen und ganz hierher kommen – ganz hier ankommen. Spüre, wie Du stehst – vielleicht kannst Du auch schon die anderen im Kreis wahrnehmen und wie Dein Platz im Kreis ist – den Kreis, in dem jeder jeden sieht und wo alles Persönliche hier im Kreis bleibt. Laßt uns den Kreis schließen, indem Du die Hände rechts und links nimmst und, wie beim Sufitanz, die linke mit der Handfläche nach unten und die rechte mit der Handfläche nach oben – links vom Herzen geben und mit der Rechten empfangen. Und spür, wie sich die Hände rechts und links anfühlen – unterschiedlich oder ähnlich – und wie Du ein Teil dieses Kreises bist. Die Metapher dafür ist, daß jeder jeden sieht und daß jeder wichtig ist – daß Du wichtig bist und daß alle gleich wichtig sind. Nimm wahr, wie Du ein Teil dieses Kreises bist, unterschiedliche Energien spüren kannst und auch spüren kannst, wie Du in Kontakt bist mit der Erde und mit den Anderen durch Berührung. Laß all das, was Du jetzt noch loslassen kannst, durch die linke Hand in den Kreis fließen – loslassen und fließen lassen – und laß Dich überraschen, was rechts zurückkommt – transformiert und auf eine neue Art, weil alles, was Du loslassen kannst, nur Energie ist, die Du reingeben in den Kreis und transformieren lassen kannst. Dann laß all die Gedanken kommen, warum Du heute hergekommen bist und was Dein Ziel ist – was Du Dir für heute vorgenommen hast – was für Dich wichtig ist. All die großen und kleinen Sachen, die Du Dir für dieses Treffen heute vorgenommen hast – was Du möchtest in der Gruppe – mit anderen wiederentdecken – neu entdecken. Laß all die Ideen kommen, die wichtig sind für Dich in bezug auf das Thema – auf das Thema, was wir heute gewählt haben. All das, was Dich daran berührt – was Dich bewegt – was Du daran noch entdecken oder mehr und öfter erleben möchtest. Laß all die Ideen kommen, was es für Dich bedeutet – was Du Dir wünschst, von den anderen hier und von Dir selbst – und wie Du für Dich dafür sorgen kannst, daß Du das bekommst, was Du gerne haben möchtest. Laß Dich überraschen, was Dir einfällt – vielleicht mit einem Bild oder einem Symbol – oder vielleicht eine ganz klare Antwort – und laß es dann für Dich deutlicher werden – oder wenn es noch nicht ganz klar ist, einfach weiterlaufen mit dem Wissen, daß es im Laufe des Tages für Dich klarer und deutlicher werden kann. So, daß Du für Dich eine Idee bekommst, was Du hier erleben möchtest und erleben wirst – und wie Du dazu beitragen kannst, daß genau das kreiert wird, was Du in Deinem Leben mit anderen gemeinsam kreieren möchtest, so daß das Freundliche im Universum mehr wird – und welches Dein Beitrag dazu sein kann, hier mit den anderen, heute. Laß Ideen kommen, wie Ihr das gemeinsam machen könnt und wann Ihr anfangen werdet und auch schon ein bißchen Neugierde, was die anderen haben – was sie gerne erleben, ausprobieren möchten – mit Dir gemeinsam herstellen wollen – laß ein bißchen Neugierde kommen und verabschiede Dich dann von den Händen rechts und links auf Deine Art. Komm in

Deinem Tempo ganz hierher zurück, um dann gemeinsam mit den anderen etwas Neues auszuprobieren, zu entdecken.

Anmerkungen:
- Manchmal ist es nicht ganz einfach, sofort in der ersten Stunde einen Energiekreis zu machen und sich gegenseitig zu berühren, trotzdem ist es schön, wenn Du die Metapher vom Kreis erzählst und wenn die Leute sich im Kreis gegenüber stehen, so daß jeder jeden sehen kann und die Berührung beim nächsten Energiekreis hinzukommt.

RAPPORT   Kontakt aufnehmen

Suchen und Finden

Form: Übung: ☐   Spiel: ☒   Phantasiereise: ☐

Ziel:
Kennenlernen

**Weitere Anwendungs-
möglichkeiten:**
Wahrnehmung schulen

Gruppengröße: ☺☺☺

Dauer:
15-25 Min.

Material:
Zettel, Stifte, 1 Behälter

Musikvorschlag:
Mike Oldfield: Five miles out

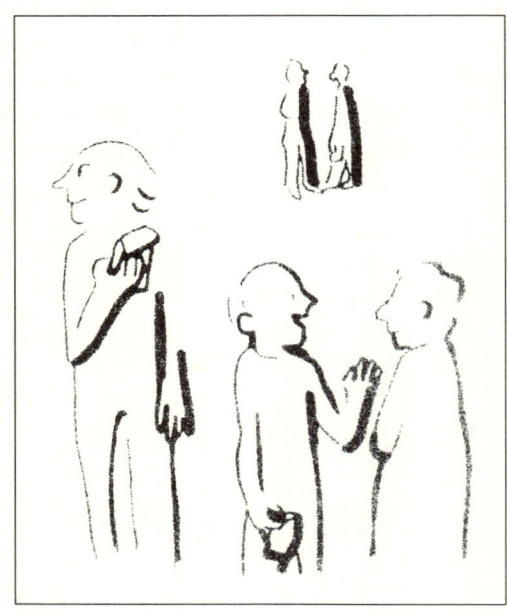

Beschreibung:

Jeder schreibt auf drei Zettel namenlos je ein unbekanntes persönliches Merkmal oder eine typische Eigenschaft; Beispiele: bin Linkshänder, schlafe ausgesprochen lang, schwimme gerne, bin neugierig. Sammelt die Zettel ein und teilt je Mitspieler drei aus; eigene werden wieder getauscht. Nun bewegt Euch frei im Raum umher und versucht, die „Besitzer" der Merkmale und Eigenschaften ausfindig zu machen. Wer einen Verfasser seiner Zettel gefunden hat, setzt dessen Namen darunter. Hat jeder alle seine „Partner" gefunden, werden die Zettel reihum vorgelesen.

Variationen:

☺ ☺ ☺ Je 1 Zettel soll aus dem Bereich kommen: *Hobby, persönliche Stärke, Erwartungshaltung an die nächste Aktivität*. So kannst Du den Focus aller Gruppenmitglieder bereits in eine positive Richtung lenken.

☺ ☺ ☺ Zusatzaufgaben beim *Finden* erhöhen den Reiz dieses Spieles. So sollen etwa die Teilnehmer nicht nur alle „Autoren" ausfindig machen, sondern auch möglichst viel über sie in Erfahrung bringen, wie: Wer ist der „Autor", wo kommt er her, was macht er beruflich, was hat er für Hobbies, Vorlieben, Wünsche, was bedeuten seine Karten, … .

☺ ☺ ☺ **Namenskreis** (6-12 Min.)
Bewegter wird das *Vorstellen*, wenn Ihr einen Kreis bildet und der Erste beginnt, indem er einen seiner „Autoren" mit Namen benennt und mit nur einem Satz vorstellt. Wähle dafür einfach das Merkmal aus, das Dir noch am besten in Erinnerung ist; mit fortlaufender Dauer werden sich die Informationen gut ergänzen. Der so Benannte geht schnell in die Kreismitte und ruft einen seiner „Autoren" mit Namen und einem Satz auf; daraufhin wechseln beide ihre Plätze. So kommt viel Dynamik und Abwechslung in diese Übung und die Namen werden häufig wiederholt.

☺ ☺ ☺ **Autogramme** (10-25 Min.; Zettel und Stifte)
Eine Hälfte der Gruppe betätigt sich als Autogrammsammler, die anderen sind Prominente. Die Sammler machen sich mit Stift und Zettel auf, 4-5 „Autogramme" von Prominenten zu erhalten und diese kurz zu interviewen; dabei sind alle Fragen erlaubt, die der Partner gern beantwortet und die Ihr gemeinsam vorstellen möchtet. Jeder Prominente darf höchstens 4 Autogramme geben; unterschreibt mit Eurem eigenen Namen, damit Ihr die Namen Eurer Mitspieler kennenlernt. Hat jeder Sammler 5 Autogramme, so werden die Prominenten kurz vorgestellt; dabei ergänzen sich alle Autogrammsammler gegenseitig mit den Antworten, die sie erhalten haben. Danach werden die Rollen getauscht.

☺ ☺ ☺ **Berühmtheiten** (6-12 Min.; vorbereitete Karten, Klebeband)
Jeder bewegt sich frei durch den Raum. Dabei hat ihm vorher der Spielleiter eine Karte mit dem Namen einer „Berühmtheit" auf den Rücken geklebt; dies können reale Personen aber auch Phantasiefiguren sein, wie: Albert Einstein, Marilyn Monroe, Donald Duck, … . Wichtig: die Namen dem Wissensstand aller angleichen. Nun soll Jeder erkennen wer er ist, wobei er alle zu sich befragen darf, jedoch nur mit Fragen, die mit Ja oder Nein zu beantworten sind. Noch spannender wird es, wenn die Berühmtheiten aus Eurem Themenbereich gewählt werden.

☺ ☺ ☺ **Rückenposter** (6-12 Min.; Blätter, Stifte, Klebeband)
Jeder Teilnehmer hat auf dem Rücken ein leeres Blatt mit Klebeband befestigt und bewegt sich frei durch den Raum. Sei einfach neugierig, wem Du dabei begegnest und welche Idee Du von der Person hast. Schreibe Deinen Eindruck ganz spontan auf das „Rückenposter" des Partners und laß Dich dann weitertreiben, bis Du einem neuen begegnest. Du kannst auch selbst diese Form der Rückenmassage genießen und neugierig sein, welche Eindrücke andere von Dir haben.

Tausche Dich dann mit einem Partner aus: Wie wirkt das auf Dich, was Dir andere schenken? Und was von dem kannst Du annehmen, was andere über Dich denken, ohne Dich zu kennen? Anschließend kannst Du nun in einer gemeinsamen Runde Deinen Partner vorstellen.

☺ ☺ ☺ **Shake Hands** (6-12 Min.)
Alle Gruppenmitglieder überlegen sich, wie oft sie jedem, dem sie begegnen, die Hand schütteln wollen (1-5x). Nun gilt es herauszufinden, wer von den anderen die Hände ebenso häufig schüttelt wie Du selbst. Freu Dich, einige Gleichgesinnte gefunden zu haben und findet Euch zu Gruppen zusammen.

☺ ☺ ☺ Schüttelt einander die Hände und haltet Euch als Paar solange fest, bis jeder von Euch mit der freien Hand jeweils einen neuen Partner begrüßen kann. Wenn Ihr zum Abschluß dann Eure Partner festhaltet, könnt Ihr eine Schlange bilden, die wächst und immer länger wird.

☺ ☺ ☺ **Paarfindung** (6-12 Min.)
Alle stehen mit geschlossenen Augen dicht beieinander und strecken einen Arm diagonal vor; dabei bewegen sie sich langsam durcheinander. Treffen zwei Hände zusammen, so öffnet ruhig die Augen, nehmt den Partner wahr und begrüßt ihn.

☺ ☺ ☺ **Augenkontakte** (6-12 Min.)
Alle Gruppenmitglieder stehen im Kreis mit dem Gesicht zur Kreismitte. Jeder versucht, mit einem beliebigen Mitspieler im Kreis in „Augenkontakt" zu treten; das kann jemand sein, der einem selbst im Kreis gegenübersteht oder auch der nächste Nachbar. Sobald Ihr Euch gegenseitig anseht, tauscht beide Eure Plätze und haltet dabei den Augenkontakt aufrecht. An dem neuen Platz angekommen, verabschiedet Ihr Euch mit den Augen voneinander und sucht Euch einen neuen Kontakt. Achtet darauf, daß alle in das Spiel miteinbezogen werden. So können viele Paare auf einmal die Plätze tauschen. Gestaltet den Platztausch anfangs

schweigend; später könnt Ihr Euch dann in der Mitte auf Eure eigene Art begrüßen und dann Euren Weg fortsetzen.

☺ ☺ ☺ **Antworten** (6-12 Min.; Zettel)

Alle bewegen sich frei durch den Raum. Jeder Mitspieler erhält einen Zettel mit einer Aufgabe, zu der es einen entsprechenden Partner gibt; Beispiele: „Eine Mutter, die ihr Kind sucht – ein Kind, das nach seiner Mutter ruft", „Ein Junge, der seinen Hund ruft – ein Hund, der sein Herrchen sucht" (oder: Flugzeug-Landeplatz; Radfahrer-Fahrrad; ...). Jeder Spieler soll nun seine Aufgabe wort- und gestenreich umsetzen – ohne die Worte selbst auszusprechen –, um möglichst bald seinen Partner zu finden.

RAPPORT   Kontakt aufnehmen

Schneeflocke

Form: Übung: ☐   Spiel: ☒   Phantasiereise: ☐

Ziel:
Kontaktaufnahme

Weitere Anwendungsmöglichkeiten:
Aktivierung (Separator); Einstimmung; Wahrnehmungsfähigkeit/Bewegungsempfinden schulen

Gruppengröße: ☺☺☺

Dauer:
6-12 Min.

Material:
- - -

Musikvorschlag:
Andreas Vollenweider: Behind the gardens

Beschreibung:
Alle Gruppenmitglieder bewegen sich auf die Musik wie „Schneeflocken" durch den ganzen Raum; dabei können sie sich gegenseitig durch Berührung einfrieren. Ein eingefrorener Mitspieler erstarrt in seiner augenblicklichen Bewegung; er kann nun auf sich aufmerksam machen und durch die liebevolle Berührung eines anderen Spielers wieder zum Leben erweckt werden; Beispiele: einmal um die eigene Achse drehen, die Position des Partners spiegelbildlich darstellen, den anderen durch eine Umarmung erwärmen. Laßt Euch genug Zeit, um miteinander in Kontakt zu kommen und Euch wahrnehmen zu können. Später können ohne Rufen und Sprechen die „eingefrorenen" Spieler nur durch Blicke auf sich aufmerksam machen und ohne Worte darum bitten, erlöst zu werden.

Variationen:

☺ ☺ ☺ **Gleich und gleich** (8-15 Min.)
Beginnt wie bei „Schneeflocke". Wenn die Musik stoppt, finden sich Gruppen nach Kriterien zusammen; Beispiele: Augenfarbe, Geburtstag, Schuhart. Laßt Euch genug Zeit, daß alle in Kontakt miteinander kommen und sich wahrnehmen können. Nun könnt Ihr Euch auch Aufgaben stellen; Beispiele: bringt verschiedene Körperteile von Euch selbst oder von zwei Partnern in Kontakt, wie Ellbogen und Kopf, Hand und Ferse, Schulter und Ohr.

☺ ☺ ☺ **Kristalle** (8-15 Min.)
Alle bewegen sich frei durch den Raum. Einzelne Spieler bleiben stehen und beginnen, eine bestimmte Bewegung zur Musik am Ort auszuführen. Andere Mitspieler kommen dazu, übernehmen die Bewegung und bilden ein „Kristall". Sie können auch selbst den Kern neuer Gruppen bilden oder sich nach kurzer Zeit wieder lösen. Wenn der Kern eines Kristalls seine Bewegung abbricht, löst sich dieser Verbund auf und jeder bewegt sich selbst weiter.

☺ ☺ ☺ **Begrüßen** (6-12 Min.)
Beweg Dich frei zur Musik und nimm mit anderen Kontakt durch anschauen oder zublinzeln auf. „Begrüße" den anderen durch Gesten, Körperkontakt oder eigene Ideen; dabei kannst Du die tollsten Arten mit den vielfältigsten Körperteilen ausprobieren. Nimm wahr, wie sich diese Situationen verändern, wenn Du die Bewegungen in Zeitlupe oder Zeitraffer ausführst.

☺ ☺ ☺ **Magnetfeld** (8-15 Min.)
Alle bewegen sich zur Musik mit einem „Magnetfeld" durch den Raum. Nähern sich zwei Spieler, können sie sich anziehen oder abstoßen. Sie können als Paar „neutral" weiter durch den Raum tanzen, dabei aber immer wieder aktiv werden und sich abstoßen. Jeder Spieler hat für sich die Verantwortung, wann und wielange er einen Kontakt aufnehmen und wann er ihn beenden möchte.

☺ ☺ ☺ **Rückengruß** (6-12 Min.; langsame, sanfte Musik)
Alle bewegen sich ruhig und mit geschlossenen Augen rückwärts durch den Raum und suchen den Kontakt mit einem anderen Rücken. Treffen sich zwei Rücken, begrüßen sie einander und erfühlen sich. Nimm wahr, wie dieser andere Rücken sich anfühlt, was er Dir mitteilen möchte und was Du ihm Angenehmes geben kannst. Wenn Ihr Euch genug ausgetauscht habt, löst Euch wieder voneinander und sucht einen neuen Rücken.

RAPPORT   Kontakt aufnehmen

Marktplatz

Form: Übung: ☐   Spiel: ☒   Phantasiereise: ☐

Ziel:
Kontaktaufnahme

Weitere Anwendungsmöglichkeiten:
Kennenlernbereich;
Aktivierung (Separator)

Gruppengröße: ☺☺☺

Dauer:
8-15 Min.

Material:
– – –

Musikvorschlag:
Jean-Michel Jarre: Equinox

Anleitung:
Beweg Dich frei mit allen anderen durch den ganzen Raum, während Ihr eine Geschichte erlebt, Euch in einer Geschichte begegnet.
„Stell Dir vor, Du bist in einer völlig fremden Stadt auf dem Marktplatz. Du läufst umher, schaust keinen an, berührst keinen, sondern schaust nur auf den Boden. Achte beim Herumgehen auf Deine Gefühle ... (2 Minuten warten) ... jetzt schau einmal auf, Du bemerkst die anderen Leute, schaust Dich um – aber noch niemanden richtig an ... (1 Minute warten) ... jetzt schau Dir die Leute genauer an, sieh ihnen in die Augen beim Vorbeigehen ... (1 Minute warten) ... jetzt begrüß die Leute, denen Du begegnest, indem Du sie kurz an der Schulter anfaßt – aber nicht sprechen ... (1 Minute warten) ... so, jetzt nimm mal die Begrüßungsart in diesem Land auf, man zieht sich hier gegenseitig ganz zart am Ohrläppchen. Mit wem willst Du diese Geste ausprobieren? ... (2 Minuten warten) ... Du bist jetzt schon sehr vertraut in dieser Stadt und kannst die anderen wie alte Bekannte begrüßen.

Das geht so: Faßt Euch gegenseitig an die Schultern, schaut Euch in die Augen und schüttelt Euch ein wenig. Mit wem willst Du diese Begrüßungsform ausprobieren? ... (2 Minuten warten) ... Du hast jetzt eine Reihe Erfahrungen gemacht. Such Dir einen Partner und unterhalte Dich mit ihm über diese Übung. Was hat Dir gefallen, was nicht? Wie hast Du Dich gefühlt?"

Variationen:

☺☺ **Begegnungen** (20-30 Min.)

Laß Dich von der Musik durch den Raum bewegen – laß Dich einfach mitnehmen – und such Dir einen Partner aus, mit dem Du jetzt für ungefähr 3 Minuten eine Unterhaltung haben wirst. Setzt Euch gegenüber, schaut Euch gegenseitig an und atmet tief durch. Wer von Euch anfangen will, hebt die Hand. Wenn Du Deine Hand gehoben hast, dann entspanne Dich. Deine Aufgabe ist es nun zuzuhören. Die nächste Minute kannst Du Deinem Partner zuhören, ohne ihn zu unterbrechen. Wenn Du dran bist mit sprechen, schildere Deinem Partner eine Minute lang das, *was Du getan hättest, wenn Du heute Abend nicht hierhergekommen wärst* – dann wechselt (1 Minute) – tauscht Eure Namen aus und verabschiede Dich wieder. Dann beweg Dich wieder durch den Raum – laß Dich von der Musik ein bißchen entspannen – von der Bewegung etwas in Fluß bringen und such Dir wieder einen Partner. Setzt oder stellt Euch, so daß Ihr es beide bequem habt. Erzähl demjenigen 1 Minute lang, *an wen er Dich erinnert* – dann wechselt – und Du hörst zu, an wen Du den anderen erinnerst, ungefähr 1 Minute, ohne zu unterbrechen. Dann nennt Eure Namen – und verabschiedet Euch wieder – um Dich dann wieder mitnehmen zu lassen von der Musik – laß Dich wieder von einem Partner anziehen – macht es Euch irgendwo bequem für ungefähr zwei Minuten – und erzähl demjenigen, *was Du vermutest, was er wirklich gut kann* – laß Dich von Deiner Phantasie mitnehmen – und spinn all die Sachen aus, von denen Du glaubst, daß derjenige sie wirklich gut kann. Wechselt Euch dann wieder ab – Name – verabschieden – beweg Dich zur Musik, um einen neuen Partner zu finden. Erzählt Euch gegenseitig etwas *über Eure Vorlieben, Eure Hobbies, Eure Talente* – wieder von der Musik mitnehmen lassen, einen Partner finden – erzählt Euch gegenseitig, *was Dich zu einem wirklich guten Freund macht* – welche Fähigkeiten oder Qualitäten, welche Talente Dich zu einem guten Freund machen – laßt Euch hierfür ungefähr 3 Minuten Zeit. Laß Dich anschließend wieder von der Musik mitnehmen – laß das nachschwingen, was Du jetzt erlebt hast und schließ es innerlich für Dich ab – vielleicht schon so ein kleines bißchen neugierig darauf, wen Du hier in der Gruppe noch näher kennenlernen wirst – und was Du auch noch weiter entdecken kannst. Anschließend könnt Ihr eine Namensrunde machen.

☺☺ **Wege** (25-30 Min.)

Du sitzt Deinem Partner gegenüber. Schaut Euch an und atmet tief durch. Wer anfangen will, hebt die Hand. Wenn Du die Hand gehoben hast, dann entspanne Dich jetzt, denn Deine Aufgabe ist es nun, Deinem Partner zuzuhören, ohne zu unterbrechen. Bist Du mit Sprechen dran, schildere Deinem Partner 3 Minuten lang *Deine Vergangenheit*. Erzähle, wie Deine Kindheit und Jugend, Dein Elternhaus waren; erzähl aber kein wahres Wort sondern nur Lügen! – Für die kurze Zeit sei so frech, kreativ, erfinderisch wie möglich und lüge, was das Zeug hält – dann wechselt.

Als Nächstes erzählt Ihr Euch gegenseitig *Euer schlimmstes Erlebnis*. Seid aber dabei so witzig, humorvoll und kreativ wie möglich, macht daraus eine Komödie – stellt das Ereignis so lächerlich und komisch dar, wie Ihr nur könnt – tut so, als hättet Ihr dieses Ereignis bewußt inszeniert. Wechselt Euch dann wieder ab – 3 Minuten jeweils, ohne Unterbrechung.

Schaut Euch gegenseitig an – Ihr könnt Euch auch an den Händen halten – und erzählt Euch gegenseitig *Eure Pläne für die Zukunft*. Bei den Zukunftsplänen könnt Ihr so unrealistisch sein, so übertrieben und all das hineinnehmen, was Ihr gerne machen wollt – seid so kreativ, so phantasievoll wie möglich. Nimm Dir wieder 3 Minuten Zeit – und dann wechselt.

Schaut Euch wieder an und erzählt als nächste Möglichkeit dem anderen, *was Ihr ganz besonders gerne mögt, was Ihr glaubt, was Ihr wirklich gut könnt und warum Ihr ein wirklich guter Freund sein könnt*. Nimm Dir wieder 3 Minuten Zeit ohne Unterbrechung und wechselt Euch dann ab.

Erzählt Euch dann in den nächsten 3 Minuten *etwas über Eure Vorlieben, Eure Hobbies, Eure Talente*, 3 Minuten, dann Wechsel. Denkt Euch alle möglichen Fragen aus, die dazu führen, Nähe herzustellen, Vertrauen zu gewinnen, eine wirkliche Kommunikation zwischen den Partnern herbeizuführen.

Es ist wichtig darauf zu achten, daß eine Atmosphäre des Vertrauens entstehen kann, daß die Partner sich öffnen können und daß Ängste und Unsicherheiten überwunden werden, dadurch, daß die Atmosphäre tolerant und liebevoll ist.

Kontakt aufnehmen RAPPORT

Ich bin ich

Form: Übung: ☐   Spiel: ☒   Phantasiereise: ☐

Ziel:
Kennenlernen, Kontakt

**Weitere Anwendungs-
möglichkeiten:**
Innere Zustände (Ausdruck);
Aktivierung

Gruppengröße: ☺
In der Gruppe

Dauer:
8-15 Min.

Material:
- - -

Musikvorschlag:
- - -

Anleitung:

Komm mit allen aus der Gruppe zu einem Kreis zusammen und nimm wahr, wie der Kreis einen Ort der Geschlossenheit, des Geborgenseins, des Vertrauens darstellt. Einen Ort, wo Du ganz Du selbst sein kannst, wo Dich alle dabei unterstützen, Du selbst zu sein und wo auch alle ein kleines bißchen neugierig darauf sind, wie Du Dich einbringst, was Dein eigenes, unverwechselbares „Zeichen" ist und wie sich dieses Zeichen anfühlt. Wenn Du beginnen möchtest, dann tritt in den Kreis und nenne Deinen Namen. Gleichzeitig kannst Du eine Bewegung mitbringen, eine Gestik, Mimik, eine Ausdrucksmöglichkeit Deiner selbst vormachen, mit der Du sagst: „Ich bin ich; seht her, so bin ich." Alle anderen wiederholen die gleiche Bewegung mehrfach und nennen dabei auch Deinen Namen. Nimm wahr, wie es sich anfühlt, ganz Du selbst zu sein und auch, wie Dich Deine Stimme und Körperhaltung, Deine Bewegung, einfach Dein ganzer Ausdruck dabei unterstützen können.

Rapport klassisch

Form: Übung: ☒ Spiel: ☐ Phantasiereise: ☐

Ziel:
Kontakt aufnehmen

Weitere Anwendungsmöglichkeiten:
Muster erkennen

Gruppengröße: ☺☺☺
Dreierübung

Dauer:
7 Min. je Partner

Material:
Stühle, Sitzgelegenheiten

Musikvorschlag:
– – –

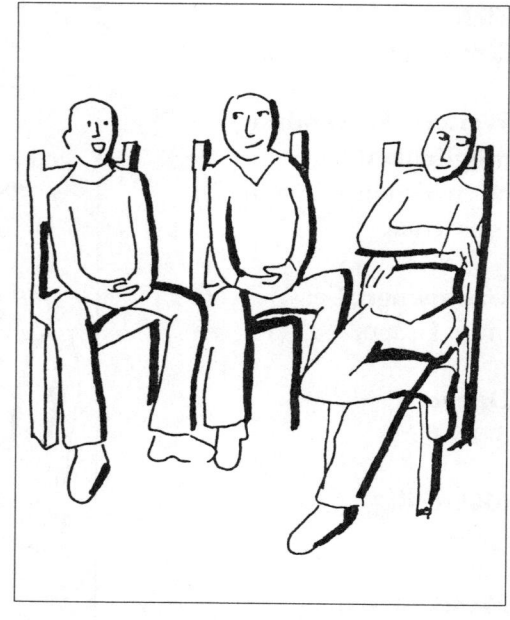

Anleitung:
Findet Euch zu Dreiergruppen zusammen und sucht Euch einen Platz, wo Ihr Euch als Gruppe gemütlich hinsetzen könnt, so daß Ihr Euch gut verstehen könnt und Ihr Ruhe habt. Setzt Euch so zurecht, wie Euch die Nähe und Sitzposition angenehm ist. Wählt dann einen aus der Gruppe aus (A), der Euch später etwas Angenehmes erzählen wird, entweder, was sein Hobby ist oder was er im Urlaub gemacht hat. Derjenige geht dann vor die Tür und wird dort instruiert, daß er lediglich seine Geschichte erzählen soll, wie sie ihm einfällt. Die anderen werden keine Fragen stellen und nicht antworten, höchstens „ja" oder „mh" sagen. Er soll nur darauf achten, wie es ihm selber geht während dieser Übung und all das tun, was er normalerweise auch tun würde – also sich so weit wie möglich auf diese Übung einlassen. Versuchen, einfach nur zu erzählen, als wenn er in einem normalen Zusammenhang jemandem erzählen würde, was er im Urlaub gemacht hat oder was sein Hobby ist – die Gruppe drinnen erhält die Instruktion, daß einer – nämlich B – die Körperhaltung spiegeln wird, den Rapport aufnehmen, also den

Blickkontakt halten, ab und zu an völlig unwesentlichen Stellen nicken und möglichst unauffällig elegant genau die gleiche Körperhaltung einnehmen soll – ähnlichen Atem oder Bewegungen machen soll wie derjenige, der die Geschichte erzählt (A). C wird jeweils eine andere Körperhaltung einnehmen, den Blickkontakt unterbrechen und auch jeweils eine gegenläufige Bewegung machen – also den Rapport brechen. A rechnet nicht damit, daß sie Fragen stellen oder antworten und daß sie höchstens mal „ja" oder „mh" sagen.

Dann A hereinholen und kurz die Geschichte erzählen lassen. Auswertung in der großen Gruppe – erst erzählen die A's jeweils, wie es ihnen ergangen ist, wie sie sich gefühlt und was sie gemacht haben. Hier wird oftmals schon der Unterschied deutlich, die Gratwanderung zwischen Wahrnehmung und Interpretation. Dann wird den A's die Instruktion für die im Raum Befindlichen gesagt, so daß sie wissen, daß sie sowohl gespiegelt als auch nicht gespiegelt wurden, damit sie raten können, wer von beiden in ihrer Gruppe sie gespiegelt hat. Dann die Befragung der C's, ob es ihnen leicht gefallen ist, den Rapport zu brechen und der B's, ob es Ihnen leicht gefallen ist, den Rapport zu halten. Danach können noch weitere Auswertungen stattfinden über die Muster.

Variationen:

☺☺ **Gemeinsam atmen** (8-12 Min.; Stühle)

Such Dir einen Platz gemeinsam mit Deinem Partner, wo Ihr in Ruhe 10 Minuten sitzen bleiben könnt. Stellt Eure Stühle so weit auseinander, wie es Euch angenehm oder so nah zusammen, wie es Euch recht ist. Während der Übung dürft Ihr lachen, gähnen, Eure Stühle auseinanderstellen und die Körperhaltung ändern. Ansonsten nonverbal. Wenn Du anfängst, kannst Du Dich zurücklehnen und einfach nur Deinen eigenen Atemrhythmus atmen. Als Partner wirst Du versuchen, diesen Rhythmus wahrzunehmen – da wo Du ihn am leichtesten entdecken kannst. Achte auf die Schultern, den Bauch, die Brust, die Nasenflügel, und ob Du ihn hören kannst und nimm den Atemrhythmus auf und atme mit Deinem Partner mit. Ganz einfühlen in den Rhythmus und mitatmen. Ihr könnt Euch defocussiert anschauen oder, wenn Du magst, kannst Du Deinen Partner anschauen und den Atemrhythmus defocussiert wahrnehmen. Laß Dich für einige Minuten auf den Atemrhythmus Deines Partners ein. Dann wechselt. Es fängt dann der, der eben den Rhythmus des anderen mitgeatmet hat an, sich in seinen eigenen Rhythmus einzufühlen – einfach so zu atmen, wie Du immer atmest. Dein Partner nimmt nun Deinen Rhythmus auf und atmet eine Weile mit Dir – einfühlen in den

Rhythmus des Atmenden – nach einigen Minuten beginnt, Euch *gegenseitig* darauf einzuspüren, den Rhythmus des anderen wahrzunehmen und einen gemeinsamen Rhythmus zu finden – miteinander zu schwingen, wie eine Welle. Seid neugierig, was Ihr erlebt, wenn Ihr beide in Resonanz geht. Schließt die Übung damit ab, daß Ihr Euch beieinander bedankt, daß Ihr das miteinander erleben durftet. Der Atem ist etwas sehr Intimes.

☺ ☺ **In den Mokassins des Anderen** (30 Min.)

Geh mit Deinem Partner etwa eine halbe Stunde lang spazieren. Jeder führt 15 Minuten lang: das bedeutet, daß Du einfach nur so läufst wie Du läufst, und schaust wo Du hinschaust, und Dich so bewegst wie Du Dich normalerweise bewegst, und all das tust, was Du auf einem Spaziergang tun würdest. Als Partner hast Du die Aufgabe, genau die gleichen Bewegungen zu machen, all die gleichen Dinge zu tun, dorthin zu schauen, wohin Dein Partner schaut – genau das zu erleben, was derjenige im Wald oder auf einem Spaziergang erlebt, als wenn Du in dessen Schuhen laufen würdest. Dann wechselt. Tauscht Euch anschließend über das Erlebte und Eure Gefühle dabei aus.

☺ ☺ **Überkreuzspiegeln** (8-12 Min. je Partner)

Such Dir einen Partner und setzt Euch so gegenüber, daß Du die Atmung des anderen wahrnehmen kannst und daß innerhalb seines Gesichtskreises auch noch Dein Fuß zu sehen ist. Nimm den Atemrhythmus des anderen mit einer Fußbewegung auf, indem Du jeweils zu dem Atem auf- und abwippst. Spiegele überkreuz dann nochmal auf einem anderen Kanal (auditiv), indem Du zu dessen Atemrhythmus einen Rhythmus klopfst. Oder kinästhetisch, indem Du ihn mit der Hand berührst und in seinem Atemrhythmus die Berührung veränderst. „Überkreuzspiegeln" heißt, den Atemrhythmus oder die Sprechgeschwindigkeit oder Bewegung in einem anderen System spiegeln. Dies ist die ungewohntere von all den Rapportübungen. Nehmt Euch wirklich Zeit, dies zu üben. Das Überkreuzspiegeln stellt die Möglichkeit dar, einen Rapport herzustellen mit jemandem, dessen Körperhaltung man nicht einnehmen möchte oder kann – dessen Atem man nicht aufnehmen möchte – zum Beispiel im Krankenhaus oder bei jemandem, der in einem schlechten Zustand ist. Dies ist die brillanteste Form, den eigenen Rhythmus zu behalten und trotzdem mit einem anderen mitzuschwingen.

☺ ☺ ☺ **Krabbel-Shiatsu** (30-45 Min.; Decken)
Teilt Eure Gruppe in zwei Hälften auf, von denen die eine beginnt, sich im Kreis bäuchlings auf Decken zu legen. Jeweils 1 Partner fühlt sich in einen Liegenden ein und gibt dann dessen Atemrhythmus durch Berührung wieder, indem er mit seinen Händen am Rücken beginnt, diesen Rhythmus zu begleiten. Wichtig für den Begleitenden: Den eigenen Atemrhythmus beibehalten. Je weiter er zu den Bereichen Beckenabwärts kommt, desto mehr muß er dabei vom kinästhetischen Sinn umschalten auf andere (visuelle) Wahrnehmungsmöglichkeiten. An den Füßen verabschiedet Euch dann von Eurem Partner und geht zum Nächsten weiter. Nach einem Durchgang wechseln Liegende und Berührende ihre Rollen. Dieses Spiel ist eine gute Übung, mit einem anderen mitzuschwingen und dabei seinen eigenen guten Zustand zu halten.

☺ ☺ **Sprachspiegel** (12-15 Min. je Partner)
Mach es Dir mit Deinem Partner bequem und unterhaltet Euch über ein angenehmes Erlebnis; zum Beispiel „Urlaub". Finde im Gespräch heraus, auf welchem „Kanal" der andere überwiegend Worte benutzt und spiegel ihm die Worte oder den Sinneskanal wieder; das heißt, daß Du andere Worte hieraus benutzt. Wenn er überwiegend im visuellen Bereich ist, benutze auch Du solche Worte. Wechselt er in den auditiven Bereich, dann stell Du Fragen oder antworte ihm in diesem Sinneskanal. Tauscht Euch darüber aus, was dies für Eure Verständigung ausmacht.
Beispiele für die einzelnen Sprachebenen
Visuell: Sich vorstellen, ein Bild machen, vorsichtig, leuchten, farbig, neblig, klar, Meinungsbild, schwarzsehen, erhellen, Durchblick, meiner Ansicht nach, offensichtlich, ein Einsehen haben, einbilden, aufs Ansehen achten, sonnenklar, Ausblick.
Auditiv: Hören, stimmig finden, berufen sein, tönen, abstimmen, Laut, Geschrei, klangvoll, umstimmen, bestimmt, anklingen, eintönig, lautlos, sang- und klanglos, mit Pauken und Trompeten, zustimmen, lauthals.
Kinästhetisch: Spüren, fühlen, berührt sein, begreifen, weich, warm, behandeln, fest, glatt, bedrückt sein, Eindruck, Gespür haben, behutsam, empfinden, Ausdruck, spannend, Angriff, sanft, zart, kribblig, Herzklopfen, pulsieren, ergreifend.
Olfaktorisch/Gustatorisch: Riechen, schmecken, das stinkt mir, mein Geschmack, scharf, bitter, schal, süß, duftend, Aroma, salzig, geschmacklos, sauer sein, muffig, verschärft, fischig.

Popcorn

Form: Übung: ☐   Spiel: ☒   Phantasiereise: ☐

Ziel:
Kontaktaufnahme,
Kontakt erhalten

**Weitere Anwendungs-
möglichkeiten:**
In Resonanz kommen;
Aktivierung (Separator)

Gruppengröße: ☺☺☺

Dauer:
10-20 Min.

Material:
– – –

Musikvorschlag:
Popcorn/Classic Disco

Beschreibung:

Alle Gruppenmitglieder stehen frei verteilt im Raum. Der Spielleiter erzählt zunächst eine kleine Geschichte, zu der sich nach und nach alle bewegen und in Kontakt miteinander kommen. „Denkt Euch, Ihr seid Maiskörner und sitzt in einer heißen Pfanne, alle ganz eng beieinander. Nun wird es in der Pfanne immer heißer. Was macht der Mais, der zu heiß wird? Richtig, er springt hoch, macht ‚Pop' und ist zu Popcorn geworden. So springen wir auch gleich hoch, wenn es uns in der Pfanne zu heiß geworden ist und hüpfen herum. Popcorn ist aber süß und klebrig. Daher bleiben wir an jedem hängen, mit dem wir in Berührung kommen." So kommen nach und nach immer mehr zusammen, bis alle zu einem großen süßen hüpfenden Haufen Popcorn geworden sind. Mit geschlossenen Augen ergeben sich noch phantasievollere Möglichkeiten, miteinander zu schwingen.

☺ ☺ ☺ **Frau Holle** (8-20 Min.)
Der Spielleiter ist Frau Holle, alle Gruppenmitglieder sind weiche Daunenfedern. Stellt Euch in einem Viereck auf, welches ein Federbett darstellt und verständigt Euch, ob Ihr Euch angefaßt oder frei bewegen wollt. Frau Holle schüttelt nun dieses Bett auf und ab, nach rechts und nach links, wobei alle Federn spielend, leicht und federnd diese Bewegungen mitmachen.
Nun hat das Federbett einige Löcher, so daß einzelne Federn als Schneeflocken im Raum herumtanzen.
Wenn sich mehrere Schneeflocken berühren, werden sie zu einem Schneeball, ...

☺ ☺ ☺ Findet eigene Variationen für dieses Spiel heraus, die Euch veranschaulichen, in welchen Rollen und Situationen Ihr Kontakt aufnehmen könnt und was Du dazu beitragen kannst, diesen Kontakt zu erhalten. Beispiele: Könnt Ihr eine Perlenkette sein, die an einem Hals schwingt, plötzlich aufgeht, ihre Perlen verliert und wieder einzeln zusammengelesen wird? Oder ein großes Zelt aus vielen Zeltstangen und einer Plane, das gerade aufgebaut wird, plötzlich vom Wind zerzaust und zerlegt und dann wiedererstellt wird? Usw..

☺ ☺ ☺ **Stadtverkehr** (8-15 Min.)
Jeweils 4 Mitspieler stellen ein „Auto" dar, indem sie in einem Viereck stehen und die einzelnen Sitzplätze markieren. Der „Fahrer" steht vorne links und gibt Fortbewegungsart und Richtung des Fahrzeugs an. Das „Auto" selbst kann vorwärts oder rückwärts fahren und Richtungsänderungen jeweils durch eine Vierteldrehung nach links oder nach rechts ausführen; dabei wenden sich alle „Mitfahrer" der neuen Richtung zu. Wenn eine solche Drehung stattgefunden hat, wechselt automatisch die Position des „Fahrers" zu dem, der dann vorne links steht.
Nach einigen „Proberunden" könnt Ihr Euch nun durch den „Stadtverkehr" wagen, indem sich alle „Autos" gleichzeitig durch den Raum bewegen. Auf diese Weise könnt Ihr Kontakt mit den anderen Gruppenmitgliedern aufnehmen und gemeinsam immer neue Aufgaben kreieren, bei denen Ihr Euch schnell und genau aufeinander einstellen sollt. Könnt Ihr während Eurer Fahrt sogar „Gepäckstücke" zwischen Euch einklemmen und Euch ohne zuhilfenahme der Hände bewegen?

☺ ☺ ☺ **Fröhlicher Teppich** (8-15 Min.)
Lege Dich entspannt in Rückenlage auf den Boden und atme ruhig und gleichmäßig durch. Beim Ausatmen lasse ein lautes, offenes „Ha" ertönen. Dies ist das Signal für den Zweiten, der nun Kontakt mit Dir aufnehmen kann, indem er sich so im rechten Winkel zu Dir hinlegt, daß sein Kopf auf Deinem Bauch liegt; dabei läßt er ein „Ha, Ha" ertönen. Setzt das solange fort, bis alle Mitspieler untereinander Kontakt haben und die gemeinsame Atembewegung oder das „Ha Ha" genießen.

Wegweiser

Neunundneunzig Luftballons ☺ 49
Blindentanz ☺ 50
Ballontausch ☺☺☺ 50
Wirrwarr ☺☺ 50
Kopf an Kopf ☺☺☺ 50
Gegendruck ☺☺ 50
Schwertransport ☺☺☺ 51
Schleuder ☺☺☺ 51
Schleuderkette ☺☺☺ 51
Langer Atem ☺☺☺ 51
Aus ☺☺☺ 51
Akkord ☺☺☺ 51

Haften ☺☺ 52
Klebstoff ☺☺ 53
Ferngespräch ☺☺ 53
Blickkontakt ☺☺☺ 53
Quo vadis ☺☺ 53

Gegenwind ☺☺ 54
Harmonie ☺☺☺ 54
Schienennetz ☺☺☺ 55
Kleine Fläche ☺☺ 55
Drachentanz ☺☺☺ 55
Zeitungsmusik ☺☺☺ 55
Platzwechsel ☺☺☺ 56

Spiegel ☺☺ 57
Schatten ☺☺ 58
Kontraste ☺☺ 58
Spiegel-Schatten-Original ☺☺☺ 58
Spiegelkabinett ☺☺☺ 58
Zerrspiegel ☺☺☺ 58
Spiegelwischen ☺☺ 58
Kopfneigen ☺☺ 59

Meinst Du mich ☺☺☺ 59
Erwachen ☺☺ 59
Weitergeben ☺☺☺ 59

Kannst Du das ☺☺-☺ 60

Gordischer Knoten ☺☺☺ 61
Spirale ☺☺☺ 62
Endlose Schleife ☺☺☺ 62
Amöbe ☺☺☺ 62
Sitzschlange ☺☺☺ 62
Aufstand ☺☺☺ 63
Farben berühren ☺☺☺ 63
Rekord-Kreis ☺☺☺ 63
Ein Fuß im Kreis ☺☺☺ 64

Doppelkopf ☺☺☺ 65
Duett ☺☺☺ 65
SaTaNaMa ☺☺☺ 66
Da geht's lang ☺☺ 66
Magischer Klang ☺☺☺ 66
Telegramm ☺☺☺ 66
Seilschaft ☺☺☺ 67
Seilquadrat ☺☺☺ 67
Gemeinschaftsverpflegung ☺☺☺ 67
Wandern ☺☺☺ 67

Rücken beschenken ☺☺ 68
Teamarbeit ☺☺☺ 69
Geschenkekarussell ☺☺☺ 70

Im Gleichgewicht ☺☺☺ 72

Kontakt erhalten RAPPORT

Neunundneunzig Luftballons

Form: Übung: ☐ Spiel: ☒ Phantasiereise: ☐

Ziel:
Kontakt und Bewegungen erhalten

Weitere Anwendungsmöglichkeiten:
Bewegungskoordination verfeinern; Aktivierung (Separator)

Gruppengröße: ☺

Dauer:
6-15 Min.

Material:
Luftballons

Musikvorschlag:
Vangelis: Chariots of Fire

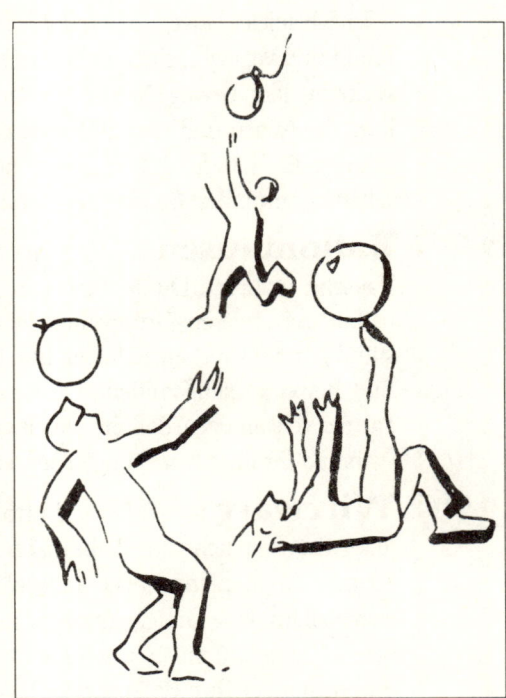

Anleitung:

Jeder Mitspieler bekommt einen Luftballon, mit dem er sich frei durch den ganzen Raum bewegt. Nimm die Musik in Dir auf und beweg Dich mit Deinem Luftballon spielerisch und leicht durch den Raum. Finde Formen heraus, wie Du Deinen Ballon mit verschiedenen Körperteilen in der Luft halten kannst; mal hoch oben, unter der Decke, mal ganz tief, bis fast auf den Boden.
Wenn Du Dich dabei in unterschiedlichen Raumlagen (Sitzen, Liegen) bewegst, kannst Du ganz neue Bewegungserfahrungen machen.
Nimm wahr, wie Bewegungsformen in Zeitlupe das Spiel verändern und Dein Erleben beeinflussen.

Variationen:

☺ Um Euch auf das Objekt einzustellen, könnt Ihr zuvor versuchen, einen Luftballon längs durch Euren Raum fortzubewegen, wobei Ihr alle Körperteile einsetzen dürft, nur keine Hände und Arme.

☺ **Blindentanz** (6-15 Min.; Luftballons)
Jeder Mitspieler bewegt sich mit geschlossenen Augen zur Musik durch den Raum und versucht, einen Ballon frei in der Luft zu halten. Geht der Ballon verloren, dann beweg Dich bis zur Pause der Musik „solo" weiter. Öffne nun kurz die Augen und nimm Deinen eigenen Ballon wieder auf. Zu Anfang können die Phasen mit Musik kurz und die Pausen länger sein, damit es alle schaffen, zumindest für eine Zeit blind ihren Ballon bei sich zu behalten.

☺ ☺ ☺ **Ballontausch** (6-15 Min.; Luftballons)
Tausche, während Du die Bewegung der Musik aufnimmst, Deinen Luftballon mit anderen Gruppenmitgliedern aus. Versucht dabei, die Ballons ständig frei schweben zu lassen und baut den Tausch in Euren Rhythmus und Bewegungsfluß mit ein. Du kannst Dich auch schweigend mit einem Partner verständigen, daß Ihr gemeinsam Eure Ballons in der Schwebe haltet, während Ihr Eure Bewegungen auf die Musik und aufeinander abstimmt.

☺ ☺ **Wirrwarr** (6-15 Min.; Luftballons)
Jedes Paar versucht der Reihe nach 2, 3 oder 4 Luftballons ständig mit Armen, Kopf, Beinen oder anderen Körperteilen in der Luft zu halten; ebenso kann eine Dreiergruppe versuchen, drei oder mehr Ballons schweben zu lassen. Schwerer wird es, wenn alle Gruppen gleichzeitig und durcheinander ihre Ballons hochhalten sollen, ohne auf andere Paare zu achten; daraus können sich ganz spontane Rettungssituationen ergeben.

☺ ☺ ☺ **Kopf an Kopf** (6-15 Min.; Luftballons)
Drei bis fünf Spieler klemmen sich gemeinsam einen Luftballon zwischen die Köpfe. Nun sollen sie sich – selbst verbunden durch Fassen an Händen – frei durch den Raum mit ihrem Ballon bewegen.

☺ ☺ **Gegendruck** (6-15 Min.; Luftballons)
Beweg Dich mit Deinem Partner zusammen frei zur Musik, wobei Ihr zwischen Euch einen Luftballon eingeklemmt haltet; Ihr könnt ihn mit vorher festgelegten Körperteilen durch „Gegendruck" halten, ohne die Hände zuhilfe zu nehmen. Könnt Ihr Euch auch mit dem eingeklemmten Luftballon – während der Bewegung – zusätzlich um Euch selbst drehen, um den Ballon als Mittelpunkt?

☺ ☺ ☺ **Schwertransport** (6-15 Min.; Luftballons)
Eine Dreier- oder Vierergruppe „transportiert" gemeinsam mindestens 2, möglichst mehr Luftballons auf einmal frei durch den Raum. Dabei sollen die Ballons auf beliebigen Körperteilen ständig frei aufliegen, ohne die Hände zuhilfe zu nehmen und ohne zwischen Körperteilen eingeklemmt zu sein. Die Gruppenmitglieder sollen dabei ständigen Kontakt untereinander haben.

☺ ☺ ☺ **Schleuder** (6-12 Min.; Decken, Bälle/Luftballons)
Je zwei bis vier Mitspieler fassen eine Decke an den Ecken. Auf dieser liegt ein Ball/Ballon, der durch eine gemeinsame Bewegung hochgeschleudert und aufgefangen werden soll. Wenn Ihr schon Übung habt, könnt Ihr eigene Formen finden, wie schräg nach oben befördern und nach anschließendem Laufen auffangen.

☺ ☺ ☺ **Schleuderkette** (6-12 Min.; Decken, Bälle/Luftballons)
Mehrere Decken-Gruppen stehen mit Abständen frei verteilt im Raum und finden eigene Formen der gemeinsamen Ballabgabe, -übernahme und -aufnahme. Versucht, alle im Umlauf befindlichen Bälle (je Decke 1 Ball/Ballon) – am Ort und in der Fortbewegung – in der Luft zu halten, ohne Euch dabei abzusprechen.

☺ ☺ ☺ **Langer Atem** (6-12 Min.; Decken, 1 Luftballon)
Ein Spieler liegt in der Decke, die von allen anderen hochgehalten wird. Nun soll die Decke so getragen werden, daß der Liegende durch seinen „langen Atem" (also Pusten) einen Ballon ständig in der Luft halten kann.

☺ ☺ ☺ **Aus** (6-12 Min.; Luftballons)
Alle Mitspieler sitzen sich in zwei Reihen gegenüber. Jede der beiden Gruppen bekommt einen Luftballon und versucht im Sitzen, ihn über die Köpfe (und erhobenen, abwehrenden Arme) der anderen Gruppe hinweg ins „Aus" zu schlagen. Jede Berührung des Ballons mit dem Fußboden hinter dem Rücken der Gruppen gilt als „Aus". Beide Gruppen treiben gleichzeitig ihren eigenen Ballon nach vorne und versuchen, den anderen an der Bodenberührung zu hindern.

☺ ☺ ☺ **Akkord** (6-12 Min.; 1 Ball je Partner)
Alle stehen im Kreis. Ein Spieler beginnt auf ein Signal hin, einem anderen seinen Ball zuzuwerfen. Das steigert sich langsam, bis so viele Bälle im Spiel weitergeworfen und aufgefangen werden, wie es Mitspieler gibt. Dabei sollt Ihr einen Rhythmus finden, der die flüssige und sichere, und doch variierende Weitergabe ermöglicht.

RAPPORT Kontakt erhalten

Haften

Form: Übung: ☐   Spiel: ☒   Phantasiereise: ☐

Ziel:
Kontakt aufrechterhalten

Weitere Anwendungsmöglichkeiten:
Partnerarbeit (Resonanz); Körperkoordination; Reaktion

Gruppengröße: ☺☺

Dauer:
10-15 Min.

Material:
– – –

Musikvorschlag:
Deuter: Celebration

Anleitung:
Setz Dich zunächst Rücken an Rücken mit Deinem Partner hin. Sitz ganz still und nimm das Gefühl wahr; richte Deine ganze Aufmerksamkeit auf diesen Rücken, mit dem Du für eine Weile verbunden bleiben wirst. Spür, was er Dir sagen will und wie Ihr gemeinsam schwingen könnt. Nun beweg Dich ein wenig, und nimm wahr was Du fühlst, was es für Dich bedeutet, in stillen Dialog mit einem anderen Rücken, einem anderen Körper einzutreten.

Nach einer Weile des Sitzens könnt Ihr auch beginnen, Euch langsam Rücken an Rücken kooperativ durch den ganzen Raum zu bewegen. Dabei sind alle Richtungen und Richtungswechsel, Fortbewegungsarten und Raumlagen möglich, die Ihr beide gemeinsam einnehmen möchtet; insbesondere das gleichzeitige Hinsetzen und Aufstehen stellt hohe Anforderungen an ein kooperatives Vorgehen. Die Vorgabe der Bewegung kann entweder im Wechsel durch einen allein oder im flüssigen, aufeinander eingehenden gemeinsamen Abwechseln erfolgen.

Variationen:

☺ ☺ ☺ Nachdem alle Paare dies geschafft haben, bilden sich Vierer-Gruppen und bewegen sich gemeinsam; auch das kooperative Hinsetzen und Wiederaufstehen kann so zusammen bewältigt werden. Schafft Ihr so etwas auch in der gesamten Gruppe?

☺ ☺ **Klebstoff** (6-10 Min.)
Jeweils zwei Partner bewegen sich gemeinsam durch den Raum. Dabei gibt jeweils einer von beiden die Fortbewegungsart (gehen, laufen, springen, rollen, ...), die Richtung (vorwärts, rückwärts, seitwärts) und die Raumlage (Stand, Knien, Bodenlage, ...) vor. Der Partner haftet dabei wie „Klebstoff" an der Schulter des Vorgebenden. Rollenwechsel. Eine Steigerung stellt es dar, wenn der Partner nicht nur mit der Hand, sondern mit seiner Schulter an der Schulter des Vorgebenden haften muß.

☺ ☺ **Ferngespräch** (6-10 Min.)
Such Dir einen Partner, mit dem Du zusammensein möchtest. Nach der Musik bewegt Ihr Euch so durch den Raum, daß Ihr weit voneinander entfernt seid. Trotz dieser Distanz sollt Ihr durch gleiche Bewegungsformen eine Zusammengehörigkeit ausdrücken. Wenn die Musik stoppt, berührt Euch beide möglichst schnell und bewegt Euch dann wieder weit auseinander.

☺ ☺ ☺ **Blickkontakt** (6-10 Min.)
Bewegt Euch zur Musik frei durch den ganzen Raum. Dabei sollt Ihr Euch nicht berühren, sondern den „Blickkontakt" zu Euren Mitspielern aufnehmen und während der weiteren Bewegungen beibehalten, anfangs nur mit einem, später auch mit mehreren. Wenn Du Dir nun vorstellst, daß Deine Augen an den Knien, den Ellbogen, den Fingern oder am Hinterkopf liegen, so ergeben sich ganz neue Bewegungsformen, um den Kontakt mit dem Partner oder den Mitspielern aufrechtzuerhalten.

☺ ☺ **Quo vadis** (6-10 Min. je Partner)
Ein Spieler überlegt sich einen Punkt im Raum und die Art, wie er dort hinkommen möchte. Sein Partner versucht herauszufinden, auf welche Art und wohin er den anderen führen soll. Mit leichten sanften Stößen oder vorsichtig ziehend und biegend versucht er, den Wunsch des Spielers herauszubekommen – beispielsweise auf allen Vieren in eine bestimmte Ecke zu kriechen. Derjenige der bewegt wird, macht immer dann willig mit, wenn sein Partner ihn auf die richtige Art in die richtige Richtung steuert.

RAPPORT   Kontakt erhalten

Gegenwind

Form: Übung: ☐   Spiel: ☒   Phantasiereise: ☐

Ziel:
Kontakt erhalten durch Bewegung

**Weitere Anwendungs-
möglichkeiten:**
Aktivierung (Separator)

Gruppengröße: ☺☺

Dauer:
6-15 Min.

Material:
Zeitungspapier

Musikvorschlag:
Royal Philharmonic Orchestra: Classic Diso

Anleitung:
Hast Du ein paar alte Zeitungen parat? Ja; das ist gut. Große Papierstücke haften nämlich gut am Körper, wenn Du Dich schnell und einfallsreich genug vorwärts, rückwärts oder seitwärts bewegst und der „Gegenwind" das Zeitungsblatt selbst bei Sprüngen und kurzen Drehungen an den Körper drückt. Wenn Du solche kontakterhaltenden Bewegungen für Dich alleine gefunden hast, dann suche Dir einen Partner, mit dem Du zusammen ähnliche Bewegungen kreieren kannst.

Variationen:

☺ ☺ ☺ **Harmonie** (8-15 Min.; Wassergläser, Kerzen, ...)

Um die gegenteilige Bewegungserfahrung zu machen, nämlich daß es auch der Ruhe bedarf, um einen Kontakt zu erhalten, kannst Du Dich zuerst alleine mit einem *gefüllten Glas Wasser* oder einer *brennenden Kerze* zur Musik bewegen. Wähle Dir dann einen Partner aus und setzt gemeinsam den Rhythmus der Musik in Bewegungen um. Nimm wahr, was Du tun kannst, um sowohl den Kontakt zu Deinem Partner zu erhalten, wie auch Eure gemeinsame Aufgabe zu erfüllen.

☺ ☺ ☺ **Schienennetz** (8-15 Min.; Zeitungspapier)
Faltet einen größeren Stapel Zeitungspapier auseinander und verteilt ihn in langen Bahnen als zusammenhängendes Straßennetz auf Eurem Fußboden. Nun bewegt Euch zur Musik durch den ganzen Raum, nur noch auf den Schienen. Wenn Ihr Euch dabei begegnet, dann könnt Ihr Euch gegenseitig ausweichen und gleichzeitig Euren eigenen Rhythmus beibehalten. Gelingt Euch das immer besser, so verkleinert allmählich Euer „Schienennetz", um bei den vielen Begegnungen immer neue Formen zu finden, wie Ihr in einem gemeinsamen Rhythmus leicht aneinander vorbei gelangen könnt.

☺ ☺ **Kleine Fläche** (10-15 Min.; Zeitungspapier)
Jedes Paar erhält eine Zeitungs-Doppelseite, legt sie auf den Boden und bewegt sich gemeinsam zur Musik auf dieser Unterlage. Wenn die Musik unterbrochen wird oder wechselt, wird das Blatt aufgehoben, einmal zusammengefaltet und wieder hingelegt. Weiter gehts. Beim dritten Mal ist das Blatt, erneut gefaltet, schon erheblich kleiner geworden. Bewegt Euch so, daß immer beide Partner noch die Unterlage berühren und nehmt wahr, wie weit Ihr Eure Fläche verkleinern könnt.

☺ ☺ ☺ **Drachentanz** (10-20 Min.; Zeitungspapier, evtl. Farben)
Aus einer Zeitungsseite oder mehreren Blättern könnt Ihr eine besondere Papierschlange basteln, einen chinesischen Drachen. Wenn Euer Drachen fertig ist, dann laßt Euch von einer Musik inspirieren und mitnehmen. Findet als Gruppe oder in einzelnen kleinen Gruppen Eure Schwingung und Euren Rhythmus und laßt eine gemeinsame Bewegung zur Musik entstehen. Versucht einmal, neue Bewegungsideen mit der Schlange umzusetzen, einen „Drachentanz" zu kreieren. Vielleicht gelingt Euch dabei auch der Kontakt mit einer anderen Gruppe.

☺ ☺ ☺ **Zeitungsmusik** (6-12 Min.; Zeitungspapier)
Alle Mitspieler stehen im Kreis mit einem Doppelbogen Zeitungspapier in der Hand. Wem einfällt, wie man damit ein Hör-Ereignis zustande bringt, beginnt und alle andere beteiligen sich daran, steigen in den Rhythmus und die Bewegung ein und geben die „Zeitungsmusik" weiter. Zuhörer mit geschlossenen Augen können versuchen, die Handlungen hinter den Geräuschen wahrzunehmen und sie dann erst weiterzugeben.

☺ ☺ ☺ **Platzwechsel** (8-12 Min.; Zeitungspapier, Wurfgegenstand)
Alle Gruppenmitglieder stehen in einem großen Kreis jeweils auf einem Bogen Zeitungspapier; ein Mitspieler steht mit einem weichen Wurfgegenstand in der Kreismitte. Wenn nun zwei Teilnehmer einen „Platzwechsel" vorhaben, verständigen sie sich wortlos nur durch Augenkontakt und führen ihr Vorhaben aus. Der Mittel-Spieler soll in dem Wechsel-Zeitraum seinen Wurfgegenstand auf einer freien Zeitung plazieren. Gelingt ihm das, darf er auf diesen Außenplatz wechseln.

Kontakt erhalten — RAPPORT

Spiegel

Form: Übung: ☐   Spiel: ☒   Phantasiereise: ☐

Ziel:
Kontakt erhalten

Weitere Anwendungsmöglichkeiten:
Partner-/Teamarbeit (Resonanz); sich in den anderen hineinversetzen

Gruppengröße: ☺☺

Dauer:
6-12 Min.

Material:
– – –

Musikvorschlag:
möglichst vielfältig

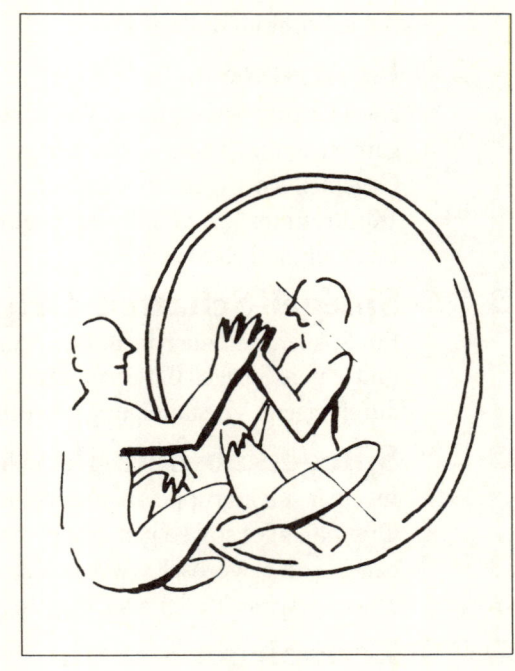

Anleitung:
Nimm einen Platz vor Deinem Partner ein und stell Dir vor, Du stehst vor einem „Spiegel". Das bedeutet, daß Du alle Bewegungen Deines Partners zur Musik möglichst gleich und gleichzeitig vollziehst. Verständigt Euch darauf, wer führt und geführt wird oder findet einen Anfang, ohne abzusprechen, wer die Bewegung leitet. Wenn Du beginnst, fang mit langsamen Bewegungen Deines Körpers an und steigere Dich so, wie Du Rapport mit Deinem Partner halten kannst; auch die Gestik und Mimik kannst Du miteinbeziehen. Verständigt Euch nach einiger Zeit auf einen Rollenwechsel.

Variationen:

☺ ☺ Schwerer wird es, wenn keine eindeutige Rollenzuordnung vorgenommen wird, sondern beide Partner versuchen, durch fließende Wechsel zum Spiegeln ohne Führung zu kommen.

☺☺ **Schatten** (6-10 Min. je Partner)
Ein Partner bewegt sich frei durch den Raum in möglichst vielfältigen Fortbewegungsformen; dabei hat er einen „Schatten" (ohne Blickkontakt hintereinander bewegen). Der Schatten versucht, die Bewegungen zur Musik als Schatten nachzuahmen. Nach einiger Zeit wechselt die führende Position/Rolle aus.

☺☺ **Kontraste** (6-10 Min. je Partner)
Zwei Partner bewegen sich wie beim „Spiegel" frei zur Musik durch den ganzen Raum. Diesmal hat der zweite Spieler die Aufgabe, genau das Gegenteil von dem zu machen, was der erste vormacht, also einen „Kontrasttanz" zu vollführen. Beginnt mit leichten Aufgaben und tastet Euch allmählich vor.

☺☺☺ **Spiegel-Schatten-Original** (Dreierübung; 8-12 Min.)
Ein Spieler, der zur Musik Bewegungen entwickelt, hat einen Schatten und einen Spiegel (Dreierübung). Die Rollen können auf Zuruf oder durch eigene Verständigung gewechselt werden.

☺☺☺ **Spiegelkabinett** (4-6 Teilnehmer; 8-15 Min.)
In einer Kleingruppe sucht sich jeder seine Rolle. Spiegel-Schatten-Original, alles soll so genau wie möglich dargestellt werden, kann aber beliebig oft gewechselt werden. Dabei können auch Spiegel und Schatten erneut gespiegelt oder als Doppelschatten dargestellt werden.

☺☺☺ **Zerrspiegel** (8-12 Min.)
Alle Gruppenmitglieder bilden eine breite Gasse mit einem seitlichen Abstand von etwa 2-3 m zueinander, durch die ein Spieler sich zur Musik hindurchbewegt. Die Spiegel an der Seite verzerren nun die Bewegungen desjenigen, der sich durch die Gasse bewegt, in immer neuen Formen. So ist der gesamte „Zerrspiegel" ständig in Bewegung.

☺☺ **Spiegelwischen** (8-12 Min.)
Zwei Partner sitzen sich gegenüber und berühren sich mit den Handflächen. Zu einer langsamen Musik beginnt ein Spieler, mit den Händen auf der imaginären, senkrecht stehenden Spiegelplatte zwischen beiden im Rhythmus der Musik entlangzugleiten und die Hände des Partners dabei mitzuführen. Wenn Euch die Bewegungen Eures Partners vertraut sind, könnt Ihr sie auch mit geschlossenen Augen durchführen.
Schließt die Augen und bewegt Euch gemeinsam über den Kontakt Eurer Finger oder Fingerspitzen.

☺☺ **Kopfneigen** (8-12 Min.)
Setz Dich Deinem Partner gegenüber und sieh ihn aufmerksam an. Nun beginne langsam, den Kopf von der einen zur anderen Seite zu neigen und lasse Deinen Partner diesen Bewegungen folgen. Wechselt Euch anfangs deutlich in der Führung ab, bevor Ihr versucht, Euch so zu bewegen, daß ein Außenstehender nicht mehr erkennen kann, wer von Euch führt und wer geführt wird.

☺☺☺ **Meinst Du mich** (8-15 Min.; Stühle)
Alle sitzen im Kreis auf Stühlen, jeder auf seine ganz persönliche Art. Beginne, indem Du Dich unauffällig umsiehst und die Körperhaltung eines Mitspielers übernimmst. Der soll bemerken, daß er gemeint ist und fortfahren, indem er einen anderen nachahmt. Die Möglichkeiten, wie ich sitzen kann beobachten, Eindrücke sammeln, sich einfühlen in Andere – das sind Ziele dieses wortlosen Spieles, das hohe Aufmerksamkeit erfordert, um den Kontakt zu einer Person aufnehmen zu können.
Fünf Teilnehmer stellen sich in die Kreismitte und übernehmen die Körperhaltung von Mitspielern, die sich dann erkennen sollen.

☺☺ **Erwachen** (10-20 Min.; Decken)
Ein Spieler liegt auf dem Boden, wie ruhend, vor einer Silhouette. Beim Einsetzen der Musik beginnt er langsam zu „erwachen". Vom kleinen Finger ausgehend bis hin zu Fuß und Zehen werden allmählich alle Körperteile nacheinander aktiviert und behutsam im Rhythmus der Musik geräkelt und gedehnt. Sein Partner führt als Silhouette alle Bewegungen sanft und beständig mit aus. Während des Erwachens können die beiden Spieler ihre Rollen ständig tauschen. Noch abwechslungsreicher wird es, wenn die beiden in unregelmäßigen Abständen wechseln und der eine vielleicht aufwachen, der andere dagegen wieder einschlafen will.

☺☺☺ **Weitergeben** (8-12 Min.)
Alle bewegen sich im Kreis zur Musik und machen dabei die Bewegungen eines Mitspielers genau nach. Will der Vorgebende seine Rolle „weitergeben", so zeigt er einfach auf einen neuen Mitspieler. Auch wenn diesem dann nicht sofort geeignete Bewegungen einfallen – und er vielleicht nachdenklich verharrt –, soll sein Verhalten unmittelbar von den anderen imitiert werden.

Anmerkungen:
- Laß einfach Deine Bewegungen kommen und lenke sie, je nach Musik in Richtung Ausdruck, Darstellung oder Tanz, wie es für Dich stimmt.

RAPPORT   Kontakt erhalten

Kannst Du das

Form: Übung: ☐   Spiel: ☒   Phantasiereise: ☐

Ziel:
Kontakt erhalten

**Weitere Anwendungs-
möglichkeiten:**
Aktivierung (Separator);
Bewegungsempfinden/
Wahrnehmungsfähigkeit
schulen; Einstimmung

Gruppengröße: ☺☺
Auch als Gruppe möglich

Dauer:
10-20 Min.

Material:
– – –

Musikvorschlag:
Mike Oldfield: Five miles out

Beschreibung:

„Kannst Du das?":
- Mit Deinem Partner ganz groß oder ganz klein sein?
- Etwas Rundes machen mit Deinem Partner, während Ihr Euch festhaltet?
- Deinen Partner springen lassen wie einen Ball?
- Mit Deinem Partner gemeinsam mit nur 1 Fuß und 2 Händen den Boden berühren? Oder auch in einer Vierergruppe (3 Füße, 4 Hände) oder sogar in einer Achtergruppe (6 Füße, 5 Hände)? Kannst Du das auch für Dich verändern, wenn es Dir als unmöglich oder als zu leicht erscheint?
- Mit drei bis fünf Partnern ein Sandwich oder ein Gerüst darstellen?
- Mit der ganzen Gruppe ein Schloß darstellen, in das einige hineingehen?
- Gemeinsam mit Deiner Gruppe ein akrobatisches Schaubild entwerfen?

Kontakt erhalten RAPPORT

Gordischer Knoten

Form: Übung: ☐ Spiel: ☒ Phantasiereise: ☐

Ziel:
Teamarbeit (Resonanz)

Weitere Anwendungsmöglichkeiten:
Kennenlernbereich;
feinere Wahrnehmung

Gruppengröße: ☺☺☺
Mindestens 5 Partner

Dauer:
8-15 Min.

Material:
– – –

Musikvorschlag:
Tony Scott: Zen-Meditation

Anleitung:
Stell Dich Schulter an Schulter mit Deinen Partnern in einen Kreis und streck die Hände zur Mitte. Dann greif nach zwei Händen verschiedener (!) Partner. Sobald alle Hände gefaßt sind, gehst Du mit allen ein paar Schritte zurück und versuchst, den entstandenen „Gordischen Knoten" durch Über-, Unter- und Durchsteigen wieder zu entwirren, ohne die Hände loszulassen. Wenn alle beim Entknoten mithelfen und Rücksicht auf die Bedürfnisse der Partner nehmen, löst sich der Knoten zum Kreis.
Wird das Entwirren zu schwer, so dürfen zwei Partner an einer sehr komplizierten Stelle einmalig die Hände lösen, um den Fortgang zu ermöglichen. Die „Lösungsstelle" entscheidet Ihr in der ganzen Gruppe gemeinsam.

Variationen:

☺ ☺ ☺ Könnt Ihr den „Gordischen Knoten" auch blind lösen?

☺ ☺ ☺ **Spirale** (6-8 Min.)
Faßt Euch alle an der Hand und bildet so eine lange Kette. Der letzte bleibt auf der Stelle stehen, der erste nimmt die Kette mit sich mit und wickelt sie so auf, daß eine „Spirale" entsteht. Wenn alle ganz dicht beieinander stehen, versucht einmal, einen gemeinsamen Ton zu finden. Spürt Ihr auch den Ton Eurer Mitspieler? Der Spieler im Mittelpunkt der Spirale sucht sich dann einen Weg durch die Beine der anderen hinaus und zieht die Kette hinter sich her.

☺ ☺ ☺ **Endlose Schleife** (6-10 Min.)
Wählt Euch in der Gruppe eine Figur aus, die weder Anfang noch Ende hat, wie: eine Acht, … . Dann lauft diese Figur so im Raum, daß weder ein Außenstehender noch Ihr selbst wißt, wo Anfang und Ende liegen. Stimmt Euch vor allem an den Kreuzungspunkten gut miteinander ab. Wenn Euch das gelingt, könnt Ihr die Figur auch im Raum verschieben.

☺ ☺ ☺ **Amöbe** (6-8 Min.)
„Eine ‚Amöbe' ist ein Tier, welches sich in einem engen Verbund fortbewegt." Alle Gruppenmitglieder stellen sich auf engstem Raum zusammen; die äußeren bilden mit ihren Armen einen Kreis, den sie ebenfalls ganz eng um die ganze Gruppe herumlegen. Nun beginnt die Gruppe sich fortzubewegen, indem sie verschiedene Ziele im Raum ansteuert. Erst langsam, mit zunehmender Vertrautheit dann schneller.

☺ ☺ ☺ Eine Steigerung erfährt die „Amöbe", wenn alle Gruppenmitglieder sich mit verbundenen Augen fortbewegen; ein Spieler in der Mitte darf dann noch als einziger sehen.

☺ ☺ ☺ **Sitzschlange** (6-12 Min.)
Stellt Euch einmal als Gruppe in einen Kreis zusammen, so eng, daß Ihr Euch Schulter an Schulter berührt. Nun dreht Ihr Euch alle zusammen mit einer Vierteldrehung nach rechts im Uhrzeigersinn, so daß jeder den Rücken seines Vordermannes sehen kann und alle in die gleiche Richtung schauen. Danach tritt jeder noch einen Schritt in den Kreis hinein, bis die Runde wirklich ganz nah zusammensteht. Auf die Anweisung eines Gruppenmitglieds hin setzt Euch nun alle behutsam auf die Knie Eures Hintermannes ab. Wenn Ihr diese Übung gleichzeitig ausführt, hat jeder von Euch einen stabilen und bequemen Sitzplatz und kann die Balance der Gruppe genießen.

Gelingt es Euch dann, die Hände hochzustrecken? Oder sogar Euren eigenen Rhythmus zu finden und Euch als „Sitzschlange" im Kreis fortzubewegen?

☺ ☺ ☺ **Aufstand** (6-12 Min.)

Bildet als Gruppe einen Kreis, wobei Ihr alle mit dem Gesicht nach außen steht. Nun stellt Euch so eng zusammen, daß Ihr spürt, wie Ihr Euch gegenseitig unterstützen könnt. Wenn Ihr möchtet, könnt Ihr Euch untereinander einhaken und so, miteinander verbunden, gemeinsam sanft und langsam hinsetzen und wiederaufstehen. Ganz Fortgeschrittene schaffen diese Übung auch frei, nur im gemeinsamen Kontakt mit Schultern und Rücken. Und später: sogar wortlos.

Leichter wird es, wenn Ihr Euch zuerst in kleineren Gruppen zusammenfindet und dann mit der Aufgabe wachst.

☺ ☺ ☺ **Farben berühren** (6-8 Min.)

Alle Mitglieder einer Gruppe oder Kleingruppe stehen in einem Kreis zusammen. Nun soll jeder Spieler mit seiner rechten Hand etwas Blaues an einem Mitspieler berühren und sich daran festhalten. Als nächstes darf jeder mit der linken Hand eine weitere vorgegebene Farbe berühren und sich daran festhalten. Nun ist der rechte Fuß dran, etwas Weißes zu berühren, und der linke Fuß nimmt Kontakt mit etwas Schwarzem auf. Und wenn die Gruppe noch steigerungsfähig ist, können auch der Kopf und die Schultern noch ihrem Wunsch, „Farben berühren" zu wollen nachkommen. Wenn Ihr die Farben etwas „jahreszeitlich" auswählt, wird das Spiel durchführbar. Die letzte Farbe dagegen kann ruhig eine seltene sein, damit sich die Mitspieler strecken.

☺ ☺ ☺ **Rekord-Kreis** (6-12 Min.; Stühle)

Kommt mit der ganzen Gruppe in einem Kreis zusammen und setzt Euch so auf Eure Stühle, daß jeder jeden sehen kann und Du etwas Abstand zu Deinen beiden Nachbarn hast. Wenn Du beginnst, dann kannst Du nun mit einer Bewegung anfangen, etwa mit den Armen, den Händen, den Füßen oder ganz nach Deinen eigenen Ideen. Alle anderen übernehmen diese Bewegung, bis Ihr als Gruppe einen gemeinsamen Rhythmus gefunden habt. Dann kann Dein linker Nachbar eine zweite Bewegung zu der ersten ergänzen, die wieder alle übernehmen und zu der ersten hinzufügen. Danach folgt der Reihe nach jeweils das nächste Gruppenmitglied. Wie lange schafft Ihr es als Gruppe, Euren gemeinsamen Rhythmus zu halten und einen neuen „Rekord-Kreis" vorzustellen?

☺ ☺ ☺ **Ein Fuß im Kreis** (6-12 Min.; 1 Springseil oder Schnur)
Ein kleiner Kreis wird auf dem Boden mit Hilfe des Seiles ausgelegt; Beispiel: bei 12 Gruppenmitgliedern beträgt der Kreisdurchmesser etwa 80 cm, bei weniger Mitspielern ist er entsprechend kleiner. Aufgabe der Gruppe ist es, daß alle Mitspieler mit „einem Fuß im Kreis" stehen. Dabei darf jeder ohnehin nur auf einem Fuß stehen.

Kontakt erhalten — RAPPORT

Doppelkopf

Form: Übung: ☐   Spiel: ☒   Phantasiereise: ☐

Ziel:
Kontakt erhalten

Weitere Anwendungsmöglichkeiten:
Gemeinsam schwingen;
Andere und sich selbst besser kennenlernen

Gruppengröße: ☺☺☺

Dauer:
6-8 Min. je Partner

Material:
– – –

Musikvorschlag:
– – –

Beschreibung:
Zwei Gruppenmitglieder halten sich gegenseitig fest/umarmen sich und bekommen von einem dritten Mitspieler Fragen gestellt. Auf diese Fragen antworten sie spontan und im Gleichklang (ohne sich abzusprechen); dabei dürfen sie langsam sprechen.

Variationen:

☺ ☺ ☺ **Duett** (6-12 Min.)

Alle Mitspieler bewegen sich frei durch den ganzen Raum. Sobald sich zwei Partner gefunden haben, dürfen sie sich umarmen und beginnen, im „Duett" zu summen. Jedes Paar darf sich jedoch nur solange umarmen, wie es beide schaffen, den gemeinsamen Kontakt zu erhalten und in einem Atemzug zu summen. Sobald einem Partner die Puste ausgeht, lösen sich beide wieder voneinander und suchen sich jemand anderen aus der Gruppe, den sie umarmen und zum gemeinsamen „Duett" einladen.

☺ ☺ ☺ **SaTaNaMa** (6-12 Min.)
Bildet einen Kreis und nehmt Euch Zeit, als Gruppe gemeinsam zu schwingen und Euch auf den Tag oder die nächste Aktivität einzustimmen, indem Ihr das Mantra „Sa-Ta-Na-Ma" gleichförmig – in einer Tonlage – anstimmt. Nachdem Ihr das Mantra zusammen begonnen habt, soll nun weiter jede Silbe von einem anderen gesungen werden. Laß Dich überraschen, wie Du Deinen Kontakt zur Gruppe aufnehmen kannst und wer „seinen" Einsatz fühlt und „seine" Silbe beginnt.

☺ ☺ **Da geht's lang** (8-20 Min.)
Tut Euch als Paar zusammen, wobei einer von Euch einen festen Standort im Raum einnimmt. Dann mache Deinem Partner wortlos einen Punkt im Raum klar, zu dem er sich hinbewegen soll. Später kann Euer Kontakt nur noch durch Kopf- oder Augenbewegungen erfolgen.

☺ ☺ ☺ **Magischer Klang** (8-15 Min.)
Ein Spieler wartet vor der Tür, während die Gruppe berät, zu welchen Handlungen sie ihn bewegen will. Beispiel: er soll jemanden aufsuchen, die Brille abnehmen und sie jemand anderem im Kreis aufsetzen. Nun ruft den Spieler herein und gebt ihm lediglich durch Klänge zu verstehen, ob er sich auf sein Ziel zubewegt oder davon entfernt; daß Ihr Weiteres von ihm erwartet, aber nicht dort, wo er sich gerade aufhält, sondern woanders, wohin ihn die an- und abschwellenden Geräusche oder Gesänge leiten und wo sie ihm verdeutlichen, welche Aktivitäten von ihm erwartet werden. Eine gute Wahrnehmung hilft dabei, den gewünschten Kontakt aufzunehmen und zu erhalten.

☺ ☺ ☺ **Telegramm** (6-12 Min.)
Stellt Euch im Kreis zusammen und merkt Euch jeweils Euren rechten Nachbarn. Dann löst Euch auf und bewegt Euch frei zur Musik durch den Raum. Wenn Du beginnen willst, dann gib Deinem ehemaligen rechten Nachbarn eine kurze mündliche Nachricht, einen Spruch oder eine Weisheit, die dieser dann schnell seinem alten Nachbarn überbringt, solange, bis das „Telegramm" wieder bei Dir angekommen ist.

☺ ☺ ☺ Wenn Du mehrere Nachrichten absendest, während sich alle bewegen, müßt Ihr einen guten Kontakt untereinander halten. Noch spannender wird es, wenn Du „Telegramme" in beide Richtungen verschickst. Nimmst Du die letzte Variation erst nach einigen normalen Durchgängen hinzu, zeigt sich, ob jeder noch seinen alten linken Nachbarn kennt und den Kontakt zu beiden Seiten aufrecht erhalten kann.

☺ ☺ ☺ Ihr könnt auch zwei Kreise bilden, die gleichzeitig ein unterschiedliches „Telegramm" erhalten. Welche Nachricht kommt wohl als erste vollständig an, wenn sich alle frei und vermischt im Raum bewegen?

☺ ☺ ☺ **Seilschaft** (8-12 Min.; 1 Springseilchen je Paar)
Suche Dir einen Partner mit dem Du diese Übung gemeinsam gestalten willst. Dann faßt Ihr ein Springseil jeweils am anderen Ende an und haltet es gespannt. Diesen Kontakt sollt Ihr aufrecht erhalten, während Ihr Euch mit den anderen Paaren durch den ganzen Raum bewegt.
Wenn Ihr nun den Raum, der Euch zur Verfügung steht, weiter verengt, könnt Ihr die Aufgabe allmählich erschweren.
Bewegt Ihr Euch schließlich so durcheinander, daß die Seile sich kreuzen, dann entsteht nach und nach ein dichtes Gewirr. Könnt Ihr diesen „Knoten" wieder lösen, während Ihr Euren Kontakt beibehaltet?

☺ ☺ ☺ **Seilquadrat** (6-12 Min.; 1 Springseilchen je Mitspieler)
Alle Gruppenmitglieder verteilen sich in Vierergruppen, die jeweils vier Springseilchen so an den Enden halten, daß sie für sich ein Quadrat bilden. Nun bewegt Euch zur Musik frei durch den Raum und haltet dabei Eure „Seilquadrate" ständig unter einer leichten Spannung. Könnt Ihr Eure Form auch beibehalten, wenn es nach einer gewissen Zeit in Kontakt mit den anderen „drunter und drüber" geht?

☺ ☺ ☺ **Gemeinschaftsverpflegung** (30-50 Min.; Schnüre)
Vor dem Essen werden die rechten Hände aller Mitspieler an den Handgelenken zusammengeknotet, mit einem Abstand von etwa 40 cm. Finde Möglichkeiten heraus, wie Du den Kontakt mit Deinem Nachbarn und der ganzen Gruppe so gestalten kannst, daß Ihr Eure „Gemeinschaftsverpflegung" genießen könnt. Wenn der Abstand zwischen den verknoteten Händen verringert wird oder Ihr alle Hände zusammenbindet, wird's schwerer.

☺ ☺ ☺ **Wandern** (6-12 Min.; standfeste Stühle)
Alle Gruppenmitglieder stehen nebeneinander auf eng aneinander gestellten Stühlen. Dann tauscht jeder seinen Platz mit demjenigen, der am weitesten von ihm entfernt ist. Wenn Ihr im „Wandern" sicherer geworden seit, könnt Ihr die Wechsel auch gleichzeitig durchführen. Wenn sogar ein oder zwei Spieler mit verbundenen Augen beginnen, ihre Positionen zu wechseln, müssen die Sehenden einen guten Kontakt halten, um Unterstützung zu bieten. Schafft Ihr das auch schweigend?

RAPPORT   Kontakt erhalten

Rücken beschenken

Form: Übung: ☒   Spiel: ☐   Phantasiereise: ☐

Ziel:
Kontakt aufrechterhalten;
Nähe stabilisieren

Weitere Anwendungsmöglichkeiten:
Sinne schärfen,
Körperwahrnehmung

Gruppengröße: ☺☺

Dauer:
7-10 Min. je Partner

Material:
- - -

Musikvorschlag:
Kitaro: Silkroad

Anleitung:

Such Dir einen Partner, den Du jetzt gerne beschenken möchtest. Jemanden, den Du berühren möchtest und von dem Du berührt werden wirst – an sozial akzeptablen Stellen. Sucht Euch dann einen Platz, wo Ihr die Anweisungen noch gut hören könnt und Euch mitnehmen lassen könnt von der Musik – wo Ihr Platz genug habt, miteinander diese Übung zu machen. Wählt aus, wer von beiden zuerst beschenkt wird. Wenn Du der Beschenkte bist, dann stell Dich in eine Position, in der Du wirklich bequem dastehst – in der Du ungefähr sieben bis acht Minuten stehenbleiben kannst, um zu genießen, was Du als Geschenk bekommst. Wenn Du als erster beschenkst, dann reib Deine Hände, so daß die Energie fließen kann – und die Hände warm werden – und nimm dann auf Deine Art Kontakt mit dem Rücken Deines Partners auf. Beginne behutsam, den Rhythmus des anderen zu erfahren – und sei mit all Deinen Sinnen, mit all Deiner Aufmerksamkeit bei demjenigen, dessen Rücken Du jetzt beschenkst. Laß Deine Hände ihren Weg finden – die Stelle und die Berührung finden, die dem anderen jetzt gerade gut tut. Laß Dich überraschen, welche Berührungen Deine Hände jetzt gerade machen wollen – und probiere unterschiedliche Berührungen aus – mal ein bißchen fester – mal ein bißchen sanfter – vielleicht ein leichtes klopfen oder kreisen – mit all Deinen Sinnen wach und aufmerksam bei demjenigen, den Du beschenkst – und probier aus, was Du für Möglichkeiten hast wahrzunehmen, ob das, was Du tust, für denjenigen angenehm ist. Wenn Du beschenkt wirst, nimm wahr, welche Unterschiede Du bemerken kannst – und was Du von dem, was Dir geschenkt wird, annehmen kannst – wieviel Du davon vielleicht sogar genießen kannst. Wenn Du beschenkst, dann laß Deine Hände einen Platz finden, wo Du sie einen Moment ruhen lassen kannst – und spür mal, wie Ihr miteinander in Resonanz geht – wie Ihr miteinander in Schwingung kommt – wie eine Welle – wie Du diesen Kontakt herstellen und wahrnehmen kannst – durch die Berührung Deiner Hände – und wie Ihr miteinander schwingen könnt – in Resonanz sein – Verbindung haben. Dann schließ das für Dich ab, indem Du Dich innerlich bedankst, daß jemand anderes da ist, den Du beschenken kannst – damit Du nicht auf Deinen Schätzen, Deinen Fähigkeiten sitzenbleiben mußt – sondern daß Du sie weiterreichen, weiterschenken kannst. Verabschiede Dich auf Deine Art – und lock den anderen hierher zurück, damit Ihr tauschen könnt und Du auch beschenkt werden kannst.

Variationen:

☺☺☺ **Teamarbeit** (Dreierübung; 7-10 Min. je Partner)

Sucht Euch zu dritt einen Ort, wo Ihr genug Platz habt, Euch gegenseitig zu beschenken. Dann wählt einen aus, der zuerst beschenkt wird. Wenn Du zuerst beschenkt wirst, mach es Dir bequem, so bequem, daß Du die nächsten sieben Minuten so stehenbleiben kannst und daß die anderen beiden gut an Deinen Rücken rankommen können, um Dich dort zu verwöhnen. Wenn die anderen beiden zur „Teamarbeit" zusammengefunden haben, dann reibt Eure Hände, damit sie warm sind – stimmt Euch aufeinander ein – wortlos – und legt Eure Aufmerksamkeit und Wahrnehmung in Eure Hände, um einen gemeinsamen Rhythmus zu finden, wie Ihr denjenigen, für den Ihr dies tut, beschenken könnt. Findet dessen Rhythmus – dessen Melodie –, findet heraus, was demjenigen jetzt guttun könnte. Verständigt Euch wortlos – indem der eine führt und der andere sich führen läßt – und Ihr Euch abwechselt –, Euren gemeinsamen Tanz von Führen und Geführtwerden findet und entdeckt, was für Euch Teamarbeit ist. Wenn Du beschenkt wirst, nimm wahr, welche Unterschiede Du spüren kannst – rechts und links – oben und unten – welche feinsten Unterschiede Du bemerken kannst – und was Du alles annehmen, genießen kannst. Dann wechselt auch mal die Seiten, indem Ihr trotzdem den Kontakt behaltet. Laßt Euch überraschen, wie das geht. Stimmt Euch von einer neuen Perspektive ganz neu ein – miteinander schwingen – miteinander in Resonanz kommen – führen und geführt werden – und beschenken. Laßt Eure Hände einen Platz finden, wo sie einen Moment lang ruhen wollen – und nehmt wahr, wie Ihr die Verbindung spüren könnt. Nehmt wahr, wie Ihr in Resonanz seid – schwingen könnt mit anderen – und den Kontakt spüren könnt über Eure Handflächen. Stellt Euch vor, was Ihr demjenigen jetzt gerade schenken möchtet – ob es Licht ist oder Wärme oder Aufmerksamkeit – eine ganz bestimmte Farbe. Und indem Du die Berührung der Handflächen spüren kannst, laß dieses Geschenk fließen. Wenn Du beschenkt wirst, kannst Du das, was Du davon annehmen möchtest, für Dich annehmen. Laß Dich überraschen – wie Du feinste Unterschiede wahrnehmen kannst – beim Schenken oder beschenkt werden.

☺ ☺ ☺ Geschenkekarussell (10-20 Min. je Gruppenhälfte)

In einer großen Gruppe – mindestens sechs Teilnehmer – bildet einen inneren und einen äußeren Kreis, so daß jeweils immer zwei hintereinander stehen. Der innere Kreis wird als erster beschenkt – der äußere beschenkt als erster. Wenn Du innen stehst, stell Dich so bequem hin, daß die Energie durch Deinen Körper fließen kann – und so, daß Du in der nächsten Zeit ruhig stehen und genußvoll Deine Geschenke annehmen kannst – die Du jetzt bekommst. Wenn Du außen stehst beginne, Deine Hände zu reiben, so daß sie warm sind – und nimm dann Kontakt zu dem Rücken vor Dir auf – neugierig, wie Deine Hände ihren Weg finden werden. Laß Dich inspirieren von Deinen Händen, daß sie ihren Weg von ganz allein finden – die Berührung, den Druck – die Leichtigkeit. Nimm auf Deine Art Kontakt auf – beschenke den Rücken vor Dir auf Deine Art – liebevoll und behutsam – indem Du mit all Deinen Sinnen bei demjenigen bist, den Du beschenkst – und rausfindest, was Du für Rückmeldungen bekommen kannst – ob es für denjenigen angenehm ist. Wenn Du beschenkt wirst, dann nimm einfach wahr, was Du bekommst. Wenn es Dir wirklich unangenehm ist, dann kannst Du Dich verbal dazu äußern. Du mußt nicht durchhalten. Aber wenn es Dir angenehm ist, nimm wahr, was Du geschenkt bekommst – und daß andere da sind, die Dich beschenken.

Wenn Du beschenkst, dann laß Deine Hände einen Moment ruhen – und vielleicht wieder ein Licht, eine Farbe oder was Du demjenigen schenken möchtest, fließen. Laß Dich überraschen, was Dir jetzt einfällt. Dann schließ die Sache auf Deine Art ab – indem Du Dich dann verabschiedest und den Schritt zum nächsten Partner machst – nach rechts weiter –, kannst Du Deine Hände abschütteln und Dich einstellen auf einen neuen Rücken – auf einen neuen Menschen, den es zu beschenken gilt – und Deine Hände wieder ihren Kontakt finden lassen – den Kontakt wieder aufnehmen und Dich überraschen lassen, wie hier die Berührung ist, die Deine Hände finden wollen. Vielleicht behutsam – vielleicht ein kleines bißchen fester – oder auch hier wieder klopfen oder kleine Kreise ziehen. Laß Deine Hände ihren Weg finden. Dann wieder ruhen und fließen lassen – was Du hier als Geschenk mit hineingeben möchtest. Wenn Du in der Mitte stehst – wahrnehmen – vielleicht die Unterschiede von Person zu Person – und auch das, was Dir an Unterschiedlichem geschenkt wird. Dann schließ die Runde wieder für Dich ab – und indem Du Dich verabschiedest – zurücktrittst und die Hände ausschüttelst – dann wieder nach rechts zu Deinem nächsten Rücken, zum nächsten Menschen, den Du beschenken kannst –, und laß Dich überraschen, wie es jetzt hier sein wird. Dann nimm wieder auf Deine Art Kontakt auf und finde eine Berührung, die demjenigen guttut. Fließen lassen – Deinen Händen vertrauen – mit all Deinen Sinnen bei demjenigen, den Du jetzt gerade beschenkst. Dann schließe das auf Deine Art ab und verabschiede Dich von dem Rücken und lock Deinen Partner ganz hierher zurück – wach und neugierig – damit Ihr tauschen könnt und Du Dich beschenken lassen kannst und Ihr beide die unterschiedlichen Qualitäten von Geben und Nehmen erfahren könnt.

Anmerkungen:
- All diese Übungen sollten möglichst von Musik unterstützt sein und nonverbal, in einer wohltuenden Ruhe ablaufen. Tauscht Euch nach den Übungen kurz über das Erlebte aus.

RAPPORT Kontakt erhalten

Im Gleichgewicht

Form: Übung: ☐ Spiel: ☒ Phantasiereise: ☐

Ziel:
Kontakt erhalten

Weitere Anwendungsmöglichkeiten:
Aktivierung (Separator);
Bewegungsempfinden/
Gleichgewicht schulen

Gruppengröße: ☺☺☺

Dauer:
10-20 Min.

Material:
- - -

Musikvorschlag:
Flights of fantasy

Beschreibung:

Kerze: A geht in eine sichere Bankstellung (hüftbreite Kniestellung und senkrechte Arme und Oberschenkel) auf festem Untergrund – B kann auf dem ganzen Rücken (!) behutsam unterschiedliche Positionen einnehmen.
Vorteil der Bank: große Unterstützungsfläche, tiefer Körperschwerpunkt.
Flieger: A geht in Rückenlage mit senkrecht aufgestellten und gestreckten Beinen – B kann sich behutsam und mit Hilfe von C (!) in verschiedene Positionen aufladen, tragen und sicher wieder absetzen lassen. Wichtig: Beide Partner müssen die Konzentration und Körperspannung von Anfang bis Ende aufrechterhalten. Könnt Ihr das auch frei?
Gerüst: A nimmt einen sicheren, hüftbreiten Stand ein – B steigt dicht an A auf und nimmt verschiedene Positionen auf den Oberschenkeln ein. Beide müssen sich gemeinsam absprechen und eine gute Körperspannung aufbauen und halten. Mindestens zwei Helfer (C und D) notwendig!
Unterstützt Euch dabei – immer mit Hilfe (!) –, weitere Ideen zu finden.

Wegweiser

Vis a' Vis ☺☺... 74
Tanzender Widerspruch ☺☺-☺ 74
Widerstand ☺☺ 75
Wanken ☺☺ 75
Ausbrechen ☺☺☺ 75
Ich habe recht ☺☺ 75

An meiner Haustür ☺☺.. 76
Das ist mein Stuhl ☺☺ 77
Ich habe keine Lust ☺☺ 77
Du sollst ☺☺ 77

Nach Hause gehen ☺ 78

RAPPORT   Kontakt beenden

Vis a' Vis

Form: Übung: ☐   Spiel: ☒   Phantasiereise: ☐

Ziel:
Gefühl des „Nein-Sagens" kennenlernen

Weitere Anwendungsmöglichkeiten:
Aktivierung (Separator)

Gruppengröße: ☺☺

Dauer:
4-10 Min. je „Rolle"

Material:
– – –

Musikvorschlag:
– – –

Beschreibung:
Zwei Partner stehen etwa zwei Meter auseinander. Während sie langsam aufeinander zugehen, ruft einer von beiden ständig und mit wechselndem Ausdruck „JA", worauf der andere „NEIN" antwortet. Dicht voreinander bleiben beide stehen und rufen sich an. Nach 2 Minuten „vis a' vis" gehen sie langsam wieder rückwärts zu ihrem Platz, wobei sie weiter rufen. Die Lautstärke kann mit dem Näherkommen noch gesteigert werden. Tauscht Eure Rollen und sprecht hinterher über Eure Gefühle und Erfahrungen.

Variationen:

☺☺ **Tanzender Widerspruch** (6-12 Min.)
Bewege Dich auf die Musik durch den Raum und drücke durch Stimme, Mimik und Gestik mit aller Energie erst „NEIN", danach „VIELLEICHT", dann „JA" aus. Findet Euch spontan zu Paaren oder Gruppen zusammen, und übernehmt untereinander wechselnde Rollen.

☺ ☺ ☺ Die gleiche Übung kann auch mit zwei Reihen von Teilnehmern durchgeführt werden, die (ohne Musik) aufeinander zugehen.

☺ ☺ **Widerstand** (8-15 Min.)
Stell Dich Deinem Partner gegenüber und leg Deine Hände flach auf seine. Sieh Deinem Partner nun in die Augen und drück Deine Hände allmählich fester gegen seine. Einer von Euch soll nun „JA, JA, JA" rufen, der andere „NEIN, NEIN, NEIN"; gleichzeitig drückt Ihr Eure Hände so stark gegeneinander, wie Ihr nur könnt und leistet Euch gegenseitig „Widerstand". Nach einer Minute tauscht Ihr die Wörter JA und NEIN aus und drückt dabei wieder gegen die Hände des Partners, so fest Ihr nur könnt.
Nimm wahr, ob Du bei einem Wort stärker gedrückt hast oder ob es keine Unterschiede gab? Hast Du wirklich so stark wie möglich gedrückt oder hast Du Dich zurückgehalten, um den Partner zu schonen oder vor dem „Verlieren" zu bewahren? Hast Du im Verhalten Deines Partners einen Unterschied wahrgenommen, wenn er JA oder NEIN rief? Teilt Euch Eure Erfahrungen und Empfindungen mit und tauscht Euch hierüber aus.

☺ ☺ **Wanken** (6-10 Min.)
Stellt Euch einander gegenüber im Abstand von etwa anderthalb Armlängen und mit geschlossenen Füßen auf. Nun streckt Eure Hände so aus, daß Ihr die Hände Eures Partners berühren könnt. Beginnt zunächst, Euch im Rapport miteinander mit den Armen zu bewegen; mal schiebend, mal mit großen, mal mit kleinen Veränderungen die Bewegungen des Partners nachzuvollziehen. Nun versucht Ihr, diesen Rapport zu beenden, indem Ihr Euren Partner durch Anstoßen seiner Hände ins „Wanken" bringt.

☺ ☺ ☺ **Ausbrechen** (6-10 Min.)
Alle Gruppenmitglieder stehen in einem Kreis mit dem Gesicht nach innen und halten eine feste Verbindung durch Handfassung. Ein Spieler befindet sich in der Mitte und versucht nun, aus dem Kreis „auszubrechen", was die anderen verhindern sollen.

☺ ☺ **Ich habe recht** (6-10 Min. je Partner)
A und B sitzen sich gegenüber, möglichst im Schneidersitz und rufen sich abwechselnd zu: „Ich hab recht"; dabei schlagen sie abwechselnd die Hände in der Mitte zusammen, jeweils die rechten oder jeweils die linken: „Ich hab recht", rechts – „Ich hab recht", links. Nehmt wahr, wie Ihr Euch dabei fühlt und tauscht Euch danach über Eure Erfahrungen und Empfindungen aus.

RAPPORT   Kontakt beenden

An meiner Haustür

Form: Übung: ☐   Spiel: Phantasiereise: ☐

Ziel:
Diplomatisches Weggehen

**Weitere Anwendungs-
möglichkeiten:**
Respektvolles Kontakt-
ende; Selbstbehauptung;
Wahrnehmung schärfen

Gruppengröße: ☺☺

Dauer:
8-12 Min. je Partner

Material:
- - -

Musikvorschlag:
- - -

Beschreibung:

A versucht spontan, B in ein Gespräch „an meiner Haustür" zu verwickeln oder B etwas anzutragen. B soll diesen Kontaktversuch ebenso kurz und spontan wie elegant und diplomatisch beenden. Kongruentes und respektvolles Handeln sind der Leitfaden bei diesem Spiel und versetzen A trotz einer Absage in einen guten Zustand. Beispiel:

A: „Guten Tag, ich bin Avon-Beraterin. Kennen Sie schon die Produkte unseres Hauses?"

B: „Ja, und ich habe auch schon eine Avon-Beraterin; eine ganz reizende Person, und ein wirklich gelungenes Produkt. Ganz herzlichen Dank für Ihr Angebot."

Findet für Euch heraus, was es heißt respektvoll wegzugehen, so, daß es für alle Beteiligten stimmt.

Variationen:

☺☺ **Das ist mein Stuhl** (8-12 Min. je Partner; Stühle)
A wählt sich einen Stuhl aus („Restaurant"), legt seine Sachen ab und geht dann hinaus („Toilette"). In der Zeit kommt B, setzt sich genau auf diesen Stuhl und macht es sich bequem. Kurz darauf kommt A wieder zurück und versucht nun, mit seinem gesamten Repertoire B dazu zu bewegen, aufzustehen und diesen Platz wieder frei zu machen. B seinerseits lehnt dieses Ansinnen ab und versucht A loszuwerden, möglichst auf elegante Art und Weise. Vereinbart ein Stichwort, was das Ende des Spieles signalisiert, so daß B aufsteht und Ihr nach einem kleinen Separator Eure Rollen wechselt. Es kommt hier darauf an, respektvoll und liebevoll aus beiden Positionen heraus das ganze Repertoire, die ganze Bandbreite an Möglichkeiten zu erkunden.

☺☺ **Ich habe keine Lust** (8-12 Min. je Partner)
A und B gehen aufeinander zu. Wenn sie sich treffen, stellt A die Frage an B: „Ich sehe, Du hast eine Uhr; kannst Du mir sagen, wie spät es ist?" B soll darauf antworten: „Nein, dazu habe ich jetzt keine Lust." Tauscht Euch danach über Eure Empfindungen aus, was es bei Euch auslöst, so auf diese Art angesprochen zu werden, auf diese Art zurückzuweisen oder auf diese Art zurückgewiesen zu werden. Als Variation kann A auch B bitten: „Du, kannst Du mir einen Gefallen tun?" und B antwortet: „Nein, dazu habe ich jetzt keine Lust." Probiert aus, was es bedeutet zu sagen: „Nein, dazu habe ich keine Lust" im Gegensatz zu all den anderen Sachen, wie: „Dazu habe ich jetzt keine Zeit." Tauscht Euch über Eure Gefühle aus und bedankt Euch beieinander, daß Ihr das miteinander üben konntet.

☺☺ **Du sollst** (12-15 Min.)
A formuliert nur Sätze, die mit den Worten: „Du solltest..." beginnen. B gibt nach jedem Satz als einzige Antwort ein klares, festes „NEIN" zurück. Sprecht so etwa 3-4 Minuten lang miteinander und nehmt wahr, was Ihr dabei empfindet. Nun tauscht Ihr die Rollen. Nach etwa 3-4 Minuten beendet auch diesen Teil und werdet auch hier wieder Eurer Empfindungen gewahr. Nun unterhaltet Euch über Eure Erlebnisse: Was hast Du dabei empfunden? Wie hat das „Sollen" und das „Nein" auf Dich gewirkt?

RAPPORT   Kontakt beenden

Nach Hause gehen

Form: Übung: ☐   Spiel: ☐   Phantasiereise: ☒

Ziel:
Rapport oder einen Tag,
ein Seminar beenden

**Weitere Anwendungs-
möglichkeiten:**
Future-Pace; Resterunde

Gruppengröße: ☺
In der Gruppe

Dauer:
20 Min.

Material:
Decken

Musikvorschlag:
Constance Demby:
Secret Space, Volume 1

Anleitung:

Such Dir Deinen Platz auf dem Boden und mach es Dir ganz bequem. Laß Dich mitnehmen von der Musik in diesen angenehmen Zustand von Entspannung – von Gelöstheit – von Loslassen – und erinner Dich an eine Situation, wo Du das letzte Mal vollständig losgelassen hast – und Dich entspannt hast. Was alles Dich in dieser Situation unterstützt hat loszulassen – zu entspannen – und tiefer und tiefer dahin zu treiben – und Dich auf diesen Zustand von Gelöstheit einzulassen – Dich hinzugeben. Laß Dich mitnehmen in die Erinnerung, die Dein Körper noch sehr gut kennt – indem Du heute wieder all das, was Du jetzt nicht mehr brauchst, an den Boden abgeben kannst – loslassen. Dann spür nochmal durch Deinen Körper, wo Du überall den Boden berührst – was Du alles loslassen und lösen kannst – und beginne damit bei den Füßen – was Du loslassen möchtest, das laß jetzt los – und während Du mit Deiner Aufmerksamkeit weiter in die Beine gehst – spüren, wie sie weich werden – und weit – bis hinauf in Dein Becken – vielleicht ein kleines bißchen schwerer – und wie Dein Rücken auf dem Boden aufliegt – und Du mit jedem Ausatmen ein kleines bißchen, ein Zehntel Millimeter tiefer in Deine Decke sinken kannst – loslassen kannst – bis hinauf in Deine Schultern und Deine Arme – loslassen – dem Boden anvertrauen. Je höher Du kommst, desto tiefer kannst Du loslassen – bis hinauf mit Deiner Aufmerksamkeit in Deinen Kopf – und Dein Gesicht – all das, was Du hier entspannen möchtest, weit werden lassen – weich werden – lösen – und loslassen. Deinen Atem wahrnehmen, der Dich schaukelt – in Deinem Rhythmus – Deine Resonanz mit Dir. Und die Gedanken – wie sie kommen und gehen können – wie eine Welle. Dann geh mit Deinen Gedanken schon mal nach Hause in Deine Wohnung – und mach es Dir an Deinem Lieblingsplatz ganz bequem. Laß nochmal all die Gedanken kommen – an die Zeit, die Du hinter Dir hast – die Zeit, die Du hier verbracht hast – die Erfahrungen, die Du gemacht hast. Laß all die wichtigen Dinge für Dich kommen – was Du an Neuem hier erlebt hast – was Du gerne behalten möchtest – was Du Dir merken willst – was Du ausprobieren möchtest – was Du für Erfahrungen mit Anderen gemacht hast – und stell Dir vor, daß Du dies einer Person Deiner Wahl erzählst – das, was Dir ganz wichtig war – mit all dem, was für Dich dazugehört – oder nur in Stichpunkten – was Du in dieser Zeit erlebt hast. Du hast dafür eine Minute Zeit – alle Zeit der Welt – um genau das Wesentliche für Dich mitzuteilen – alles Wichtige zu erzählen. Dann laß nochmal all die Gedanken kommen, die Dir schon während des Erzählens gekommen sind – was Du noch alles hättest sagen wollen und sagen können – was Du der Gruppe noch hättest sagen wollen oder einzelnen Personen hier. All das – wo Du jetzt denkst, ach das wär doch gut gewesen, dies zu tun oder jenes zu sagen. Laß die Ideen kommen. Dann schließ auch das für Dich ab auf Deine Art. Schau Dich nochmal an Deinem Lieblingsplatz um – mit dem Wissen, daß Du bald hierher nach Hause kommen wirst – und Du Dich schon ein kleines bißchen darauf freuen kannst, daß Du Deinen Lieblingsplatz zu Hause bald wieder für Dich haben wirst. Mit diesem Wissen kannst Du hierher zurückkommen – ganz zurück in diese Gruppe – ganz zurück in diesen Raum – und ganz zurück in Deinen Körper. Dann laß mit jedem Ausatmen nochmal alles los, was Du loslassen kannst – und mit jedem Einatmen laß ein bißchen Frische in Dich einströmen – durch Deine Nase – bis an den Punkt zwischen Deinen Augenbrauen – Dein Drittes Auge – eine sanft-kühle Empfindung, die sich dann in Dir ausbreiten kann – mit jedem Ausatmen loslassen – mit jedem Einatmen Frische einatmen – und sich in Deinem Körper ausbreiten lassen – Energie. Laß Dich langsam anfüllen – vielleicht schon ein kleines bißchen neugierig darauf, was die Anderen mitgebracht haben – und ein bißchen neugierig darauf, was auch Du in der Resterunde jetzt sagen wirst. Vielleicht weißt Du es schon ganz genau – vielleicht wird es auch erst klarer, wenn wir wieder zusammensitzen. Laß Deinen Körper eine Bewegung machen, die Dich ganz hierher bringt – voller Energie und Neugier. Laß uns zur Resterunde zusammenkommen – recken – strecken – und aufwachen, die Handflächen aneinanderreiben – und eine liegende Acht vor Dir machen – und mit den Augen folgen – so daß Du aufwachst und alle Module in Deinem Gehirn angesprochen und aktiviert werden. Laßt uns zur Resterunde zusammenkommen und uns verabschieden, indem Du kurz als Abschluß sagst, was Du der Gruppe unbedingt noch sagen möchtest – oder vielleicht auch einzelnen Personen – hier – und wenn jeder gesagt hat, was jetzt noch wichtig ist – was noch gesagt werden muß, um vollständig hier abzuschließen und nach Hause gehen zu können – und alles hier zu lassen, was hierher gehört – und alles das mitzunehmen, was Du zu Hause weiter für Dich nutzen und immer wieder erleben möchtest – dann laßt uns diese Runde gemeinsam abschließen.

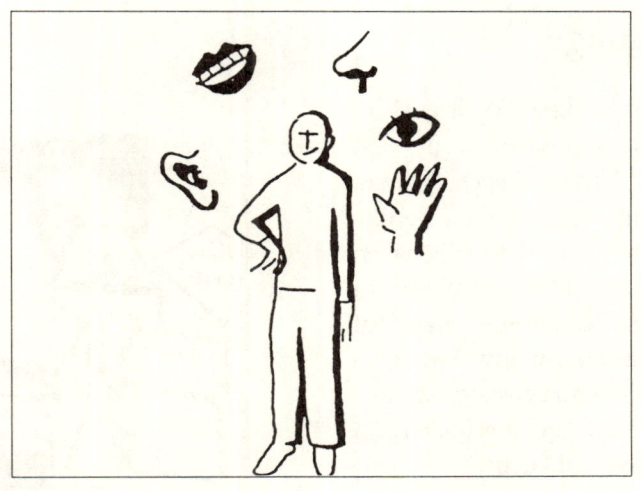

Wahrnehmung

Selbstwahrnehmung 85

Sinne schärfen 104

Kalibrieren 129

Wahrnehmung versus Interpretation 136

Einstimmung

Alles, was wir in dieser Welt erleben, erleben wir durch unseren Körper und unsere Sinne. Unsere Augen, Ohren, Haut, Nase und Mund sind die Berührungspunkte mit der Welt. Wir haben uns hier der Einfachheit halber der im NLP üblichen Bezeichnung der fünf Sinne, wie visuell, auditiv, kinästhetisch, olfaktorisch und gustatorisch angeschlossen. In der Literatur finden sich oft noch Hinweise auf den:

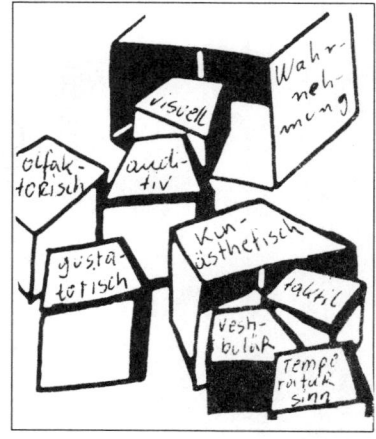

- Berührungssinn (taktil)
- Bewegungssinn (kinästhetisch)
- Gleichgewichtssinn (vestibulär)
- Temperatursinn;

diese sind im NLP unter kinästhetisch zusammengefaßt. Wir gehen davon aus, daß die Schärfung der fünf Grundsinne dazu führt, die Intuition zu schulen und verbesserte Möglichkeiten bietet, auf die Umwelt zu reagieren.

Ziel unserer Anregungen ist es, den Menschen zur Wiedergewinnung der eigenen Wahrnehmung zu verhelfen. Es ist unmöglich, die geistigen, psychologischen und spirituellen Fähigkeiten erfolgreich und dauerhaft auszubauen, wenn nicht gleichzeitig eine Erweiterung der physiologischen – körperlichen – Fähigkeiten angestrebt wird. Ziel ist es, die verborgenen Quellen der Kreativität zu erschließen und auszuschöpfen. Wir erleben die Welt nicht so wie sie ist, denn wir würden wahrscheinlich verrückt werden, wenn wir die vielen Reize, die ständig auf uns einstürmen, wahrnehmen würden und verarbeiten müßten. Um gesund zu bleiben, zu überleben, uns in unserer Welt sicher zu fühlen und nicht dem Chaos anheim zu fallen, filtern wir all diese Eindrücke durch unser Gehirn. Wir erleben die Welt durch eine Reihe von aktiven Wahrnehmungsfiltern, die sowohl biologisch, kulturell als auch individuell verschieden sein können. Wir können unsere Sinne verschließen, wir können uns distanzieren von den durch unsere Sinne empfangenen Informationen; wir können aber auch genauso lernen, unsere Sinne zu öffnen, mehr und feiner wahrzunehmen, unsere Sinne zu schärfen und damit unsere Fähigkeit verbessern, auf unsere Umwelt zu reagieren.

Der erste Teil in diesem Kapitel widmet sich der Sensibilisierung der Körperwahrnehmung, der „Selbstwahrnehmung". Durch unseren Körper erfahren wir die Außenwelt und lernen sie kennen. Unser Körper ist ein wahres Wunder, ein hochspezialisierter Organismus, der dazu bestimmt ist, Informationen zu verarbeiten. Aufgewachsen in einer weitgehend körperfeindlichen Kultur sind wir es alle gewöhnt, genau diese Fähigkeit unseres Körpers einzuschränken und zu unterdrücken. Wir betrachten unseren Körper oftmals als etwas, das auf Trab gebracht werden muß, anstatt liebevoll in uns selbst hineinzuspüren und wahrzunehmen, was uns dieses unglaublich hochspezialisierte Wunder mitteilen möchte. Erst die Fähigkeit, bewußt wahrzunehmen, kann die Aufmerksamkeit auf Deinen eigenen Körper, Dein Gefühl oder Deinen Atem lenken und Dir Informationen geben über eigene innere Zustände und über äußere Erscheinungen, die sich auf diese Zustände auswirken, sie hervorrufen oder begünstigen. Diese Übungen werden Dich unterstützen, mehr mit dem Körper zusammenzuarbeiten, anstatt ihn als Feind zu betrachten, den man unterdrücken muß, oder als notwendiges Übel, das man mitschleppen muß. Du kannst hier Deine Sinne wieder erwecken und sie neu würdigen.

Als zweiten Teil werden wir uns in diesem Kapitel dem „Sinne schärfen" zuwenden und lernen, auf verschiedenen Kanälen und mit all unseren Sinnen all die entscheidenden kleinen Signale wahrzunehmen, die notwendig sind, um angemessen auf unsere Mitmenschen, auf unsere Umwelt zu reagieren. Bei der Kommunikation mit sich selbst bedeutet dies: erhöhte Aufmerksamkeit für die eigenen inneren Bilder, Töne, Geräusche und für die eigenen Gefühle. Diese Erhöhung der ganzheitlichen Sensibilität ist notwendig, um Dein sinnliches Erleben vielfältiger zu gestalten, um aufmerksamer zu werden und um so genau das zu bekommen oder das zu erreichen, was Du erreichen möchtest.

Den dritten Teil in diesem Kapitel haben wir dem „Kalibrieren" gewidmet. Kalibrieren wird im NLP so verwendet, daß es bedeutet, feinste Unterschiede wahrzunehmen, die Sinne zu schärfen, sensorisch genau zu beschreiben und diese Merkmale einem inneren Zustand zuzuordnen, um dann durch genaues Beobachten, Hinhören, durch genaue Wahrnehmung diesen Zustand wiederzuerkennen. Hierbei gilt es, immer wieder neugierig bei jedem Menschen neu zu kalibrieren, neu wahrzunehmen, was zu welchem Zustand gehört. Diese feinsten Unterschiede können sein

- im visuellen Bereich: Mimik, Gestik, Bewegung, Haltung, Hautfärbung, Muskeltonus, Atmung, Pupillengröße oder Lidschlag;

- im auditiven Bereich: Tonhöhe, Rhythmus, Geschwindigkeit, Lautstärke, Betonung, Deutlichkeit, Volumen, Klangfarbe;
- im kinästhetischen Bereich: Wärme, Druck, Fläche, Dauer, Feuchtigkeit, Festigkeit, Muskeltonus, Bewegung.

Diese leicht beobachtbaren Merkmale sind durch Übungen zu schulen und schneller wahrzunehmen. Sie geben uns die Möglichkeit, uns nicht auf Interpretationen oder Raten zu verlassen, sondern mehr Sicherheit und Klarheit in der täglichen Kommunikation zu gewinnen.

Der vierte Teil stellt einen weiteren Schritt dar in Richtung Wahrnehmung und Beschreibung dieser Wahrnehmung im Gegensatz zur Interpretation, Zuordnung, Erklärung, Erläuterung oder Kommentierung des Wahrnehmens. Wichtig ist es, bei all diesen Übungen eine vertrauensvolle Atmosphäre zu schaffen, die es den Teilnehmern ermöglicht, sich zu öffnen und das Erlebte auch mitzuteilen. Dies geschieht am leichtesten dadurch, daß von vornherein klargestellt wird, daß die Erlebnisse oder das Mitgeteilte nicht beurteilt werden; weder durch die Teilnehmer noch durch den Kursleiter! Urteil ist keine Wahrnehmung! Gerade auf diesem ganz besonders sensiblen Gebiet sind wir alle auf Toleranz angewiesen, weil durch die Wahrnehmungsfilter jeder einen anderen Ausschnitt dieser Welt wahrnimmt. Zwei Menschen können ein und denselben Vorfall erleben und dennoch zwei ganz verschiedene Berichte darüber abgeben.

In diesem Bereich stellt NLP eine ausgezeichnete Möglichkeit dar, das Erleben anderer Menschen kennenzulernen und sich in sie hineinzuversetzen, eine geniale Möglichkeit, Fähigkeiten, Ressourcen und Talente anderer für sich selbst nutzbar zu machen. Dies ist die spielerischste Art des Lernens – genau so, wie Kinder lernen. Wir brauchen uns dann nicht mehr auf unsere eigenen Erfahrungen zu beschränken, sondern können an den Erfahrungen anderer teilhaben und so die Vielfalt menschlicher Reaktionen und Fähigkeiten erkennen und Zugang bekommen zu mehr Sichtweisen; ein Perspektivenwechsel hin zu einer Möglichkeit, die Dinge anders zu sehen und die Welt toleranter zu betrachten.

Diese Übungen lassen sich besonders gut in Gruppen üben, weil wir alle der sozialen Unterstützung bedürfen, wenn wir uns einer wirklich andauernden Veränderung unterziehen wollen. Wir sind angewiesen auf das Feedback, auf die Unterstützung anderer. Manchmal ist es sinnvoll, mit den Übungen anzufangen, die Du schon besonders gut kannst, denn oftmals geschieht Wachstum schneller und wirkungsvoller, wenn Du Dich zuerst zu Deinen Stärken bekennst und diese würdigst.

Selbstwahrnehmung WAHRNEHMUNG

Wegweiser

Mein Körper ☺	86
Wunschgang ☺	87
Bewegungen erfahren ☺	87
Modellieren ☺☺	87
Tarzan ☺	88
Schildkröte ☺	89
Rüstung ☺	89
Wirbel für Wirbel ☺☺	90
Tipp-Tapp ☺☺	91
Pfeil und Bogen ☺	91
Tagesausgleich ☺	91
Workshop-Füße ☺	92
Entspannung nach Feldenkrais ☺	93
Pantomime ☺	96
Duo ☺☺	97
Gefühle zeigen ☺☺☺	97
Stimmungslinie ☺☺☺	97
Stimmungsball ☺☺☺	98
Gegensätze ☺☺☺	98
Neigungsgruppen ☺☺☺	98
Gleich und gleich ☺☺☺	99
Eigenschaften raten ☺☺☺	100
Werbung ☺☺☺	101
Emotionen ☺☺☺	101
Vertrauen ☺☺-☺	101
Mischpult ☺	102

WAHRNEHMUNG Selbstwahrnehmung

Mein Körper

Form: Übung: ☐   Spiel: ☒   Phantasiereise: ☐

Ziel:
Bewußtes Wahrnehmen von Körper und Alltagsbewegungen

Weitere Anwendungsmöglichkeiten:
Wahrnehmung verfeinern

Gruppengröße: ☺

Dauer:
6-15 Min.

Material:
- - -

Musikvorschlag:
Tony Scott: Zen-Meditation

Anleitung:

Wähle für Dich selbst irgendeine Tätigkeit aus, die Du so oft ausführst, daß DU sie ohne jegliche Anstrengung und ohne nachzudenken vollziehst; Beispiele: gehen, eine Faust ballen, essen. Nun führe diese Bewegung im Zeitlupentempo aus und achte während Du sie vollziehst darauf: Was tun Deine Muskeln? Wie bewegen sich die Knochen? Bist Du Dir der Botschaften bewußt, die vom Gehirn ausgehen? Danach wiederhole das Ganze in Normalgeschwindigkeit und dann wieder so langsam wie möglich. Wie kooperieren die verschiedenen Teile Deines Körpers? Was geschieht, wenn verschiedene Körperteile nicht kooperieren? Mach Dir bewußt, daß in der gleichen Weise, in der Dein Gehirn und Deine Körperteile kooperieren, um reibungslos und gesund zu funktionieren, daß in dieser Weise das auch Personen, Gruppen und größere Gemeinschaften tun.

Variationen:

☺ **Wunschgang** (12-25 Min.)

Geh für Dich alleine normal durch den Raum und nimm Deinen eigenen Gang genau wahr: Mache ich große oder kleine Schritte? Gehe ich schnell, langsam? Was tun meine Arme dabei, was macht meine Hüfte, was macht mein Körper?

Nun versuche, die Art Deines Gehens zu übertreiben.

Verschiedene Körperteile sollen den Gang „anführen", wie: die Stirn, die Nase, das Kinn, die Brust, die Hüfte. Wie verändert sich Dein Gang? Welches Gefühl spürst Du jetzt in Dir?

Nun präsentiere Deinen „Wunschgang". Ist er aufrechter, kleiner, langsamer, schneller, lockerer oder gespannter als der normale? Oder stimmen der normale Gang und der Wunschgang überein?

☺ **Bewegungen erfahren** (6-10 Min.)

Beweg Dich frei nach der Musik durch den ganzen Raum und nimm wahr, wie Du selbst mit Deinem Körper die Musik umsetzt. Erfahr Deinen Körper bei verschiedenen Belastungen und nimm wahr, wie Du Dich bewegst, wo die Bewegung entsteht, was Du spürst. Wenn die Musik leise wird, leg Dich ruhig hin und spüre jetzt – in unterschiedlichen Ruhelagen – in Deinen Körper hinein.

☺ Diese „Bewegungserfahrung" und Körperwahrnehmung kannst Du verfeinern, wenn Du Bewegungen spielerisch veränderst oder indem Du Dich um und über Hindernisse (im Raum/in der Natur) bewegst. Je genauer Du Deinen Körper wahrnimmst, desto sicherer kannst Du ihn steuern, desto mehr Wahlmöglichkeiten in bezug auf Bewegungen hast Du.

☺☺ **Modellieren** (6-12 Min. je Partner)

Such Dir einen Partner und modelliert Worte, wie *Vertrauen, Nähe, Selbstbewußtsein*, indem einer erstmal dasteht und der andere ihn modelliert, ihn in eine geeignete Entfernung bringt, um Nähe darzustellen, wie derjenige dann dastehen muß, wie das aussieht für den, der gerade modelliert. Derjenige, der modelliert wird, kann erstmal folgen ohne Kommentar, wortlos, läßt sich modellieren, wie die Körperhaltung, die Bewegung ist, wie dann die Stimme, die Gestik, die Mimik sich anhören wird, all das, was für den anderen dazugehört. Am Ende kann er dann noch einmal wahrnehmen und reinspüren und dem anderen Rückmeldung geben darüber, wie Du Dich fühlst, ob das mit dem, was er bei Dir modellieren wollte, übereinstimmt. Dann wechselt. Ausprobieren, kreativ sein.

WAHRNEHMUNG　　　　　　　　　　　　　　　　Selbstwahrnehmung

Tarzan

Form: Übung: ☒　　Spiel: ☐　　Phantasiereise: ☐

Ziel:
Sensibilisierung der Körperwahrnehmung

Weitere Anwendungsmöglichkeiten:
Entspannung, Streßbewältigung (Regulation)

Gruppengröße: ☺

Dauer:
8-10 Min.

Material:
- - -

Musikvorschlag:
- - -

Anleitung:
Stell Dich aufrecht und frei hin und halte Deine Arme angewinkelt vor der Brust, wobei die Hände etwa eine Handbreit Abstand halten. Halte Deine Augen locker geschlossen und atme ruhig und gleichmäßig.
Balle nun Deine Hände zu Fäusten (lange Fingernägel nur flach auflegen!) und spann sie fest an. Danach spann jetzt die Unterarme an, während Du weiter ruhig und gleichmäßig atmest. Jetzt plötzlich spannt die gesamten Armmuskeln sehr kräftig an: Fäuste, Unterarme, Oberarme, Schultern. Verstärke die Anspannung so, daß Deine Muskulatur vibriert. Achte drauf, daß Du weiter mit geschlossenen Augen ruhig und gleichmäßig atmest! Du kannst für Dich die Dauer herausfinden, in der Du die Spannung in Deinen Armen aufbauen und erhalten kannst, so wie es für Dich stimmt. Nun entspann Deine Arme, Deinen ganzen Oberkörper und laß einfach los, während Du langsam und tief ein- und ausatmest und nachspürst, was mit Deinen Armen passiert, welche Empfindungen und Gefühle in Deinem

Körper auftreten (Wärme, Schwere, Leichtigkeit; alles ist möglich) und was sich für Dich verändert hat. Öffne dann behutsam Deine Augen und spür noch für einen Moment Deinen Körper nach, bevor Du Dich mit den anderen über Deine Empfindungen austauschen kannst.

Variationen:

☺ **Schildkröte** (8-10 Min.)

Im aufrechten Stand die Arme locker hängen lassen und die Augen schließen. Ruhig und gleichmäßig atmen!

Nun werden zuerst die Schultern hochgezogen, so als wollten sie die Ohrläppchen berühren. Den Kopf zurückdrücken, dabei aber mit dem Gesicht so weit wie möglich nach vorne schauen. Das so entstandene „Nackenpolster" weiter durch Schultern und Kopf zusammendrücken. Dabei ruhig und gleichmäßig durchatmen. Dauer: selbst erfahren; anfangs insgesamt etwa 10-20 Sekunden.

Nun sinken die Schultern herab und der Kopf fällt soweit nach vorne, bis das Kinn die Brust berührt. Augen immer noch geschlossen halten, ruhig und gleichmäßig atmen. Das Kinn bleibt auf der Brust, dabei erst das rechte Ohr soweit wie möglich seitlich zur rechten Schulter neigen, dann das linke Ohr zur linken Schulter; insgesamt zweimal zu jeder Seite; dabei bleiben die Schultern entspannt hängen. Erst jetzt die Augen wieder öffnen.

☺ **Rüstung** (8-10 Min.; 1 Stuhl)

Setz Dich aufrecht auf einen Stuhl und winkle mit geschlossenen Augen Deine Arme eng neben Deinem Körper an. Während Du ruhig und gleichmäßig atmest, spannst Du nun die gesamte Brustmuskulatur so kräftig an, daß Du in den Achselhöhlen einen Bleistift festklemmen kannst und Dein Oberkörper wie in einer „Rüstung" steckt und Du nur durch die natürliche Bauchatmung atmen kannst. Halte diese Spannung einige Atemzüge lang und laß sie dann los. Laß einfach Deine Arme und Schultern locker hängen und heb die Ellbogen 1-2 mal leicht an, um den Muskel zu dehnen. „Rüstung" kann Dir beim Erlernen der Bauchatmung helfen und aktiviert Dein Kreislaufsystem.

Anmerkungen:
- Alle Übungen stammen aus dem Bereich der Tiefmuskelentspannung und können auch als Vorbereitung auf das Autogene Training genutzt werden. Den Übungen gemeinsam ist, daß durch Anspannung und Entspannung die eigene Körperwahrnehmung verfeinert wird.
- Achte auf Deine gleichmäßige ruhige, tiefe und beständige Atmung!

WAHRNEHMUNG　　　　　　　　　　　　　Selbstwahrnehmung

Wirbel für Wirbel

Form: Übung: ☒　　Spiel: ☐　　Phantasiereise: ☐

Ziel:
Sensibilisierung der Körperwahrnehmung

Weitere Anwendungsmöglichkeiten:
Entspannung (Regulation)

Gruppengröße: ☺☺

Dauer:
6-10 Min. je Partner

Material:
- - -

Musikvorschlag:
Ozean, Wald mit Vögeln

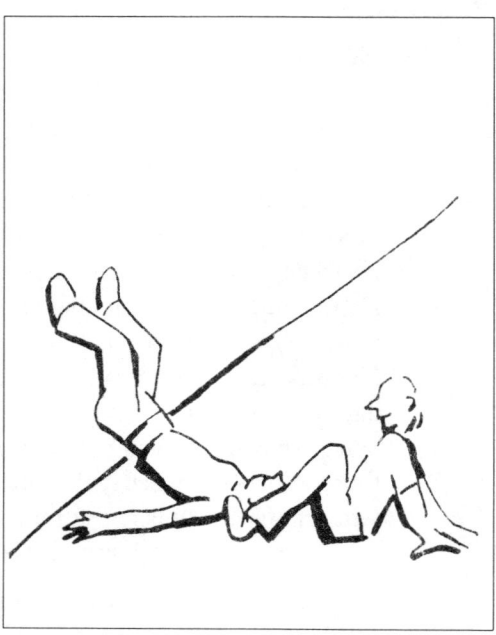

Anleitung:

Leg Dich auf den Rücken und stütz Deine Füße an die Wand, so daß die Oberschenkel senkrecht hochstehen und die Unterschenkel waagerecht sind. Dein Partner setzt sich mit gestreckten Beinen dahinter und stützt mit seinen Füßen Deine Schultern ab, so daß Du nicht zurückrutschst. Nun drück Deinen Rücken hoch, bis er einen Bogen bildet; dabei bleiben Deine Schultern am Boden und entspannt. Stell Dir vor, daß Dein Hals länger wird und Dein Kopf immer weiter zwischen die Beine des Partners wächst; dadurch werden die Schultern nach „unten", in Richtung Körper gedrückt.

Nun beginn, langsam das Rückgrat wieder auf den Boden zu legen und zwar so, daß Du jeden Wirbel einzeln spürst. Achte genau darauf, an welchem Punkt es nicht mehr möglich ist, einzelne Wirbel auf den Boden zu legen; je größer beispielsweise ein Hohlkreuz ist, desto eher ist das der Fall. Wiederhol die Übung zweimal, dann wechsle mit Deinem Partner.

Variationen:

☺ ☺ **Tipp-Tapp** (6-12 Min. je Partner; weiche Unterlage)
Begib Dich in eine „Bankstellung" (Vierfüßler-Kniestand), neben der Dein Partner kniet. Er wandert nun mit den Fingerkuppen auf Deinem Rückgrat entlang; dabei beginnt er an der Halswirbelsäule und „tastet" sich in Richtung Lendenwirbelsäule, bis knapp an das Steißbein heran. Dort, wo er Dich auf dem „Hinweg" berührt, sollst Du den Rücken runden, Wirbel für Wirbel, langsam und bewußt. Auf dem „Rückweg" – von der Lendenwirbelsäule zum Hals – kannst Du den Rücken an den berührten Stellen wieder strecken; wiederum: Wirbel für Wirbel, langsam und bewußt. Diese Übung geht auch alleine („Katzenbuckel-Pferderücken").

☺ **Pfeil und Bogen** (6-12 Min.)
Leg Dich flach, ohne eine Decke auf den Boden, so daß Deine Beine ausgestreckt und Deine Arme neben Deinem Körper liegen. Nimm wahr, wo Du überall den Boden berührst und auch, wie Du ruhig und gleichmäßig atmest. Nun stell Dir vor, Du sollst mit Deinem Po einen „Pfeil" halten, also die Muskeln so kräftig anspannen, daß Du vom Boden ein kleines Stück hoch kommst. Spann auch noch die Waden und die Oberschenkel an, mach die Beine so steif, daß Dein ganzer Körper sich wie ein gespannter „Bogen" leicht rundet. Achte darauf, daß auch bei der größten Anspannung Dein Po ständig den Boden berührt und Du ruhig und bewußt weiter atmest. Nun laß alle Spannung los, bring die Knie zu Deiner Brust und halte Dich mit den Armen unter den Knien fest. In dieser Haltung kannst Du wie ein Päckchen, ruhig, behutsam, auf dem Boden rollen, um Deine Wirbelsäule zu lockern und die Rückenmuskeln zu dehnen. „Pfeil und Bogen" fördert die Muskelentspannung und Kreislaufaktivierung und wirkt kräftigend auf Muskelbereiche, die eventuell erworbenen Haltungsfehlern entgegenwirken.

☺ **Tagesausgleich** (8-20 Min.)
Viele Menschen leiden heute unter Bewegungsmangel und so hervorgerufenen Haltungsschwächen oder sogar -schäden. Das regelmäßige Ausführen der folgenden gymnastischen Übungen als Ergänzung zu den vorigen Variationen (!) kann Dir helfen:
- einen „Tagesausgleich" für lange Sitztätigkeiten zu finden;
- aktive Bewegungspausen im Büro wie im Seminar einzulegen;
- Deinem Körper eine gesunde Bewegungsgrundlage zu bieten;
- gemeinsame Körperaktivitäten in der Gruppe durchzuführen.

Bevor Du mit den Übungen beginnst, mach Dich durch ein Spiel (beispielsweise: SEPARATOR, Aktivierung) etwas warm und bring Deinen Kreislauf ein wenig in Schwung; Deine Muskeln, Sehnen und Gelenke werden es Dir danken.

Weg mit der Mauer: Stell Dich mit den Füßen, in Schrittstellung hintereinander, vor eine Wand und stütz die Hände auf. Nun neige Dich so zur Wand hin und laß beide Füße ganz (!) am Boden, bis Du in der Wade Deines hinteren Beines eine Dehnung spürst. Halte diese ruhige Dehnung 20-30 Sekunden lang, und beende sie dann sanft. Lockere Dein hinteres Bein und dehne danach auch das andere Bein.

Der Fechter: Mach einen Ausfallschritt mit dem vorderen Bein, so daß der Oberschenkel etwa im rechten Winkel zum Unterschenkel steht. Wenn Du stabil auf beiden Füßen ruhst, dehne sanft für 20-30 Sekunden Deine hintere Hüfte, indem Du das hintere Bein lang streckst und Deinen Schwerpunkt tief senkst; achte darauf, daß die Ferse des hinteren Fußes hochgehoben ist (Fußballenstand) und der Fußrücken gerade nach vorne zeigt. Dann Hüfte lockern und Seite wechseln.

Hände hoch: Stell Dich aufrecht und mit leicht gebeugten Knien hin und bringe Dein Becken so nach vorn, daß Du wie ein „Cowboy" dastehst. Nun führe beide Arme angewinkelt nach oben-hinten zurück, bis Du eine Dehnung in der Brust verspürst. Halte die Dehnung für 20-30 Sekunden und lockere Dich danach.

Kirschen klauen: Nimm wieder denselben „Cowboy"-Stand ein und strecke einen Arm nach oben etwas schräg zur anderen Seite über den Kopf, so weit wie Du kommst, bis Du eine Dehnung in der gesamten Seite verspürst; die andere Hand kann helfen, den Arm zu ziehen. 20-30 Sekunden halten, dann lockern, Wechsel.

☺ **Workshop-Füße** (8-20 Min.)

Stell Dir einmal die Frage: Was kann ich alles mit meinen Füßen machen? Wie kann ich sie unterschiedlich bewegen, wie kann ich sie einsetzen? Über verschiedene Bewegungsideen und -ansätze zu unterschiedlichen Ausführungsformen und Bewegungserfahrungen kommen. Ihr könnt Euch auch gemeinsam austauschen, um Bewegungsideen zu finden.

Anmerkungen:
- Entspann Dich anschließend an einen Durchgang in einer beliebigen, bequemen Lage und spür in Deinem Körper nach. Wenn Du magst, tausch Deine Erfahrungen und Gefühle mit einem Partner aus.
- Alle Variationen (!) ergänzen sich zu einem Gymnastikprogramm.

Selbstwahrnehmung   WAHRNEHMUNG

Entspannung nach Feldenkrais

Form: Übung: ☒   Spiel: ☐   Phantasiereise: ☐

Ziel:
Körperwahrnehmung

**Weitere Anwendungs-
möglichkeiten:**
Harmonisierende Übung

Gruppengröße: ☺

Dauer:
30 Min.

Material:
Decken

Musikvorschlag:
Patrick Ball: Celtic Harp

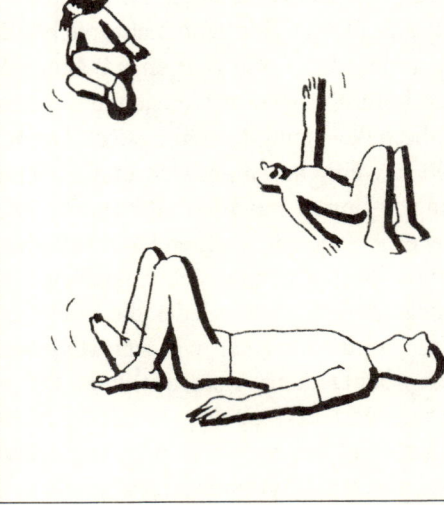

Anleitung:

Such Dir einen Platz auf dem Boden, wo Du Dich bequem hinlegen kannst und wo Du genug Platz hast, so daß Du Deine Arme und Beine im rechten Winkel von Dir ausstrecken kannst. Mach es Dir auf dem Boden bequem – und beginne die erste Übung: „Nach Hause kommen". Komm in Deine eigene Mitte und spür durch Deinen Körper, wie Du auf dem Boden liegst. Geh mit Deiner Aufmerksamkeit hinunter zu Deinen Füßen und nimm wahr, wie sich Deine Füße anfühlen – rechts und links – ob sie beide gleichweit nach außen fallen – wo überall Deine Beine den Boden berühren – ob rechts und links gleich ist – und wie sich der Übergang von Deinen Beinen in Dein Becken anfühlt. Einfach spüren, ob Du rechts und links gleich aufliegst – ob Dein Becken nach vorn oder nach hinten gekippt ist – und wo Du überall mit Deinem Rücken den Boden berührst – wie sich Deine Schulterblätter anfühlen – ob sie gleich tief auf dem Boden liegen und an den gleichen Stellen rechts und links den Boden berühren – wie der Übergang von Deinen Armen in Deine Schultern ist, auf beiden Seiten gleich oder unterschiedlich – wie

Deine Arme daliegen, rechts und links, neben Deinem Körper – ob sie an den gleichen Stellen den Boden berühren und wie sich das für Dich anfühlt – bis in Deine Hände. Dann weiter mit Deiner Aufmerksamkeit in Deinen Nacken – den Abstand wahrnehmen vom Nacken zum Boden – von den Ohren zur Schulter – wie Dein Hinterkopf auf dem Boden liegt – wie sich Dein Gesicht anfühlt – der Abstand vom Kinn zur Brust – und wie Dein Atemrhythmus ist. Diese Position wird jeweils zwischen den einzelnen Bewegungen immer wieder eingenommen, um den Wechsel von Aktivität und Ruhe zu erleben. Dann beginne liebevoll und behutsam, Deinen Kopf von rechts nach links zu rollen. Spür, was alles in Deinem Körper sich dabei mitbewegen möchte. Dann wieder zur Mitte kommen, nach Hause kommen, spüren, was sich in Deinem Körper verändert hat. Wahrnehmen, was diese Bewegung bei Dir auslöst. Dann stell beide Füße auf dem Boden auf – Knie ein wenig auseinander – und entscheide Dich, mit welcher Seite Du diese Übung beginnen möchtest. Wenn Du Dich für rechts entschieden hast, dann bewege die Zehen des rechten Fußes auf und ab – in Deinem Rhythmus, in Deinem Tempo. Spür, was alles sich mitbewegen möchte, wenn Du mit Deinen Zehen wackelst. Streck dann wieder die Beine aus, komm in die Grundposition nach Hause – und spür nach, was sich verändert hat – rechts und links – oben und unten – bei Deinem Atemrhythmus. Dann wieder die Füße aufstellen, jetzt mit dem rechten Fuß trappeln, so, daß der Hacken auf dem Boden bleibt und Du den Fuß auf- und abbewegst – in Deinem Rhythmus – in Deinem Tempo. Ausprobieren, ob Dein Rhythmus langsam oder schneller ist – laß Dich überraschen, was sich alles bei Dir mitbewegt, wenn Du mit dem Fuß trappelst. Dann wieder ausstrecken – nach Hause kommen – spüren, was sich verändert hat – rechts und links – ob es schwerer ist oder leichter – heller – länger oder tiefer – wie Du es für Dich bezeichnen würdest – innerlich. Dann die Füße wieder aufstellen – wiederholen – nachspüren. Dann wieder die Füße aufstellen und die Knie behutsam nach rechts fallenlassen – zur Mitte und nach links – in Deinem Rhythmus – den Kopf mal gegenläufig – und mal mit in die Richtung drehen. Nimm wahr, was sich mitbewegt – und dann nach Hause kommen – nachspüren. Die Füße aufstellen und mit dem Beckenboden auf der Unterlage kreisen. Das Becken liegt dabei auf dem Boden auf – in Deinem Tempo – in Deinem Rhythmus – Deine Kreise, groß oder klein – schnell oder langsam – und was sich alles mitbewegt in die eine und andere Richtung. Dann wieder nach Hause kommen – spüren, wie sich jetzt rechts und links anfühlt – oben und unten – den Unterschied wahrnehmen – und auf Deine Art innen beschreiben. Wiederholen – und dann nach Hause kommen – nachspüren. Hast Du mit rechts angefangen, nimm jetzt den linken Arm in Richtung Decke, so daß die Hand zur Decke zeigt, als wenn sie dorthin von einem Faden gezogen wird. Ungefähr 5 cm in Richtung Decke ziehen – dann wieder die Schulter auf den Boden zurücksinken lassen. Deinen Rhythmus finden – Dein Tempo – wie es für Dich angenehm ist. Wieder nach Hause kommen und spüren, was sich verändert hat – wiederholen – nachspüren. Beide Arme auf dem Boden im rechten Winkel vom Körper abspreizen – und mit der linken Hand einen Bogen über Dich ziehen zur rechten Hand hin. Nimm wahr, was sich alles mitbewegt – wieder nach Hause kommen und spüren, was sich für Dich verändert hat – rechts und links – oben und unten – wie sich Dein Atem anfühlt – und wie Du es innerlich für Dich beschreibst. Dann mit der rechten Hand auf die linke Schulter und mit der linken Hand auf die rechte Schulter fassen – und Du kannst Dich wie ein Baum hin- und herrollen – oder mit den Hacken und Beinen abstützen – und dann liebevoll und behutsam von einer auf die andere Seite rollen – hin und her – liebevoll, behutsam, mit dem eigenen Körper. Dann wieder nach Hause kommen und spüren, wie sich Dein Körper anfühlt – oben und unten – rechts und links – Dein Atem. Roll dann noch einmal den Kopf behutsam von rechts nach links – nimm wahr, was sich jetzt mitbewegt. Nach Hause kommen – nachspüren – spüren, wie sich Dein Körper anfühlt – vielleicht im Gegensatz zu vorhin. Geh noch einmal durch Deinen ganzen Körper mit der Aufmerksamkeit – nach unten in Deine Füße – wie weit die Füße auseinander liegen – ob sie gleich weit nach außen fallen – wo überall Deine Beine den Boden berühren – wie sich der Übergang zwischen Beinen und Becken anfühlt – Dein Becken rechts und links – wo Du überall mit dem Rücken den Boden berührst – und wie die Schultern liegen – der Übergang zwischen Schultern und Armen – wie Deine Arme rechts und links sich anfühlen – der Abstand vom Nacken zum Boden – und wo Dein Hinterkopf den Boden berührt – der Abstand zwischen Deinen Ohren und Deinen Schultern – Deinem Kinn und Deiner Brust – und wie Dein Atemrhythmus ist. Beschreibe innerlich möglichst genau, wie sich die feinsten Unterschiede in Deinem Körper anfühlen. Dann schließ das für Dich ab und komm in Deinem Tempo hierher zurück.

WAHRNEHMUNG — Selbstwahrnehmung

Pantomime

Form: Übung: ☐   Spiel: ☒   Phantasiereise: ☐

Ziel:
Sensibilisierung der Körperwahrnehmung

Weitere Anwendungsmöglichkeiten:
Aktivierung; Rapport

Gruppengröße: ☺

Dauer:
6-10 Min.

Material:
– – –

Musikvorschlag:
Mike Oldfield: Platinum

Anleitung:

Bewege Dich zum Rhythmus der Musik wortlos und frei im Raum und nimm dabei wahr, wie Du anderen begegnest. Von Zeit zu Zeit wirst Du Ideen vom Gruppenleiter erfahren, wie Du Dich bewegen kannst. Wenn Dir eigene Möglichkeiten einfallen, gib dem Gruppenleiter ein Zeichen, so daß er weiß, daß die nächste Anregung von Dir kommt. Beispiel: „Beweg Dich":
- wie jemand, der ganz stark ist;
- ganz eilig oder auch wie jemand, der ganz vorsichtig ist;
- wie jemand, der ganz schüchtern ist;
- angeberisch und arrogant;
- wie eine alte Frau;
- wie ein Wanderer, der einen schweren Rucksack trägt;
- wie ein Vater, der einen Kinderwagen schiebt;
- wie eine junge Frau, die sich freut;
- wie ein Kind, das barfuß über spitze Steine geht;
- wie ein Astronaut, der leichtfüßig über den Mond schwebt.

Variationen:

☺ ☺ ☺ Finde für Dich selbst eigene Möglichkeiten, unterschiedliche Zustände zu kreieren und all das wahrzunehmen, was dann jeweils dazugehört. Mache einmal ein paar anstrengende, schnelle Gymnastikübungen, dann atme für etwa 30 Sekunden schnell durch und bewege Dich dann so durch den Raum, daß Du Dich „behaupten" kannst. Als Gegensatz dann: atme einige Male tief und ruhig durch, lasse Deine Schultern etwas hängen, dann setze einen „sanften" Blick und ein Lächeln auf und geh langsam und angemessen durch den Raum. Wie fühlt sich das an?

☺ ☺ **Duo** (6-12 Min.)

Ihr könnt die Übung auch paarweise als ein „Duo" spielen – ohne oder mit „Zubehör". Beispielsweise: „Bewegt Euch wie":
– zwei Menschen, die sich wiedersehen; ein Paar beim Tanzen;
– zwei, die sich einen Ball zuwerfen; zwei, die etwas tragen;
– zwei Holzfäller, die einen Baum transportieren und zersägen;
– eine Frau mit ihrem Freund unter einem Regenschirm;
– ein Supersportler, der mit einem Anfänger Tischtennis spielt.

☺ ☺ ☺ **Gefühle zeigen** (8-12 Min.)

Alle Mitspieler befinden sich in einem abgedunkelten Raum. Ist das Licht aus, bewegen sich alle frei, so wie sie möchten; geht das Licht an, erstarren alle in ihrer Bewegung. Sind alle mit diesem Ablauf erst einmal vertraut, nennt der Spielleiter nun während der Dunkelheit Gefühle, die sie schweigend darstellen sollen, sobald das Licht angeht, wie: Lust, Trauer, Freude, Hoffnung, Neugier. Tauscht Euch darüber aus, was Ihr dabei empfunden habt und ob es Euch leichtfiel, einzelne Gefühle darzustellen.

☺ ☺ ☺ **Stimmungslinie** (8-12 Min.; lange Schnur, Zettel)

Mit einer Schnur wird zwischen verschiedenen Punkten im Raum eine Linie aufgespannt, an die jeder Spieler eine Karte hängt. Sie gibt vor, wie Ihr Euch an dieser Stelle verhalten, bewegen oder welche Stimmung Ihr nachempfinden sollt; Beispiele: torkeln, hüpfen, locker, steif, lustig, grübelnd, beklommen, selbstsicher. Bewegt Euch nun zur Musik entlang der „Stimmungslinie" und versucht, die Anregungen so genau wie möglich umzusetzen. Später könnt Ihr Euch dann frei im Raum bewegen und nach Wahl auch Karten mehrfach besuchen. Vielleicht gelingt es Dir, andere wortlos zu „überreden", zu Deiner Karte mitzukommen.

☺ ☺ ☺ **Stimmungsball** (10-15 Min.; Bälle in unterschiedlichen Farben)
Die ganze Gruppe hat einen Pool verschiedenfarbiger Bälle oder Luftballons und ordnet vor Beginn des Spieles jeder Farbe eine Stimmung zu, wie: blau entspricht einer neugierigen Stimmung, gelb einer strahlenden Laune, rot heißt wütend, grün ist fröhlich heiter, ... Nun nehmt Euch jeder einen „Stimmungsball" und bewegt Euch zur Musik frei durch den Raum. Ihr könnt die Bälle so oft weitergeben und tauschen wie Ihr möchtet. Wenn Du einen Ball in einer bestimmten Farbe erhältst, stelle die entsprechende Stimmung dar und baue sie in Deine Fortbewegung ein. Danach kannst Du den Ball an einen anderen weitergeben.

☺ ☺ ☺ **Gegensätze** (Partnerübung in der Gruppe; 10-20 Min.)
Jedes Paar sucht sich gegensätzliche Eigenschaften aus, wie: „mutig-ängstlich, zufrieden-unzufrieden, schön-häßlich, ..." Beide Spieler teilen sich die Aufgabe und demonstrieren wortlos ihre „Gegensätze". Die anderen versuchen die Begriffe zu erkennen.

☺ ☺ ☺ Vor Beginn verteilt der Spielleiter Karten, die jeweils eine Gefühlsaufgabe beschreiben; zu jeder Karte gehört auch wieder eine gegensätzliche Eigenschaft. Während nun jeder Mitspieler seine eigene Aufgabe pantomimisch umsetzt, soll er gleichzeitig seinen „Gegensatz" ausfindig machen. Wenn sich alle Paare gefunden haben, können sie der ganzen Gruppe ihre Eigenschaften noch einmal demonstrieren.

☺ ☺ ☺ Teilt Euch in zwei gleichgroße Gruppen auf. Jeder erhält vom Spielleiter wieder eine Karte; diesmal stehen auf den Karten Alltagshandlungen, wie: Fenster putzen, Gemüse schälen, Mülleimer leeren, ... Die Karten sind so vorbereitet, daß jede Aufgabe zweimal vorkommt, je einmal für jede Gruppe. Nun beginnen alle Mitspieler der ersten Gruppe, ihre eigene Alltagshandlung pantomimisch darzustellen. Hat ein Teilnehmer der zweiten Gruppe, der dieselbe Aufgabe gezogen hat, „seine" Handlung erkannt, so kann er zu dem Betreffenden gehen und ihn pantomimisch nachahmen und unterstützen. Haben alle Paare richtig zueinander gefunden, könnt Ihr Eure Aufgaben einander vorstellen.

☺ ☺ ☺ **Neigungsgruppen** (10-20 Min.)
Alle Spieler bewegen sich frei im Raum, wobei jeder wortlos und pantomimisch so genau wie möglich darstellt und ausdrückt, was er mag, was ihn besonders interessiert, womit er sich gern befaßt. So können sich „Neigungsgruppen" erkennen und zusammentun.

☺ ☺ ☺ **Gleich und gleich** (8-15 Min.; vorbereitete Zettel)
Alle Mitspieler erhalten jeweils einen Zettel, auf dem der Name eines Landes steht; dabei gibt es immer zwei gleiche Zettel. Wenn Du einen Zettel erhalten hast, versetze Dich in einen Bewohner dieses Landes und überlege Dir, welche typischen Eigenheiten oder Angewohnheiten Du pantomimisch darstellen kannst. Dann mache Dich auf die Suche nach Deinem „Partner", indem Du Dich wortlos präsentierst und zugleich wahrnimmst, wie sich die anderen um Dich herum bewegen.

WAHRNEHMUNG   Selbstwahrnehmung

Eigenschaften raten

Form: Übung: ☐   Spiel: ☒   Phantasiereise: ☐

Ziel:
Fremd- und Eigenwahrnehmung in Übereinstimmung bringen

Weitere Anwendungsmöglichkeiten:
Feedback, Reflexionsübung, Sinne schärfen

Gruppengröße: ☺☺☺

Dauer:
15 Min. je Partner

Material:
Mehrere große Blätter

Musikvorschlag:
– – –

Beschreibung:
Einer aus der Gruppe verläßt den Raum mit dem Wissen, daß er, wenn er zurückkommt, Eigenschaften raten soll, die andere über ihn gesagt oder ihm zugeschrieben haben. Diese soll er zu den Personen, die sich im Raum befinden, zuordnen. Mach Dir draußen eine schöne Zeit, während drinnen alle Anwesenden jeweils eine Eigenschaft oder ein Wort oder etwas notieren, was sie Dir zuschreiben. Laßt Euch von Eurer Phantasie leiten und von dem, was Ihr mit demjenigen erlebt habt. Möglichst etwas Charakteristisches oder etwas, was Eure Beziehung beschreibt. Dann kommt derjenige von draußen rein und kann nun raten, wer welche Eigenschaft über ihn gesagt hat, welcher Satz von wem stammt. Die Auflösung erfolgt erst, wenn alle Eigenschaften zugeordnet sind. Dann kann der nächste aus der Gruppe hinausgehen und neugierig sein.

Beim 2. oder 3. Durchlauf wird es interessanter, meistens gehen die Aussagen tiefer, weil man sich durch die ersten wichtigsten Nettigkeiten gearbeitet hat.

Variationen:

☺ ☺ ☺ **Werbung** (10-30 Min; Zettel, Schreibzeug)
Jedes Gruppenmitglied schreibt auf einen Zettel eine Werbeanzeige über sich selbst, in der er sich als Freund beschreiben und „verkaufen" möchte. Als Anhaltspunkt kann Dir dabei die Frage helfen: „Warum sollte mich jemand als Freund lieber ‚kaufen' wollen als einen anderen?" Danach werden alle Zettel eingesammelt, gemischt und einzeln jeweils von einem anderen vorgelesen. Nun soll die Gruppe erkennen, wer die betreffende Werbung verfaßt hat und dies auch begründen.

☺ ☺ ☺ Anstelle einer „Werbung", die Dich als wertvollen Freund anpreist, kannst Du auch Anzeigen aufsetzen, in denen Du Dich als Kind, Elternteil, Lehrer, Schüler, Geliebter, ... „verkaufst".

☺ ☺ ☺ **Emotionen** (15-30 Minuten; Zettel, Stifte)
Jedes Gruppenmitglied schreibt für sich auf einen Zettel das Alphabet untereinander. Nun soll jeder pro Buchstabe ein Wort, einen Ausdruck finden, womit er seine „Emotionen" bei der zu besprechenden Aktivität beschreibt. Haben alle die Aufgabe erfüllt, kann jeder seine Liste vorlesen und 2 Begriffe auswählen, die er der Gruppe erklären will. Dieses Spiel eignet sich gut zur Reflexion im Anschluß an eine Übung oder Aktivität.

☺ ☺ ☺ **Vertrauen** (auch mit Partner möglich; 15-30 Min.)
Der Gruppenleiter regt folgende Fragen über die Eigenschaft „Vertrauen" zum Nachdenken und zur Diskussion an:
– „Wie kannst Du merken, daß ein Tier Dir vertraut?"
– „Wie kann ein Tier merken, daß Du ihm vertraust?"
– „Welches Verhalten kann darauf hinweisen?"

Geht nach dieser Diskussion zum menschlichen Verhalten über:
– „Woher weißt Du, ob Dir jemand vertraut?"
– „Woran erkennst Du, ob Du jemandem vertrauen kannst?"
– „Woran kann ein anderer merken, daß Du ihm vertraust?"
– „Welches Verhalten kann Dir als Unterstützung dienen?"

Diese Diskussion kann Dir ein Feedback über Deine eigenen Verhaltensweisen und auch die Sichtweise der Anderen geben.

☺ **Mischpult** (8-20 Min.)

Nimm Dir einmal einen Moment Zeit und richte es Dir auf Deinem Stuhl oder Deiner Unterlage ganz bequem ein, so daß Du Dich für einen Moment wohlfühlen kannst. Dann schließe die Augen und gehe mit Deiner Aufmerksamkeit nach innen, und spüre Deinem Atem nach, wie er ruhig und gleichmäßig durch Deinen Körper fließen kann. Und dann gehe einmal in Gedanken – ruhig und in Deinem Tempo, ganz so, wie es für Dich stimmt – alle Deine fünf Sinne durch – all Deine Sinne, mit Deiner ganzen Aufmerksamkeit nach innen richten und reinspüren. Stelle Dir vor, daß Du ein großes Mischpult bedienen kannst, mit dem Du alle Deine Sinne ganz fein aktivieren und abstimmen kannst und nimm Dir für jeden einzelnen Sinn Zeit, um alle Eindrücke wahrzunehmen.

Und dann beginne als erstes mit dem Sehsinn – und konzentriere Dich für einen Moment nur auf Deine inneren Bilder: Was kannst Du sehen? Vielleicht Bilder – oder Farben – oder vielleicht auch ein Licht, in einer ganz bestimmten Helligkeit? Alles, was Du mit geschlossenen Augen wahrnehmen kannst. Und dann wechsle an Deinem Mischpult den Sinn – und nimm einmal wahr, was Du alles hören kannst – mit Deiner ganzen Aufmerksamkeit in Deinen Ohren sein – und was alles dazugehört – Stimmen, Geräusche – vielleicht kannst Du sogar Deinen Atem hören – oder Deinen Pulsschlag. Und wieder wechseln – und wahrnehmen, was kannst Du alles fühlen, spüren? Deine Unterlage – Deine Kleidung – vielleicht auch die Temperatur – oder auch, wie Dein Atem ruhig und gleichmäßig Deinen Körper bewegt – und was noch alles dazugehört – mit Deiner ganzen Aufmerksamkeit reinspüren. Und dann wechsle erneut und nimm einmal wahr, was Dir Deine Nase rückmeldet – was Du alles riechen kannst – und welche Gerüche Dir fremd vorkommen – und auch, was Du wiedererkennst, was in der Luft liegt – wahrnehmen, was alles da ist, was Du riechen kannst. Und dann noch einmal wechseln, auf den Geschmack – Deinen fünften Sinn konzentrieren: Was kannst Du schmecken? Alle Feinheiten, alles was dazugehört schmecken.

Und dann lasse das für Dich langsam ausklingen und drehe an Deinem Mischpult alle Regler ein kleines Stück weit auf – so daß Du alle Sinne wahrnehmen – und auch wechseln kannst – und lasse Dich überraschen, welche Eindrücke Dir jetzt kommen – jetzt, wo Du alle Sinne an Deinem Mischpult eingestellt und aufeinander abgestimmt hast – und wie sich all Deine Sinne ergänzen und gegenseitig unterstützen und bereichern können – und Du mehr und intensiver Dich selbst und Deine Umwelt wahrnehmen kannst. Und wenn Du magst, kannst Du an Deinem inneren Mischpult noch für einen Moment spielen und Deine Sinne aktivieren und aufeinander abstimmen – ganz so, wie es für Dich jetzt angenehm ist.

Und dann – zum Schluß – lasse auch das ausklingen – und nimm noch einmal Deinen Atem wahr – und spüre mit jedem Atemzug, wie Du Kontakt zu Deiner Unterlage hast. Und dann finde in Deinem Tempo wieder hier in diesen Raum zurück – neugierig, was Du mit Deinen fünf Sinnen jetzt noch alles entdecken kannst.

Überlege Dir abschließend noch für einen Moment, wo und wann in Deinem Alltag es Dir nützen kann, auf alle Sinne zugreifen zu können und in welchen Situationen Du einzelne Sinne gezielt aktivieren und einsetzen möchtest.

WAHRNEHMUNG　　　　　　　　　　　　　　　　　Sinne schärfen

Wegweiser

Modenschau ☺☺-☺ 106
Dirigent ☺☺☺ 107
Stumme Antwort ☺☺ 107
Lauffeuer ☺☺☺ 107

Chinesische Zahlen ☺☺☺ 108
So wird geklopft ☺☺☺ 109
Die Schere ist offen ☺☺☺ 109
Ohne Worte ☺☺☺ 109

Wahrnehmungsräume putzen ☺ 110

Orchesterprobe ☺☺☺ 115
Tonkette ☺☺☺ 116
Lieder summen ☺☺☺ 116
Kanon ☺☺☺ 116
Regen ☺☺☺ 116
Hörprobe ☺☺☺ 117
Familiennamen ☺☺☺ 117
Arche Noah ☺☺☺ 117
Blinde Tiere ☺☺☺ 117

Der Ton macht die Musik ☺☺ 118
Patenkind ☺☺☺ 119
Das trifft's ☺☺☺ 119

Orgelpfeifen ☺☺☺ 120
Verformen ☺☺☺ 120
Händedruck ☺☺☺ 121
Wer hat Dich berührt ☺☺☺ 121
Feinfühlig ☺☺ 121
Gib's mir ☺☺☺ 121
Fühl mal, was da ist ☺☺☺ 121

Höhlengang ☺☺ 122
Trautes Heim ☺☺ 123
Spaziergang ☺☺ 123
Blindschleiche ☺☺☺ 123

Im Reich der Sinne ☺ 124

Gutes Wahrnehmen ☺☺☺ 125
Feedback ☺☺☺ 127
Fan-Post ☺☺☺ 127
Ich denk an Dich ☺☺☺ 128

WAHRNEHMUNG　　　　　　　　　　　　　　Sinne schärfen

Modenschau

Form: Übung: ☐　　Spiel: ☒　　Phantasiereise: ☐

Ziel:
Sensibilisierung der visuellen Wahrnehmung

Weitere Anwendungsmöglichkeiten:
Kontaktaufnahme (Rapport)

Gruppengröße: ☺☺

Dauer:
8–15 Min.

Material:
– – –

Musikvorschlag:
– – –

Beschreibung:

Ohne den Hintergrund des Spiels zu kennen, bauen zwei Partner miteinander RAPPORT auf, unterhalten sich und nehmen dabei den Partner genau wahr. Nach 4 Minuten werden die Paare getrennt. Ungesehen bekommt einer der beiden die Aufgabe, etwas an sich zu verändern; Beispiele: eine Kette abnehmen, die Frisur verändern, eine Jacke ausziehen. Die Paare kommen wieder zusammen; nun versucht der eine, die Veränderung des anderen zu entdecken.

Das Spiel wird leichter, wenn Veränderungen nur in einem bestimmten Bereich vorgenommen werden dürfen; Beispiele: nur an der Kleidung, nur am Kopf, nur am Oberkörper, nur an den Füßen.
Schwerer wird es, wenn beide Spieler die gleiche Aufgabe bekommen und sich nach einer nur kurzen Phase des Umdrehens wieder einander zuwenden. Auch die zunehmende Gewöhnung an einen respektvoll und neugierig wahrnehmenden Blickkontakt des Partners kann durch dieses Spiel erweitert werden.

Variationen:

☺ ☺ ☺ Ein Mitspieler, der vorher seine Gruppe genau anschaut, geht vor die Tür. Während der Zeit wird bei 2-4 Spielern etwas verändert. Kommt er zurück, soll er die Veränderungen nennen. Die umgekehrte Form ist genauso schwer:

☺ ☺ ☺ Die Gruppe prägt sich 2 Minuten lang alle Einzelheiten eines Spielers ein. Dann geht er vor die Tür und verändert 5-8 möglichst kleine Details an seinem Äußeren. Nun soll die Gruppe wahrnehmen, was verändert ist.

☺ ☺ ☺ **Dirigent** (mindestens 5-8 Mitspieler; 8-12 Min.)

Alle Spieler sitzen im Kreis zusammen, während einer aus dem Raum geht. Wenn der Gast hereinkommt, stimmen die anderen ein Konzert mit imaginären aber gleichen Musikinstrumenten an. Ein vorher bestimmter „Dirigent" gibt gestisch und mimisch den Wechsel zu einem anderen Instrument an, und alle nehmen möglichst schnell die vorgegebene Bewegung auf; mitsummen oder singen macht das Spiel noch interessanter. Der Gast soll nun durch gute Beobachtung wahrnehmen, wer von den Sitzenden als erster jeweils von einem Instrument zum anderen wechselt, also wer die Vorgaben macht und die Einfälle hat, denen die anderen folgen. Anstelle von „Musikinstrumenten" können auch andere Bewegungen zum Darstellen verwandt werden; Beispiele: Fußwippen, Kopfnicken, Händeklatschen, die Arme drehen, mit den Füßen stampfen, den Bauch reiben. Leichter wird es, wenn der Gast das gesamte „Orchester" als Gruppe sieht und nicht als Kreis.

☺ ☺ **Stumme Antwort** (8-12 Min. je Partner)

Ein Spieler stellt seinem Partner Fragen, auf die jedoch nur eine „stumme Antwort" gegeben werden darf, also durch Gestik, Mimik, Körperhaltung. Formuliert die Fragen so, daß Ihr sie nicht nur mit Ja oder Nein, sondern ausführlich beantworten könnt.

☺ ☺ ☺ **Lauffeuer** (6-12 Min.)

Alle stehen oder sitzen in einem Kreis. Ein Mitspieler beginnt, indem er sein Gesicht zu einer Grimasse verzieht und sich seinem linken Nachbarn zuwendet. Der muß nun das gleiche Gesicht machen und es wiederum weitergeben. Während einer Spielrunde behalten alle den aufgesetzten Gesichtsausdruck bei, bis der letzte Spieler erreicht ist. In der nächsten Runde beginnt dann ein anderer mit dem Auslösen des „Lauffeuers". Auch Haltungen oder Körperbewegungen können weitergegeben werden, die gleichfalls bis zum Ende einer Spielrunde beibehalten werden.

WAHRNEHMUNG — Sinne schärfen

Chinesische Zahlen

Form: Übung: ☐   Spiel: ☒   Phantasiereise: ☐

Ziel:
Wahrnehmungs-
rahmen erweitern

**Weitere Anwendungs-
möglichkeiten:**
Kalibrieren; Spaß haben
(Separator)

Gruppengröße: ☺☺☺

Dauer:
12-20 Min.

Material:
10 Streichhölzer

Musikvorschlag:
– – –

Anleitung:

Bitte die Mitspieler, sich um einen Tisch zu gruppieren, so daß sie Dich gut sehen können und beginne mit einer Geschichte über die Andersartigkeit der chinesischen Schriftzeichen und Zahlen. Von dieser Geschichte lebt das Spiel. Erkläre Deinen Teilnehmern, daß Du sie die „chinesischen Zahlen" lehren kannst und daß sie, wenn sie genau aufpassen und sich stark konzentrieren, sie innerhalb kürzester Zeit begriffen haben werden. Um ein Beispiel zu geben, drapiere einige der Streichhölzer – wie auch immer – mit großem Aufwand vor Dir auf dem Tisch. Entscheide Dich innerlich für eine Zahl, die das Gebilde darstellen soll und lege dann die Anzahl der Finger auf der Tischplatte ab, indem Du beispielsweise drei Finger vorstreckst und die andere Hand auf Deinen Schoß tust (dies wäre eine chinesische Drei). Das kannst Du so unauffällig wie möglich an der Tischkante probieren, um ihnen am Anfang die Sache nicht allzu leicht zu machen. Nun laß sie raten, welche Zahl dargestellt ist. So könnt Ihr einige Durchläufe probieren, indem Du die Hölzer immer neu drapierst und immer wieder die gezeigte Anzahl der Finger darauf hinweist, welche Zahl dargestellt ist. In der Regel sind die Teilnehmer so auf die Streichhölzer konzentriert, daß sie die weitere Umgebung nicht mit in ihre Beobachtung einbeziehen. Um die Sache noch etwas zu erschweren, kannst Du sie auch schütteln und hochwerfen und die dann entstandene Zahl wieder durch Zeichen darstellen. Das Spiel ist zu Ende, wenn alle den Zusammenhang zwischen Deinen Fingerzeichen und den Streichhölzern erkannt haben.

Wenn der Erste erkannt hat, wie der Zusammenhang ist, kannst Du fortfahren. Bitte ihn, nicht zu sagen, was er wahrgenommen hat, sondern spielt gemeinsam weiter, indem Du ihn eine Zahl kreieren läßt und so merkst, ob er es verstanden hat. Er flüstert sie nun jeweils dem rechten Nachbarn ins Ohr, dann nennen der Nachbar und Du gleichzeitig die Zahl.

Nimm Deine Mitspieler wahr und achte darauf, daß das Spiel Spaß macht; wenn es zu lange dauert, verliert es an Reiz.

Variationen:

☺ ☺ ☺ **So wird geklopft** (6-10 Min.; 1 Flasche, 1 Löffel)
Alle Spieler sitzen im Kreis. Einer hat 1 Löffel und 1 Flasche und beginnt mit: „So wird geklopft", indem er den Löffel an die Flasche schlägt. Dabei sind unterschiedliche Rhythmen möglich. Das Wesentliche ist, daß es nicht auf dieses Klopfen ankommt sondern darauf, wie Löffel und Flasche weitergereicht werden und zwar, indem Ihr erst die Flasche überreicht und dabei den Arm mit dem Löffel kreuzt und dann den Löffel. Wenn der Nächste klopft und genauso die Flasche weitergibt stimmt es und wenn nicht, dann wird es nocheinmal gezeigt und gleichzeitig durch Worte die Wahrnehmung abgelenkt.

☺ ☺ ☺ „Also, so wird geklopft." Hierbei gehört „also" zur Auflösung.

☺ ☺ ☺ **Die Schere ist offen** (6-10 Min.; 1 Schere)
Die Teilnehmer sitzen im Kreis, und eine Schere wird weitergeben mit den Worten: „Die Schere ist offen." Egal, ob sie offen oder geschlossen ist, das Merkmal, ob sie offen oder geschlossen genannt wird, sind die übereinandergeschlagenen Beine.

☺ ☺ ☺ **Ohne Worte** (Dreier- bis Fünferübung; 10-20 Min.)
Ein Mitspieler erfährt vom Spielleiter eine szenische Darstellung, die er dem nächsten originalgetreu weitergeben soll. Der gibt sie an den dritten, und dies setzt sich fort, bis der letzte seine Fassung beendet hat. Nun tauscht sich die Gruppe darüber aus, was sie da „ohne Worte" weitergegeben hat.

WAHRNEHMUNG — Sinne schärfen

Wahrnehmungsräume putzen

Form: Übung: ☐   Spiel: ☐   Phantasiereise: ☒

Ziel:
Wahrnehmungs-
fähigkeit erhöhen

**Weitere Anwendungs-
möglichkeiten:**
Separator

Gruppengröße: ☺

Dauer:
45–60 Min.

Material:
Decken

Musikvorschlag:
Deuter *oder* Kitaro

Anleitung:

Leg Dich bequem auf den Boden und spür genau, wo Du überall den Boden berührst. Überprüf noch einmal, wie Du es Dir noch bequemer machen kannst, so daß Du die nächsten 45 Minuten entspannt hier liegenbleiben kannst. Erlaube Dir, die Schwerkraft wahrzunehmen, die Dich in Beziehung zur Erde setzt und Dir Sicherheit gibt. Während Du hier auf dem Boden liegst und Dein Körper sich von ganz allein entspannt – kannst Du mit Deiner Aufmerksamkeit hinuntergehen in beide Füße und spüren, was Du hier noch alles loslassen kannst. Vielleicht, indem Du Dir innerlich die Erlaubnis gibst, alles, was Du jetzt nicht mehr brauchst, loszulassen – oder, auf Deine ganz spezielle Art – einen angenehmen Zustand von Entspannung herzustellen. Während dies von ganz allein geschieht, kannst Du mit Deiner Aufmerksamkeit hinauf in Deine Beine spüren und auch hier alles loslassen, was Du jetzt an den Boden abgeben kannst. Indem Du mit Deiner Wahrnehmung höher in Deinem Körper hinaufgehst, kannst Du Dir erlauben, einen genau so tiefen Zustand von Entspannung in Dir zu erleben, wie er heute für Dich richtig ist. Nimm wahr, wo überall Dein Rücken den Boden berührt – und laß auch hier los, was Du an den Boden abgeben möchtest. Indem Du weiter hinaufspürst in Deine Schultern und beide Arme, kannst Du vielleicht schon den angenehmen Entspannungszustand bemerken – in dem Du einen leichten Zugang zu Deinem Unbewußten und auch zu all Deinen kreativen Anteilen hast. Und wenn Du Deinen Nacken – Deinen Kopf – und Dein Gesicht spürst – und auch hier alles losläßt, was Du jetzt loslassen möchtest – kannst Du Deinen Atem wahrnehmen, der Dich in Deinem eigenen Rhythmus schaukelt. Gönn Dir eine Minute Zeit – Deinen ganz speziellen Rhythmus wahrzunehmen – und zu genießen, wie Dein Atem kommt und wieder geht – wie eine Welle. Laß Dich von Deinem Atem schaukeln – ganz sicher und geborgen – hier in diesem Raum – wo der Boden Dich trägt – und die Schwerkraft Dich mit der Erde verbindet.

Während Dein Körper sich in diesem angenehmen Zustand erholen kann, kannst Du hellwach sein – und mit Deiner Phantasie eine Reise in Deine Wahrnehmungsräume machen. Stell Dir vor, genau zwischen Deinen Augenbrauen beim „Dritten Auge" befindet sich der Sitz Deiner Sinne. Hier gibt es ein Haus, in dem Deine Sinne wohnen. Laß Dich überraschen, wie genau Dein Haus heute für Dich aussieht – und, bevor Du hineingehst, schau es Dir von allen Seiten an. Hat es Fenster – mehrere Ein- und Ausgänge – und was ist das ganz Besondere an Deinem Haus? Wo genau steht Dein Name – und wo bewahrst Du Deinen Schlüssel auf? Beim Hineingehen kannst Du das Licht im Flur andrehen und Dich überraschen lassen, daß im Flur alle möglichen Reinigungsgeräte vorhanden sind. Hier sind Wassereimer, Staubsauger, Wischlappen, Schwämme, Bürsten, ein Wasserschlauch und einige Geräte, die Du vielleicht noch gar nicht kennst. Auch leere Mülleimer, ein Besen, und was Du noch zum Saubermachen benötigst, ist hier vorhanden. Während Du noch staunst, was hier alles herumsteht, kannst Du Dich schon in den ersten Raum begeben.

Du befindest Dich im Sehzentrum Deines Gehirns – in dem Raum des Sehens. Bevor Du mit der Säuberungsaktion beginnst – nimm erst einmal wahr, wie es hier aussieht. Achte dabei auf die Farben – die Formen – die Lichtqualität – die Schärfe – die Perspektiven – die Weite – und beginne, den Raum nach Deinen Vorstellungen aufzuräumen und zu gestalten. Die dazu benötigte Ausrüstung findest Du im Flur. Du hast die Möglichkeit, hier eine wirklich nützliche Arbeit zu tun, indem Du Deinen visuellen Raum reinigst und all den angesammelten Müll hinausschaffst, um diesen Raum wirklich strahlend – und voller Licht – klar und rein – neu zu erleben. Nimm Dir einen Moment Zeit, das Resultat Deiner Arbeit zu genießen. Am

Ende dieses Raumes befindet sich eine Tür, die in Deinen nächsten Wahrnehmungsraum – den Raum des Hörens führt.

Beim Hineingehen kannst Du die Tür hinter Dir offenlassen – und auch hier erst einmal wahrnehmen, was in diesem Raum vorhanden ist. Achte dabei darauf, was Du hier genau hören kannst – wie die Akustik – die Resonanzfähigkeit – der Schall – Nebengeräusche – Klangqualität – die Lautstärke oder die Stille ist – und beginne dann, diesen Raum nach Deinen Vorstellungen zu ordnen – zu säubern – und umzugestalten. Und wieder findest Du alle benötigten Geräte im Flur, um auch hier eine nützliche Arbeit für Deine auditive Wahrnehmungsfähigkeit zu tun – und schon während Du all den angesammelten Unrat hinausschaffst, kannst Du Dich an der neuen Klangqualität erfreuen – vielleicht ein kleines Lied summen oder ein Lachen hören – und den frisch gereinigten Raum des Hörens auf Deine ganz spezielle Art genießen. Indem Du Dich an dieser neuen Sensibilität erfreust, bemerkst Du wiederum eine Tür, die in Deinen nächsten Wahrnehmungsraum – den Raum des Riechens führt.

Neugierig betrittst Du diesen ältesten Raum Deines Hauses und kannst auch hier wieder die Verbindungstür offenlassen. Nachdem Du Dich umgesehen hast, beginne mit Deiner Aufräumaktion. Wirf all den Müll, der sich hier angelagert hat, fort – und gestalte den Raum neu, nach Deinen Vorstellungen. Achte dabei auf all die unangenehmen und angenehmen Düfte – die unterschiedlichen Nuancen der Gerüche – das Aroma – und vielleicht läßt Du auch von draußen frische Luft hineinströmen. Nimm Dir einen Moment Zeit, um Dich an Deiner neuen Qualität des Riechens zu erfreuen – um dann die nächste Tür zu entdecken, die Dich in Deinen nächsten Wahrnehmungsraum – den Raum des Schmeckens führt.

Auch hier kannst Du wieder beim Betreten die Tür hinter Dir offenlassen – und neugierig den Zustand dieses Raumes erkunden, indem Du Dir all den angesammelten Müll bewußt machst – und alles, was Du hier nicht mehr brauchst, hinausschaffst – diesen Raum reinigst – neu ordnest – und von allen Belägen, Krusten, Krümeln säuberst – entdeckst, daß Du auch hier eine neue Qualität und Feinheit in Deiner Geschmackswahrnehmung erleben kannst. Genieße für einen Augenblick die neu entdeckte Reinheit – um Dich der nächsten Tür zuzuwenden – die Dich in den Raum des Fühlens führt.

Wieder läßt Du die Tür hinter Dir offen, wenn Du diesen Raum betrittst. Beginne Deine Arbeit auch hier damit, daß Du zuerst einmal wahrnimmst, in welchem Raum Du Dich befindest – und welche Dinge Dich daran hindern, klar und eindeutig zu spüren. All diesen angesammelten Unrat kannst Du jetzt loslassen,

indem Du ihn einfach hinausschaffst – und Dir all die Geräte zunutze machst, um diesen Raum spürbar zu erneuern – so daß Du auch feinste Unterschiede wahrnehmen kannst. Achte hierbei auf die verschiedenen Eindrücke von Festigkeit und Weichheit – Kühle und Wärme – Glätte und Struktur – Berührung und Leichtigkeit – und erfreue Dich an den neuen oder wiederentdeckten Empfindungen. Genieße die neue Qualität des Spürens – und indem Du den Raum verläßt, findest Du Dich draußen in der Eingangshalle wieder – und kannst die Tür auch zu diesem Raum hinter Dir offenlassen – so daß alle Räume miteinander verbunden sind und Du durch die offenen Türen einen leichten Zugang zu jedem Raum hast.
Von der Eingangshalle führt eine Treppe ins obere Stockwerk, wo Du einen großen Raum mit einer weiten Galerie entdecken kannst. Dies ist der Raum des „Sechsten Sinnes" – die Heimat der Intuition – all Deiner Wahrnehmungsfähigkeit, die über diese fünf Sinne, die Du im unteren Teil des Hauses bereits angetroffen hast, hinausgeht. Dies ist der Ort, in dem alle Sinne zusammentreffen zu neuen Kombinationen und ungewöhnlichen kreativen Lösungsmöglichkeiten. Schau Dich um, und nimm die weiten Ausmaße und die vielleicht ungewöhnliche Form dieses Raumes wahr. Laß Dich neugierig anziehen von all dem, was Du hier entdecken – was Du hier sehen kannst – wiederentdecken – neu beleben – oder auch für Dich kreieren kannst. Nimm mit all Deinen Sinnen wahr, was es hier für Dich neues gibt – oder altes, an das Du Dich erinnern kannst. Auch hier vielleicht eine Melodie – Töne und Geräusche – ein Lachen – oder welche Geräusche hier in diesem ganz speziellen Raum vorhanden sind – wie ist der Geschmack – wie ist die Beschaffenheit, die Du hier spüren kannst – welches ganz spezielle Licht – welche ganz spezielle Lichtqualität ist hier vorhanden. Möglicherweise möchtest Du hier auch noch einmal ein Fenster öffnen, um die Luft zirkulieren und den Raum sich ganz damit anfüllen zu lassen. Schau von Deiner Galerie hinunter ins untere Stockwerk, wo Du all Deine Räume des Wahrnehmens sehen und auch die Reinlichkeit – neue Frische – und Klarheit bewundern kannst, die Du geschaffen hast. All diese aufgeräumten, all diese wunderbar geordneten Räume, sind durch Deine Türen miteinander verbunden – und durch diese offenen Türen kannst Du all das zirkulieren lassen, was für Dich wichtig ist – was Du von hier, von der Galerie aus noch mit hineingeben möchtest. Vielleicht ein ganz bestimmtes Licht – vielleicht einen ganz bestimmten Ton oder Stille – oder ein Lachen – vielleicht eine ganz bestimmte Farbe – einen Geruch – vielleicht auch Kühle oder Wärme. Und auf Deine ganz spezielle Art, so wie es für Dich einfach ist, kannst Du all diese Sinne miteinander verbinden und eine neue Kombination für Dich schaffen – Intuition genannt – eine leichte Verknüpfung und Verbindung. Und dann spür, wie gut es tut, nach einem solchen Hausputz zu genießen, daß alles klar und rein – sauber

und wunderbar geordnet ist. Spür, wie Deine gereinigten Sinne Dir neue Wahrnehmungen von der Welt verschaffen – und leicht und spielerisch Deinen Körper beleben. Nimm die Freude – den Stolz – oder den Genuß wahr über das, was Du geschaffen hast – nicht nur das Neuordnen und Saubermachen – das Reinigen – klar und sauber, sondern auch das Neuschaffen und Neukreieren – das Umgestalten – genieße einen Augenblick Deine Kreativität. Und mit dem Bewußtsein, daß Du jederzeit hierher Zugang hast – und hier wieder aufräumen – neu- und umgestalten kannst – oder Dich einfach nur an den geputzten Räumen erfreuen kannst, verabschiede Dich jetzt von hier und begib Dich hinunter in den Flur, um all das dort Angesammelte mit hinauszunehmen vor Deine Tür.

Schaff all die Geräte und all das, was Du jetzt nicht mehr brauchst – all den Müll, der sich hier angesammelt hat, hinaus vor Deine Tür – und laß Dich überraschen, auf welch ungewöhnliche Art all dieser Unrat vor Deinem Haus abtransportiert wird. Ganz selbstverständlich – und schau Dich nochmal um, wie Dein Haus jetzt aussieht – ob es auch von außen eine Veränderung gibt – und ob Du die Tür lieber zumachen möchtest oder offenlassen – und verabschiede Dich von Deinem Haus der Wahrnehmung – von Deinem Haus der Sinne – und komm wieder ganz hierher zurück in Deinen Körper – in diesen Raum mit Deinem Bewußtsein – und spür, wie Du auf dem Boden liegst – und wo Du überall den Boden berührst – und laß langsam mit jedem Ausatmen noch die Reste hinausströmen aus Dir – und mit jedem Einatmen die Neugierde größer werden, was sich vielleicht jetzt für Dich verändert hat – was sich in Deiner Wahrnehmung verändert hat – und ob Du jetzt – oder vielleicht ein wenig später einen Unterschied wahrnehmen wirst. Laß mit jedem Einatmen noch mehr die Frische in Deinen Körper hineinströmen und die Neugierde größer werden – so daß Du Lust bekommst, ganz hierher zurückzukommen. Dann laß langsam in Deinem Tempo bereits eine Bewegung kommen – beginne vielleicht mit den Füßen oder mit den Händen – laß eine Bewegung kommen, die Dich ganz hierher zurückbringt – die Dich ganz hellwach macht. Vielleicht ein Räkeln oder ein Strecken – ein ganz Langmachen – und dann, zum Abschluß, reibe beide Hände und beide Fußsohlen aneinander, um wieder energievoll und ganz wach hierher zu kommen. Nimm Dir noch einige Minuten Zeit, um Dich in kleinen Gruppen auszutauschen über das, was Du erlebt hast und was neu ist.

Anmerkungen:
- Beim Vorlesen ganz langsam vorgehen, Deine eigenen Pausen finden und laß Deine eigenen Phantasien entstehen.

Sinne schärfen — WAHRNEHMUNG

Orchesterprobe

Form: Übung: ☐   Spiel: ☒   Phantasiereise: ☐

Ziel:
Verfeinern der auditiven Wahrnehmung

Weitere Anwendungsmöglichkeiten:
Gemeinsam schwingen (Resonanz); Aktivierung (Separator)

Gruppengröße: ☺☺☺

Dauer:
6-12 Min.

Material:
- - -

Musikvorschlag:
- - -

Beschreibung:

Ein Spielleiter beginnt, einen Rhythmus zu klatschen. Auf ein Zeichen von ihm klatschen dann alle Spieler den Rhythmus mit. Schwerer wird es, wenn nach und nach immer nur ein neuer „Mitklatscher" hinzukommt, bis zum Schluß alle klatschen. Noch mehr müßt Ihr Euch konzentrieren, wenn der nächste Spieler nicht durch eine vorher festgelegte Reihenfolge, sondern nur durch Blickkontakt vom Spielleiter bestimmt wird.

Das Spiel kann auch dadurch variiert werden, daß der Spielleiter während des Klatschens entweder für alle oder nur für einzelne oder bestimmte Gruppen den Rhythmus und die Lautstärke verändert. Fortgeschrittene können die Übung auch ohne Geräusch, nur mit angedeutetem, lautlosen Klatschen durchführen.

So, wie Ihr die Übung begonnen habt, könnt Ihr sie auch wieder beenden: Einer nach dem anderen hört – auf ein Zeichen des Spielleiters hin – wieder auf zu klatschen, bis zum Schluß nur noch der Spielleiter klatscht.

Variationen:

☺ ☺ ☺ **Tonkette** (6-12 Min.)

Alle bewegen sich frei im Raum. Ein Mitspieler gibt den Ton an, er summt einen Ton oder macht irgendein Geräusch. Berührt er einen anderen Spieler oder gibt er ihm ein nonverbales Signal, so gibt er dadurch „seinen Ton" an diesen weiter. Er selbst ist nun von diesem Ton befreit und kann einen anderen anstimmen. Jeder Spieler, dem einmal ein Ton übertragen wurde, kann diesen weitergeben und immer neue Töne machen, so daß bald alle Spieler einen Ton haben und eine „Tonkette" entsteht.

Ihr könnt vereinbaren, daß Ihr Töne auch an Spieler, die bereits einen Ton haben, weitergeben könnt; sie müssen dann mit ihrem bisherigen Ton aufhören und den neuen übernehmen. So verändert sich das Geräusch in der Gruppe ständig.

☺ ☺ ☺ **Lieder summen** (6-12 Min.)

Alle Mitspieler bewegen sich frei im Raum und summen ein Lied. Begegnen sie einander, versuchen sie herauszufinden, welches Lied das sein könnte. Wird es zu schwer, kann einer der beiden auch sein Lied kurz einstellen, bis er das des anderen erkannt hat.

☺ ☺ ☺ **Kanon** (6-12 Min.)

Stellt Euch in kleinen Gruppen mit jeweils drei oder vier Partnern frei im Raum auf. Nun beginnt Ihr ein Lied anzustimmen, das alle kennen; Beispiel: „Bruder Jakob" (Frere Jaques). Seid Ihr einige Strophen lang miteinander im RAPPORT geblieben, so könnt Ihr dazu übergehen, Euren gemeinsamen Gesang in einen „Kanon" zu wandeln, wobei jede Gruppe etwas später zu singen beginnt.

☺ ☺ ☺ Könnt Ihr den Kanon auch beibehalten, wenn die Mitglieder der einzelnen Kleingruppen nach den ersten gemeinsam gesungenen Kanon-Strophen beginnen, sich jeder für sich durch den Raum zu bewegen? Auch wenn Ihr an ganz verschiedenen Enden des Raumes Euch bewegt, so achtet doch darauf, daß Ihr den Einsatz Eurer Gruppe im richtigen Moment mitgestaltet.

☺ ☺ ☺ **Regen** (8-12 Min.)

Alle Mitspieler sitzen im Kreis. Der Spielleiter stellt nun mehrere Regenarten vor, wie: Aneinanderreiben der Hände = Nieselregen; Finger schnipsen = Regentropfen; Hände rhythmisch auf die Oberschenkel schlagen = Platzregen; mit Händen klatschen und Füßen stampfen = Gewitter. Jeder ahmt die Bewegung nach; dann schließen alle die Augen. Der Spielleiter gibt nun eine Bewegung an seinen rechten Nachbarn weiter, bis das Geräusch wieder bei ihm ankommt; dann wechselt er die Regenart und später auch die Richtung. Auch in beide Richtungen kann der Spielleiter Geräusche gleichzeitig und wiederholt geben.

☺ ☺ ☺ **Hörprobe** (8-15 Min.; Schreibzeug, Materialien)
3-4 Spieler sitzen an einem ruhigen Ort zusammen. Hinter einem Sichtschutz erzeugt jeweils ein Mitspieler 4-8 Geräusche, bevor die Rollen (und die Materialien) wechseln; Beispiele: Flasche, Schlüssel, Kamm, Lineal. Wortlos schreibt jeder die Geräusche auf, die er erkannt hat. Nachdem jeder einmal dran war, werden die Ergebnisse mit den tatsächlichen Geräuschen verglichen. Das Spiel läßt sich mit Phantasie beliebig erschweren, wie: Ball fallen lassen, Ballon aufblasen, Streichholz anzünden, Zeitung zerreißen, Nuß knacken, Sandpapier reiben, Wasser umfüllen.

☺ ☺ ☺ **Familiennamen** (mindestens 9 Partner; 6-12 Min.; Zettel)
Bereitet entsprechend der Anzahl der Mitspieler Zettel vor, auf denen der „Familienname" und eine Rolle in der Familie steht (Mutter, Vater, Tochter, Sohn, Hund, Katze). Die Familiennamen sollen sich ähnlich anhören, wie: Abel, Nabel, Pabel oder Meier, Reier, Leier; oder noch spannender: Fehlt, Fällt, Feld. Je Familie gibt es wenigstens drei Rollen (= 3 Zettel). Die Spieler verteilen sich frei im Raum und erhalten wahllos je 1 Zettel. Auf ein Zeichen hin beginnt jeder, immer wieder seinen Namen zu rufen, bis sich alle Mitglieder einer Familie gefunden haben und schnell in der richtigen Reihenfolge sitzen.

☺ ☺ ☺ **Arche Noah** (6-12 Min.; vorbereitete Zettel)
Jeder Mitspieler bekommt 1 Zettel mit einem Tiernamen, wobei jedes Tier zweimal vorkommt. Alle bewegen sich mit oder ohne Musik wie in der „Arche Noah" frei im Raum und tauschen fortlaufend ihre Zettel aus. Auf ein Zeichen des Spielleiters hin schaut jeder auf seinen Zettel und liest nach, welches Tier er gerade ist. Indem Du die Stimme dieses Tieres nachahmst, versuchst Du nun, das zweite Tier „Deiner" Art zu finden.

☺ ☺ ☺ **Blinde Tiere** (6-12 Min.)
Jedem Mitspieler wird ein Tiername ins Ohr geflüstert. Wichtig ist, daß die Tiere Laute machen können; Beispiele: Kuh, Ente, Löwe, Schlange. Nun schließt die Augen und findet nur durch die Tierlaute Eure Gruppe.

WAHRNEHMUNG   Sinne schärfen

Der Ton macht die Musik

Form: Übung: ☒   Spiel: ☐   Phantasiereise: ☐

Ziel:
Sensibilisierung des auditiven Wahrnehmens

Weitere Anwendungsmöglichkeiten:
Umgang mit Autorität; Kalibrieren; Einfühlungsvermögen;

Gruppengröße: ☺☺

Dauer:
8-12 Min.

Material:
Stühle

Musikvorschlag:
- - -

Anleitung:

Such Dir einen Partner und nehmt miteinander Rapport auf. Macht klar, daß Ihr diese Übung miteinander macht, um etwas Neues über Euch zu erfahren. Versichert Euch, daß Ihr es gemeinsam ausprobieren und sorgfältig darauf achten werdet, daß Ihr gemeinsam neue Erfahrungen macht. Schafft eine Atmosphäre, in der Ihr Euch das auch gegenseitig glauben könnt. Setzt Euch nun so weit gegenüber, daß Platz genug ist zum Aufstehen und macht per Handzeichen aus, wer von Euch beginnen wird. Derjenige der beginnt, kann sich nun auf den Stuhl setzen und zuhören, welche Angebote von seinem Partner kommen. Nimm wahr, welche Nuancen, welche Unterscheidungen Du in dessen Stimme entdecken kannst. Wenn Du das Gefühl hast, daß Dich irgend etwas anspricht, dann mach es deutlich oder komm der Aufforderung nach. Ziel ist es nicht, den anderen „verhungern" zu lassen, sondern deutlich Unterschiede und Nuancen wahrzunehmen, Unterscheidungen zu treffen und dem anderen eine Rückmeldung zu geben, auf welchen Ton Du ansprichst. Der andere Partner hat jetzt zwei Sätze zur Verfügung: „Steh auf" und „Setz Dich". Lediglich diese beiden, also ohne alle Zusätze wie „bitte" oder „danke", nur: „Steh auf" und „Setz Dich". Du hast alle Möglichkeiten, mit Deiner Stimme zu modulieren. Probiere Deine gesamte Bandbreite aus und laß dem anderen genug Zeit, darauf zu reagieren. Von bittend bis fordernd – von leise bis laut. Wenn er aufgestanden ist, dann hast Du die andere Möglichkeit, mit: „Setz Dich" all die Tonlagen auszuprobieren, von denen Du glaubst und hoffst, daß sie ihn dazu bewegen, genau das zu tun, was Du möchtest. Sei neugierig und laß Dich überraschen, auf welchen Ton Dein Partner reagiert. Wechselt dann nach ungefähr zehn Minuten. Schließt diese Übung damit ab, daß Ihr Euch beieinander bedankt, daß Ihr so viele Variationen kennenlernen konntet, daß Ihr miteinander so vieles ausprobiert habt und daß Ihr gemeinsame Erfahrungen machen konntet.

Bitte beachtet, daß das Spiel nicht darauf angelegt ist, den anderen „sitzen zu lassen", sondern dazu dient, eine gemeinsame Erfahrung zu machen – mehr über sich selbst zu erkennen.

Variationen:

☺ ☺ ☺ **Patenkind** (15-25 Min.; Karten, 1 Stift, 1 Behälter)
Die Namen der Gruppenmitglieder werden auf Karten notiert und in einen Behälter geworfen. Jeder zieht eine Karte; eigene Namen werden ausgetauscht. Dann beginnt einer, indem er ein Geschenk nennt, worüber sich sein „Patenkind" – derjenige, dessen Name auf seiner Karte steht – freuen würde. Alle, die sich angesprochen fühlen, kommen zu ihm. Dann nennt er ein weiteres Geschenk. Daraufhin gehen wieder einige weg, weil sie sich davon nicht mehr angesprochen fühlen. Es wird solange „beschenkt", bis derjenige übrigbleibt, für den das Geschenk gedacht ist.

☺ ☺ ☺ Weitere Ideen sind: Welchen anderen Beruf könnte die Person ausüben? Wer wäre ihr Traumpartner? Und vieles mehr.

☺ ☺ ☺ **Das trifft's** (10-20 Min.)
Alle Gruppenmitglieder erhalten 5 Minuten Zeit, um eine Rede vorzubereiten, die etwa 3 Minuten dauern darf. Wählt Euch jeweils ein Thema aus, von dem Ihr meint, daß es die Anderen (!) interessiert und überlegt Euch besonders einen kreativen Einstieg.

Nun hat jeder Redner 30 Sekunden (!), mit diesem Einstieg seine Zuhörer für sich zu gewinnen. Nach dieser Zeit muß er die Rede unterbrechen und darf sie nur dann fortsetzen, wenn die Zuhörer dies ausdrücklich verlangen, also, wenn's genau „das trifft".

WAHRNEHMUNG   Sinne schärfen

Orgelpfeifen

Form: Übung: ☐   Spiel: ☒   Phantasiereise: ☐

Ziel:
Verfeinern der kinästhetischen Wahrnehmung

Weitere Anwendungsmöglichkeiten:
Kontaktaufnahme und Teamarbeit (Resonanz)

Gruppengröße: ☺☺☺

Dauer:
8-20 Min.

Material:
- - -

Musikvorschlag:
Fligths of fantasy

Anleitung:
Stell Dich mit geschlossenen Augen und wortlos mit Deinen Mitspielern wie „Orgelpfeifen" der Größe nach auf. Durch behutsames Tasten kannst Du Deine Partner wahrnehmen und mit Deiner Größe vergleichen. Dann braucht Ihr gemeinsam nur noch eine Reihenfolge zu finden, um geordnet nebeneinander zu stehen. Nimmst Du auch wahr, wenn Deine Mitspieler durch Bücken und Verrenken eine andere Körpergröße vortäuschen?

Variationen:

☺ ☺ ☺ **Verformen** (8-15 Min.)
Alle Mitspieler stehen mit geschlossenen Augen im Kreis und halten sich an den Händen. Dann verformt sich die Gruppe blind zu verschiedenen Figuren (Dreieck, Quadrat, Acht, Sechseck, oder....) oder Sinnbildern (Denkmal, Pose, Darstellung, Szene).

☺☺☺ **Händedruck** (8-15 Min.)
Alle Spieler bewegen sich mit geschlossenen Augen quer durch den Raum. Wenn Ihr Euch begegnet, schüttelt Euch die Hände und nehmt wahr, von wem der „Händedruck" kommt und mit wem Ihr gerade Kontakt aufgenommen habt.

☺☺☺ **Wer hat Dich berührt** (8-16 Min.)
Alle sitzen mit geschlossenen Augen in einem Kreis. Fünf Spieler bewegen sich in der Kreismitte und berühren einen oder mehrere der Sitzenden mit der Hand; Beispiele: Haare streicheln, Schulter anfassen, sanft in die Wange kneifen. Dann gehen alle fünf in die Mitte zurück. Die Sitzenden öffnen die Augen; die Spieler, die eine Berührung verspürt haben, sollen nun herausfinden, wer sie berührt hat. Wenn sie einen Verdacht haben, dürfen sie den Betreffenden bitten, sie nach ihrer Anweisung zu berühren.

☺☺ **Feinfühlig** (8-15 Min.; Gegenstände)
Ein Spieler legt seinem Partner, der die Augen verbunden hat, der Reihe nach 3-5 Gegenstände auf die Hand; Beispiele: Kamm, Radiergummi, Streichholzschachtel. Nur mit der geöffneten flachen Hand soll der Partner diese Gegenstände wahrnehmen und „feinfühlig" erkennen.

☺☺☺ **Gib's mir** (8-15 Min.; 1-2 Tennisbälle, weitere Gegenstände)
Schon einfaches Weitergeben von Dingen kann die Sinne sehr beanspruchen. Versucht einmal, einen Tennisball schnell im Kreis weiterzugeben und nehmt wahr, wie sich die Bewegungsabläufe gestalten und verändern. Nun nehmt einen zweiten hinzu, der den ersten einholen soll; oder beide Bälle bewegen sich sehr schnell in andere Richtungen. Nun stellt Eure Körpersinne vor schwerere Proben; eine Münze von Handrücken zu Handrücken reichen, mit den Knien ein eingeklemmtes Buch annehmen, einen Stift von Fingern zu Fingern befördern, den Tennisball von einem Fuß zum nächsten. Geht das auch gegeneinander? Oder sogar „blind"?

☺☺☺ **Fühl mal, was da ist** (8-15 Min.; Gegenstände)
Alle sitzen mit geschlossenen Augen im Kreis. Der Spielleiter bringt nun verschiedene Dinge, frei oder unter einem Tischtuch, in Umlauf; Beispiele: Nagelbürste, feuchter Schwamm, trockene Seife, Kastanie. Alles wandert schweigend und möglichst schnell weiter. Ist es wieder vorne angekommen, schreibt jeder auf, was er gefühlt (!) hat. Nach einigen Runden werden die Ergebnisse mit den tatsächlichen Dingen verglichen.

WAHRNEHMUNG Sinne schärfen

Höhlengang

Form: Übung: ☐ Spiel: ☒ Phantasiereise: ☐

Ziel:
Sensibilisierung der ganzheitlichen Körperwahrnehmung

Weitere Anwendungsmöglichkeiten:
Kontakt erhalten (Rapport); Vertrauen

Gruppengröße: ☺☺

Dauer:
30-45 Min. je Paar

Material:
Siehe Vorschlag, Springseile, 1 Führungsseil, Augenbinden

Musikvorschlag:
- - -

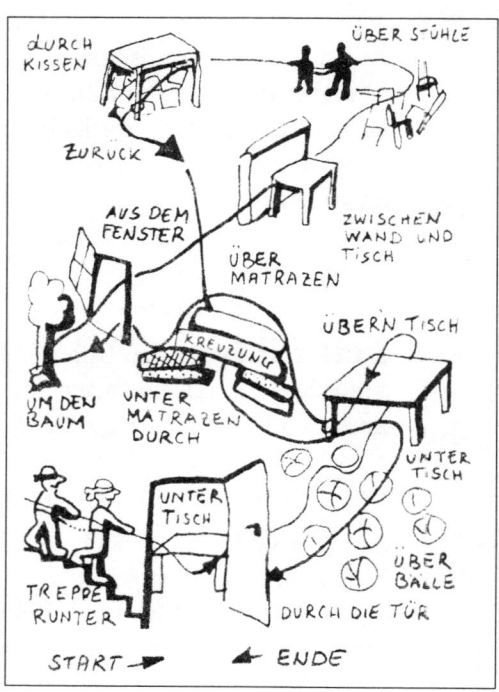

Beschreibung:

Je zwei Partner werden mit einem etwa 1 m langen Springseilchen aneinander „befestigt". Mit verbundenen Augen durchlaufen beide einen vorbereiteten Parcours von einfallsreichen Situationen und Hindernissen, wobei sie sich wie in einem „Höhlengang" an einem Führungsseil entlangtasten und in der Führung häufiger abwechseln. Auftauchende Situationen werden besprochen und gemeinschaftlich behutsam bewältigt. Wichtig: Von hohen Positionen aus nur so kontrolliert absteigen, daß ein Zurückgehen jederzeit möglich ist. Achtet darauf, daß sich eine Hand jedes Partners ständig am Führungsseil befindet! Das Spiel lebt auch von einem Szenarium, einer Geschichte (wie: „Höhle – Forscher – ..."), die Du zuvor entwickelst. Der Abstand zwischen den Paaren beträgt etwa 2-4 Minuten.

Variationen:

☺☺ **Trautes Heim** (30-45 Min.; Baustellenband)
Wieder werden zwei Partner mit einem 1 m langen Springseilchen verbunden und machen sich beide mit Augenbinden auf den Weg durch ihr eigenes Seminar- oder Lehrgangsgebäude. Zuvor hat der Spielleiter ein Baustellenband durch das ganze Haus gelegt, wobei er alle Wege und Situationen mit Bedacht und Umsicht auswählt. Entlang des Baustellenbandes – das als Wegweiser dient und auch nur locker gehalten werden soll – tastet sich nun in zeitlichen Abständen jedes Paar durch das „traute Heim" und nimmt seine Umgebung und die auftauchenden Situationen in gemeinsamer Absprache wahr. Dieses Spiel eignet sich besonders für Gruppen, die sich an ein neues Domizil gewöhnen sollen und führt zu einem vertieften Verständnis der eigenen Umgebung.

☺☺ **Spaziergang** (30-45 Min.; Augenbinden)
Das blinde Führen draußen, in der freien Natur, stellt eine vollkommen neue Erfahrung dar. Hier muß der Blinde mit möglichst vielen Informationen versorgt werden, um vertrauensvoll auch schwere Situationen und Hindernisse – wie Wurzeln, herabhängende Zweige, leichte Steigungen, Schwellen und Bodenunebenheiten – sicher bewältigen zu können. Führ Deinen Partner, der mit verbundenen Augen von Dir als Sehendem geleitet wird, an Gegenstände heran und laß ihm Zeit, diese zu spüren, wahrzunehmen und einzuordnen. Gib ihm dabei alle Informationen, die er zu seiner Sicherheit braucht und laß ihm den Raum, um vielfältige eigene Erfahrungen zu sammeln.

☺☺☺ **Blindschleiche** (10-20 Min.)
Alle Gruppenmitglieder bewegen sich mit verbundenen Augen durch den Raum, indem sie sich in einer langen „blinden" Schlange aneinander festhalten. Der Kopf der Schlange darf sehen und bestimmt Richtung, Fortbewegungsart und das ruhige Tempo. Von Zeit zu Zeit ruft der erste ein Wort, worauf ihm die Gruppe mit dem gleichen Begriff laut antwortet. So ergibt sich für alle Mitspieler eine leichtere Orientierung und eine zusätzliche Unterstützung für eine gleichmäßige, entspannte Atmung.

Anmerkungen:
- Alle Bewegungen sollen langsam, bedächtig und kontrolliert erfolgen. Dabei soll eine Hand möglichst ständig (!) den „Luftraum" vor dem Kopf abtasten.

WAHRNEHMUNG　　　　　　　　　　　　　　　　　　　Sinne schärfen

Im Reich der Sinne

Form: Übung: ☐　　Spiel: ☒　　Phantasiereise: ☐

Ziel:
Aktivieren olfaktorischer und gustatorischer Sinne

Weitere Anwendungsmöglichkeiten:
Lehrgangsvariation

Gruppengröße: ☺

Dauer:
20-40 Min.

Material:
siehe Aufgabenstellung; Haftband; Augenbinden

Musikvorschlag:
Tony Scott: Zen-Meditation

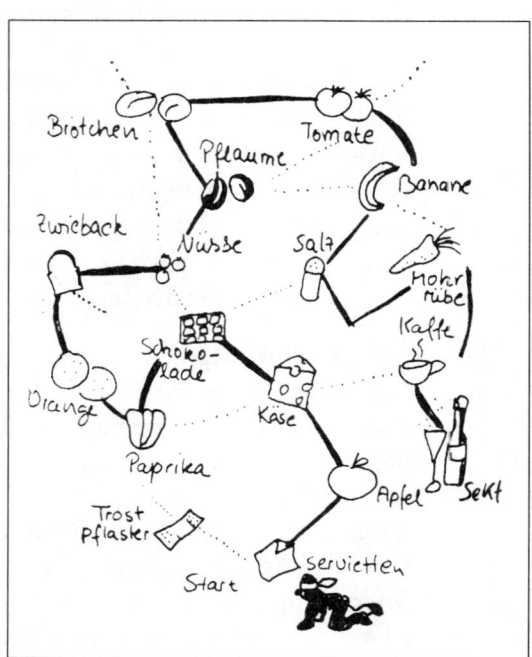

Beschreibung:

In einem Raum markiert der Spielleiter mit Klebeband auf dem sauberen (!) Boden ein Netz von Wegen und vielen Kreuzungen. An jede Kreuzung stellt er eine Schale mit etwas Eßbarem darin, wie: Bananen, Äpfel, Nüsse, Brot, Käse, harte Eier, Paprika, aber auch Kaffee- oder Kakaopulver. Alle Mitspieler kommen nun in zeitlichen Abständen nacheinander in dieses „Reich der Sinne", indem sie sich mit verbundenen Augen auf allen Vieren vorsichtig auf den Klebestreifen entlang bewegen. Treffen sie auf eine Kreuzung, so dürfen sie aus den Gefäßen reichlich kosten und nehmen wahr, was sich darin befindet. Enthält der Genuß nach ihrer Wahrnehmung ein „R", so wählen sie den rechten Weg, bei einem „L" wählen sie den linken, ansonsten geht's geradeaus weiter. Nach einem reichhaltigen Frühstück kommt jeder Mitspieler schließlich zu dem Ziel, manchmal allerdings erst auf einigen Umwegen.

Sinne schärfen — WAHRNEHMUNG

Gutes Wahrnehmen

Form: Übung: ☐   Spiel: ☒   Phantasiereise: ☐

Ziel:
Positiven Wahrnehmungsfilter aufbauen

Weitere Anwendungsmöglichkeiten:
Stärkung des Selbstwertgefühls, Unterschied zwischen Selbstwahrnehmung und Fremdwahrnehmung

Gruppengröße: ☺☺☺
Auch mit Partner

Dauer:
6-8 Min. je Partner

Material:
– – –

Musikvorschlag:
Pachelbel: Kanon in D-Dur
oder Kitaro: Silkroad

Anleitung:

Setzt Euch bequem im Kreis zusammen. Schau Dich noch einmal um, wer alles da ist – und sei neugierig auf das, was Du bei den anderen entdecken kannst – auf all die Talente – Schönheiten – Ressourcen. Du kannst immer bemängeln, was fehlt demjenigen – was kann er noch nicht – oder Du kannst schauen, was hat derjenige schon für Fähigkeiten, für Stärken, für Schönheiten. Schau Dich jetzt genau um, was Dir zu jedem einzelnen einfällt, was Du an Fähigkeiten, an Ressourcen entdeckt hast im Laufe der Zeit – und was Du jetzt noch entdecken kannst. Wenn Du magst, kannst Du einen Moment die Augen schließen und all die Erinnerungen kommen lassen, wann Du etwas Schönes mit den anderen entdeckt hast, mit den Personen, die hier sind – wo Du überrascht warst darüber, was sie alles an Schönheiten haben, an kreativen Ideen – all die Sachen, die Du von demjenigen gelernt hast oder vielleicht lernen möchtest – all die Fortschritte, die Du gesehen hast, laß all das für Dich jetzt wieder hier in Erinnerung kommen – und mit dem Wissen, daß Dir auch während des Spieles mehr dazu einfallen kann – jederzeit – komm hierher zurück – und wir beginnen, indem einer sich jetzt ein kleines Stückchen in den Kreis hineinbegibt und beschenkt wird. Wenn Du beschenkt wirst, kannst Du die Augen auf- oder zumachen – und spüren, wie es Dir dabei geht, wenn Du jetzt etwas Positives über Dich hörst. Einfach nur durchatmen und Dich beschenken lassen – annehmen, was Du davon annehmen kannst. Wir anderen beginnen Dich zu beschenken, indem wir das Feedback mit Formulierungen „*das, was ich an Dir besonders mag*", „*was ich an Dir besonders bewundere*", „*was ich an Dir sehr schätze*" oder „*was mir an Dir gut gefällt*" einleiten – und dann das zuende formulieren, was wir gefunden haben – was wir entdeckt haben – was wir von Dir gelernt haben – oder was wir besonders gerne an Dir mögen. Wenn Du beschenkt worden bist, dann nimm Dir einen kleinen Moment Zeit, wieder in den Kreis zurückzukommen – um all das, was Du gehört hast, wirken zu lassen – so daß wir den Nächsten beschenken können. Zum Abschluß schließ nochmal im Kreis die Augen – erinner Dich an alles, was Du gehört hast – und was für Dich das ganz Besondere war – das Wichtige. Vielleicht sind Eigenschaften und Qualitäten dabei, von denen Du glaubst, daß Du sie erst entwickeln möchtest – vielleicht, daß andere an Dir Qualitäten entdeckt haben, von denen Du glaubst, daß sie sonst gar nicht bemerkt werden. Laß noch einmal all das kommen, was man Dir gesagt hat – was Du geschenkt bekommen hast – was vielleicht neu war für Dich – oder was Du wiederentdeckt hast. Was hat Dich am meisten berührt – was hat am meisten in Dir ausgelöst? Erinner Dich an den Moment, wo Du alles gehört hattest – den Moment, wo Du tief durchatmen konntest – in der Gewißheit, daß andere von Deinen Qualitäten – von Deinen Schönheiten Teile entdeckt haben – und neugierig sind, mehr zu entdecken. Was ist Dir leichter gefallen? Dies anzunehmen und Dich beschenken zu lassen – oder zu geben? Feedback zu geben über all das, was Du schon gesehen hast – was Du entdeckst – oder was Du weiterentdecken wirst. Dann laß Ideen kommen, mit wem Du das mehr und mehr in Deinem Alltag entdecken möchtest – genau diese Qualitäten oder genau dieses Gefühl oder die Art, miteinander umzugehen. Mit wem möchtest Du das in Deinem Alltag ausprobieren – weiterentwickeln – neu entdecken – intensiver erleben. Schließ das für Dich ab, indem Du Dich innerlich bei all denen bedankst, die jetzt hier mit Dir in der Gruppe sind, daß Du das gemeinsam mit ihnen erleben konntest – und komm ganz hierher zurück.

Variationen:

☺ ☺ ☺ **Feedback** (Dreier-/Viererübung; 30-45 Min.; Schreibzeug)
Nehmt Euch zu dritt oder zu viert Schreibzeug mit und sucht Euch einen Platz, wo Ihr ungestört und ruhig für Euch als Gruppe ungefähr eine halbe Stunde verbringen könnt. Schau Dich nochmal in Deiner Gruppe um, wer alles da ist, mit wem Du zusammen bist. Erstelle für jede Person in Deiner Gruppe eine Liste unter folgenden Gesichtspunkten:
– *Was habe ich gesehen, was Du hier für Fortschritte gemacht hast? Was habe ich gesehen, was Du in der Zeit, in der wir uns kennen, an Neuem dazugewonnen hast? Was habe ich gesehen, was Du für Dich in Dein Leben integriert hast?*
– *Was ist es, was ich von Dir gelernt habe?*
– *Was wünsche ich mir von Dir, wie Du mit mir umgehst?*
– *Was wünsche ich mir von Dir in unserer Beziehung?*
– *Was wünsche ich mir für Dich?*

Mach die Liste so vollständig wie es geht mit Stichpunkten oder ganzen Sätzen. Du hast ungefähr 10 Minuten Zeit, um für alle in Deiner Gruppe genau diese Fragen zu beantworten. Dann setzt Euch bequem hin und gebt Euch gegenseitig Feedback. Jeweils eine Person bekommt von allen anderen ihr Feedback zu diesen Fragen. Sorgt dafür, daß Ihr Rapport miteinander habt – daß diese Übung in einem liebevollen Rahmen geschieht, so daß derjenige, der dran ist, auch ein „offenes Ohr" hat und sein Feedback annehmen und genießen kann.

☺ ☺ ☺ **Fan-Post** (20-30 Min.; Zettel, Stifte, Klebeband)
Jeder Mitspieler bekommt einen großen Zettel auf seinen Rücken geheftet und einen Stift. Schau Dich in der Gruppe um, wer alles da ist und welche Fähigkeiten und Talente Du schon an diesen Menschen entdeckt hast – was Du an dem Einzelnen hier in der Gruppe schätzt – was Du gern magst – was Du bewunderst – und was Du von jedem Einzelnen hier in der Gruppe gelernt hast oder lernen kannst – und erinner Dich an all die Situationen, wo Du Positives mit ihnen erlebt hast – wo sie Dich unterstützt haben oder nur einfach da waren. All die Dinge, die Du gern magst – von denen Du gehört hast – die Du gesehen hast – die Du gespürt hast – das, was Dich begeistert. Dann lauf zu der Musik durch den Raum und laß Dich auch ein wenig von der Bewegung inspirieren, daß Du in Fluß kommst – und schreib jeweils auf den Rücken desjenigen den Du triffst, mit Stichworten oder in ganzen Sätzen das auf, was Du an ihm

schätzt – gern magst – was Dich begeistert. Laß Deiner Phantasie freien Lauf und schreib Deine „Fanpost". Zum Schluß könnt Ihr Euch in einem großen Kreis zusammenfinden und dann jeweils die Zettel vorlesen. Wenn Ihr miteinander noch nicht so vertraut seid, dann könnt Ihr jeweils die Zettel mit nach Hause nehmen und Euch über das freuen, was Ihr geschenkt bekommen habt.

☺ ☺ ☺ **Ich denk an Dich** (10-20 Min.; Zettel, Stifte)
Jeder schreibt seinen Namen auf fünf Zettel. Diese werden in einem Behälter gesammelt und gemischt. Jedes Gruppenmitglied zieht fünf davon, eigene werden wieder zurückgegeben. Schau Dich um in der Gruppe und nimm wahr, wer da ist, deren Namen Du gerade gezogen hast und was für Eigenschaften und Fähigkeiten Du schon an diesen Gruppenmitgliedern wahrgenommen hast, was Dir gut gefallen hat und wofür Du Dich bei ihnen bedanken und ihnen ein Geschenk machen möchtest. Nun schreib auf jeden Zettel ein Geschenk, immaterielle Dinge, von denen Du überzeugt bist, daß sie der Betreffende besitzen möchte oder sollte, daß Du ihm genau das schenken möchtest für eine Situation, die Du mit dem Betreffenden erlebt hast oder einfach für etwas, was Du Positives an ihm wahrgenommen hast; Beispiel: „Ich schenke Dir meine Anerkennung für Deine Geduld." Wenn Du mit den anderen gemeinsam fertig bist, kannst Du Deine Geschenke überreichen.

☺ ☺ ☺ Die Namen der Gruppenmitglieder können auch an eine Tafel geschrieben werden. So kann jeder an die Tafel gehen und gedachte Geschenke in die Spalte der Anderen schreiben.

Anmerkungen:
- Es ist sinnvoll, vorher dafür zu sorgen, daß ein guter Gruppenrapport da ist und daß ein liebevoller Rahmen und genügend Zeit und Ruhe dafür geschaffen sind, um diese Art von positivem Feedback wirklich zu genießen.
- Denkt an positive Formulierungen.

Kalibrieren   WAHRNEHMUNG

Wegweiser

Eichung ☺☺☺ 130
Auditive Eichung ☺☺☺ 132
Kinästhetische Eichung ☺☺☺ 132

Locken ☺☺☺ 133

Sprechende Hände ☺☺ 134
Telegrafieren ☺☺-☺ 135
Dialog ☺☺ 135

WAHRNEHMUNG   Kalibrieren

Eichung

Form: Übung: ☒   Spiel: ☐   Phantasiereise: ☐

Ziel:
Sensibilisieren der visuellen Wahrnehmung

Weitere Anwendungsmöglichkeiten:
Sinne schärfen

Gruppengröße: ☺☺☺

Dauer:
6-10 Min. je Partner

Material:
- - -

Musikvorschlag:
- - -

Beschreibung:

Es beginnt A, indem B an A die folgende Bitte richtet: „Denke an jemanden, den Du wirklich sehr gerne hast." A hat einen kleinen Moment Zeit, sich eine Person auszusuchen und sich eine genaue Vorstellung von dieser Person zu machen. B, C und D kalibrieren sich darauf, wie A aussieht; sie nehmen genau wahr, was alles zu diesem inneren Zustand gehört, wenn A an jemanden, den er gerne mag, denkt. Wie ist die Kopf-, die Körperhaltung, welche Augenbewegung, welche Pupillengröße, wie ist die Hautfärbung, wie geht der Atem, der Muskeltonus, wie Mimik und Gestik sich eventuell verändern – was alles ganz genau zu diesem Zustand gehört. Das Ganze geschieht nonverbal, also ohne verbale Rückmeldung. Wenn B, C und D glauben, einen Eindruck, ein Bild, eine genaue Wahrnehmung von diesem Zustand zu haben, geben sie sich gegenseitig Handzeichen und verständigen sich, daß die Übung nun weitergehen kann. B bittet A, nun an irgend etwas ganz Neutrales zu denken, an die Farbe Blau, oder sich noch einmal anzuschauen, wie der Blick aus dem Fenster ist, um aus seinem Zustand herauszukommen (SEPA-

RATOR). Dann bittet B A, an jemanden zu denken, den er nicht leiden kann. Wiederum bekommt A eine kurze Zeitspanne, um sich jemanden auszusuchen – und sich diesen Menschen vollständig vorzustellen. B, C und D kalibrieren sich wiederum auf diesen inneren Zustand von A, indem sie erneut die vorher genannten Merkmale beobachten und feststellen, ob sich etwas verändert, und was jeweils wesentlich und wichtig für diesen Zustand ist. Wenn B, C und D hiervon einen Eindruck, ein Bild, eine Wahrnehmung haben, verständigen sie sich durch Handzeichen, daß die Übung weitergehen kann. Dann sollte A wiederum einen SEPARATOR setzen, indem B A nach etwas Neutralem fragt oder ihn bittet, sich beispielsweise an ein Lied zu erinnern. Dann stellt die Gruppe A Fragen: „Welche dieser beiden Personen ist älter?" Wenn A die Frage innerlich beantwortet hat, soll er nicken und sich die Person ganz genau vorstellen, indem er ohne etwas zu sagen, sich einen Tonfilm macht (möglichst alle Sinne nutzen). B, C und D achten nun auf die Veränderungen, die sie voher kalibriert haben und entscheiden anhand des Gesehenen, um welche der beiden Personen es sich handelt. Sie verständigen sich durch Handzeichen und nennen A die von ihnen ermittelte Person. A gibt Feedback, indem er unmittelbar ja oder nein sagt. B, C und D stellen weitere Fragen, die in einem Vergleich nur jeweils eine eindeutige Antwort ergeben können. „Wer von beiden hat dunklere Haare, wer hat mehr Geld, wer hat größere Füße; wer wohnt näher bei Dir, wen kennst Du länger?"

Wenn Ihr mehrmals feststellt, daß Eure Aussagen nicht stimmen, dann stellt die Gegenfrage, zum Beispiel: „Wer ist reicher?" Ist Eure Aussage falsch, dann fragt: „Wer ist ärmer?" und kalibriert Euch neu auf die Zustände.

Wenn Ihr Euch nun sicher beim Kalibrieren fühlt, dann wechselt die Person und stellt Euch wieder ganz neu ein. Die wesentliche Voraussetzung ist, immer wieder neugierig zu sein auf die neuen Menschen und die Unterschiede, die es bei diesen gibt. Ihr könnt diese Übung noch dadurch verändern, daß Ihr entweder beispielsweise den Kopf abdeckt und nur schaut, welche Unterschiede wahrzunehmen sind in bezug auf Muskeltonus, Körper, Körperhaltung. Ihr könntet auch den Körper abdecken und nur das Gesicht sehen oder jeweils die Augen schließen lassen oder nur von der Seite schauen. All dies sind Herausforderungen, noch genauer wahrzunehmen.

Variationen:

☺ ☺ ☺ **Auditive Eichung** (6-10 Min. je Partner)

Ihr macht die gleiche Übung, wobei allerdings B, C und D die Augen schließen und A, wenn er an die Person, die er mag und an die Person, die er nicht mag, denkt, laut von eins bis zehn zählt. B, C und D kalibrieren sich auf die Stimmlage, Lautstärke, Schnelligkeit, Tempo, Atem, Timbre, Klangfarbe; was alles zu diesem Zustand gehört. Wieder testet Ihr, indem Ihr die Fragen stellt: „Welche von beiden Personen ist größer, älter, schöner, weiter weg von Euch, näher dran?" Immer dann, wenn A die Antwort hat, beginnt A zu zählen, und Ihr könnt Euch gemeinsam einigen und dann die Antwort laut sagen. A gibt Euch Feedback, ob es richtig oder falsch war.

☺ ☺ ☺ **Kinästhetische Eichung** (6-10 Min. je Partner)

B, C und D sitzen so nah bei A, daß es demjenigen angenehm ist und sie gleichzeitig A berühren können. Entscheidet, wo Ihr eine Hand auflegen wollt, entweder auf Rücken-, Nacken- oder der Schulterpartie oder ob Ihr die Hand halten wollt – wo es A angenehm ist (sozial akzeptierte Stellen). B, C und D kalibrieren über die aufgelegten Hände, was sich verändert, wenn A an eine Person, die er mag und an eine, die er nicht mag, denkt. Achtet dabei auf Wärme, Feuchtigkeit, Muskeltonus, Bewegung, Atemrhythmus etc. Wieder testet Ihr, indem Ihr Fragen stellt, beispielsweise: „Wer hat ein größeres Haus, ein schnelleres Auto, eine größere Nase, kleinere Ohren?" Laßt Euch von A ein Signal geben, wenn er sich vollständig an die Person erinnern kann. Verständigt Euch, gebt Eure Antwort und laßt Euch von A feedbacken.

Anmerkungen:
- Beendet diese Übungen jeweils damit, daß A in einem guten Zustand ist, indem Ihr als letztes etwas fragt, worauf er mit der angenehmen Person innerlich antwortet. Oder benutzt am Ende einen Separator, um A wieder in einen guten Zustand zu versetzen.

Kalibrieren WAHRNEHMUNG

Locken

Form: Übung: ☐   Spiel: ☒   Phantasiereise: ☐

Ziel:
Auditives Kalibrieren auf der inhaltlichen Ebene

Weitere Anwendungsmöglichkeiten:
Kontaktaufnahme (Rapport);
Aktivierung (Separator);
sich in andere hineinversetzen

Gruppengröße: ☺☺☺

Dauer:
8-25 Min.

Material:
- - -

Musikvorschlag:
- - -

Beschreibung:

Alle Gruppenmitglieder sitzen im Kreis, ein Spieler befindet sich in der Mitte. Ihn gilt es jetzt, mit einem reizvollen Angebot/Vorschlag zum Aufstehen zu motivieren und aus der Mitte herauszulocken. Dabei dürfen nur solche Vorschläge unterbreitet werden, die der Anbieter auch sofort selber ausführen kann; Beispiel: „Wenn Du von Deinem Platz aufstehst, singe ich Dir ein Lied vor." Der Spieler in der Mitte kann abwarten und wählt den Vorschlag aus, der ihm am meisten zusagt; daraufhin darf das entsprechende Gruppenmitglied sein Angebot einlösen. Dann kommt der nächste Spieler in die Mitte, solange, bis jeder einmal von einem Angebot „gelockt" wurde, das ihn „vom Hocker" gerissen hat. Ihr könnt auch vereinbaren, daß alle Angebote erst zum Schluß des Spiels gemeinsam eingelöst werden.

WAHRNEHMUNG   Kalibrieren

Sprechende Hände

Form: Übung: ☐   Spiel: ☒   Phantasiereise: ☐

Ziel:
Kinästhetisches Kalibrieren

**Weitere Anwendungs-
möglichkeiten:**
Sinne schärfen; Partnerarbeit
und Kontaktaufnahme (Resonanz)

Gruppengröße: ☺☺

Dauer:
6-10 Min. je Partner

Material:
- - -

Musikvorschlag:
- - -

Anleitung:

Setz oder stell Dich Deinem Partner gegenüber, nimm ihn wahr und nimm Kontakt zu ihm auf. Leg dann Deine Handflächen auf seine und schließ die Augen. Ihr hört nun eine kurze Geschichte; Beispiel: „Stellt Euch vor, Eure Hände treffen sich bei einem Spaziergang im Wald; sie freuen sich und erzählen sich etwas Lustiges. Plötzlich knackt ein Zweig im Gebüsch; stimmt ja, hier soll es Bären geben. Beide bekommen einen großen Schreck und sind ganz aufgeregt, denn das Geräusch scheint näher zu kommen. Die Hände tuscheln miteinander. Auf einmal haben sie es sehr eilig und wollen lieber nach Hause gehen. Ganz schnell drücken sie sich zum Abschied und gehen auseinander." Laß während des Erzählens Deinen Partner das Geschehene mit den Händen deutlich spüren. Tausch Dich nach der Geschichte mit Deinem Partner über die gemachten Erfahrungen aus.

Nun setz Dich mit geschlossenen Augen Deinem Partner gegenüber. Richte Deine ganze Aufmerksamkeit nun auf die Hände und lasse Deine Hände in angenehmer Weise eine Beziehung zum Partner aufnehmen. Versucht nun, Euch nacheinander eine Botschaft nur mit den Händen zu übermitteln, wie beispielsweise „Ich freue mich", „Ich bin wütend", „Ich mag Dich". Ganz behutsam bring nun Eure Unterhaltung zu Ende und nimm mit den Händen Abschied von den Händen Deines Partners. Wenn Ihr Euch genug ausgetauscht habt, öffnet beide Eure Augen wieder und teilt Euch mit, welche Botschaften Ihr jeweils empfangen habt und welche tatsächlich ausgesandt wurden. Zum Schluß könnt Ihr die Erfahrungen in der Gruppe austauschen.

Variationen:

☺ ☺ ☺ **Telegrafieren** (auch mit Partner möglich; 8-16 Min.)

Alle Gruppenmitglieder sitzen wortlos und mit geschlossenen Augen so in einem Kreis, daß jeder mit dem Gesicht auf den Rücken seines Vordermannes sehen kann. Der Spielleiter beginnt nun zu „telegrafieren", indem er seinem Vordermann ein einfaches Wort, einen Begriff oder eine Figur auf den Rücken schreibt oder zeichnet. Nehmt die Berührungseindrücke wahr und gebt sie sanft und deutlich zugleich an Euren Vordermann weiter.

☺ ☺ **Dialog** (8-16 Min.)

Nun können auch andere Körperteile einen „Dialog" miteinander führen. Zwei Partner sitzen oder stehen einander gegenüber und unterhalten sich wortlos mit einem Körperteil, beispielsweise mit Füßen, Knien, Ellbogen, Schultern oder den Köpfen. Durch eine gewählte Begleitmusik oder ein vorher gestelltes Thema wird der Gesprächsinhalt zunächst weitgehend vorgegeben; Beispiele: ein freudiges Ereignis, ein Streitgespräch, ein plauderndes Schwätzchen. Führt die Unterhaltung, die später auch vollkommen frei improvisiert werden kann, zunächst nur mit einem isolierten Körperteil durch, um Eure Aufmerksamkeit ganz hierauf zu legen. Dabei könnt Ihr alle Möglichkeiten der kinästhetischen Ausdrucksweise, wie Bewegung und Spannung, miteinbeziehen.

Wegweiser

Aktives Zuhören ☺☺-☺ 137
Vereinsgründung ☺☺☺ 138
Urlaubsgrüße ☺☺☺ 138
Ballonfahrt ☺☺☺ 139
Ja und ☺☺☺ 139

Innere Klarheit ☺☺ 140
Wenn Du ein Baum wärst ☺☺☺ 141

Opernbesuch ☺☺☺ 142
Mondreise ☺☺☺ 142
Irrenhaus ☺☺☺ 143
Willi ☺☺☺ 143
Verpackt ☺☺☺ 143
Teekesselchen ☺☺☺ 143

Lügen ☺☺☺ 144
Alibi ☺☺☺ 145
Detektiv ☺☺☺ 146
Feuerrede ☺☺ 146
Feder ☺☺-☺ 146

Wahrnehmung versus Interpretation WAHRNEHMUNG

Aktives Zuhören

Form: Übung: ☒   Spiel: ☐   Phantasiereise: ☐

Ziel:
Vermutungen durch Fragen verdichten; die Sprache des anderen verstehen

Weitere Anwendungsmöglichkeiten:
Gute Kommunikation; gemeinsam schwingen; Rapport erhalten

Gruppengröße: ☺☺☺
Auch zu zweit möglich

Dauer:
10-15 Min. je Partner

Material:
- - -

Musikvorschlag:
- - -

Beschreibung:
A erzählt B eine Geschichte oder diskutiert mit B über ein vereinbartes Thema. B schaltet sich in die Erzählung/das Gespräch ein und meldet A zurück, was er verstanden hat. Hierzu wiederholt B die Ausführungen von A nicht wortwörtlich sondern sinngemäß, so wie B den Inhalt verstanden hat. Daraufhin hat A die Möglichkeit, B's Vermutungen zu bestätigen oder zu verneinen. Verneint er die Interpretationen, so kann er mit einer eigenen Aussage das Wahrgenommene richtigstellen und so B die erneute Möglichkeit geben, das „aktiv Zugehörte" zurückzumelden. Diese sehr genaue Form eines Dialogs trennt die Wahrnehmung von der Vermutung und gibt beiden Gesprächspartnern die Möglichkeit, ihren jeweiligen Stand in dem Gespräch zu reflektieren. Wird die Übung in einer

Dreiergruppe ausgeführt, so kann C die beiden beobachten und ihnen eine Rückmeldung über den Gesprächsverlauf geben (Supervision). Beispiel:

A: „Ich finde, daß wir zu viele Steuern zahlen mssen." (Aussage)

B: „Du *meinst* also, daß Du vom Finanzamt ungerecht behandelt wirst, ist das richtig?" (Vermutung, Meinung, Rückmeldung)

A: „Nein; ich meine, daß die Politik der Bundesregierung wachstumsschädlich ist." (Richtigstellung)

B: „Habe ich Dich richtig verstanden, daß Du mit der Finanzpolitik nicht einverstanden bist?" (korrigierte Rückmeldung)

A: „Genau." (Bestätigung; Möglichkeit zur Fortsetzung des Dialogs)

Variationen:

☺ ☺ ☺ **Vereinsgründung** (mindestens 8-12 Partner; 15-30 Min.)
Die Hälfte der Gruppe gründet einen Verein; aber keinen ganz normalen, sondern einen völlig ausgefallenen, beispielsweise den „Verein zur Pflege des Naseputzens in der Öffentlichkeit". Die andere Hälfte der Gruppe hat dem Eröffnungsakt nicht beiwohnen können und wartet draußen, bis sich die Gründer über das zentrale Anliegen des Clubs geeinigt haben. Wenn nun die Neulinge hereingebeten werden, stehen die Vereinsmitglieder paarweise zusammen und sprechen miteinander; unterhalten sich, prüfen noch einmal ihre Absichten und stimmen sie mit der Wirklichkeit ab. Und da sie ja wissen, worüber sie miteinander sprechen, können sie sich auch mit vagen Andeutungen und Umschreibungen begnügen. Die Neulinge jedoch sollen zuhören und aufnehmen und können sich untereinander jederzeit beraten und Tips geben, wo es sich lohnt zu lauschen. So verdichten sie ihren ersten Verdacht gemeinsam immer mehr. Um der „Vereinsgründung" schließlich auf die Spur zu kommen, dürfen sie sich in die Gespräche der Clubmitglieder einschalten, indem sie durch „Aktives Zuhören" den Sinn der Aussagen hinterfragen und auch eigene Meinungen als Fragen mit einbringen. Diese Fragen wiederum werden von den Gründern ebenfalls über „Aktives Zuhören" zurückgemeldet und solange umschrieben, bis das Vereins-Geheimnis unmittelbar vor seiner Entdeckung steht.

☺ ☺ ☺ **Urlaubsgrüße** (Viererübung; 10-15 Min. je Partner)
A erinnert sich an ein Urlaubserlebnis und schreibt es auf. Dann erzählt er diese Geschichte B, C und D, indem er nur einen Sinneskanal und, wenn nötig, unspezifische Verben benutzt.
B, C, und D „übersetzen" die Geschichte in andere Sinneskanäle und wenden dabei das „Aktive Zuhören" an: B muß A auf einem anderen Kanal antworten

und das Gehörte zusammenfassen. C soll einen dritten Kanal benutzen, um das Gehörte mit seinen Worten wiederzugeben. Zum Schluß faßt D die Geschichte mit seinen Worten auf dem gleichen (!) Kanal zusammen. Tauscht Euch abschließend aus, was das für Eure Verständigung bedeutet und wechselt dann Eure Rollen.

☺ ☺ ☺   Findet weitere Erlebnisse, wie etwa Beziehungen, Restaurant, … .

☺ ☺ ☺ **Ballonfahrt** (Viererübung; 10-20 Min.)
Jede Vierergruppe befindet sich in folgender Situation: Ihr seid die Insassen eines Heißluftballons, der über dem Meer schwebt und infolge eines Schadens zu sinken beginnt. Um ihn in der Luft zu halten, müssen ein oder zwei „über Bord springen".
Jeder Ballonfahrer übt einen bestimmten Beruf aus, wie: Arzt, Lehrer, Bauer, Handwerker und muß möglichst überzeugend darlegen, warum gerade er unersetzbar ist. Haben alle (!) ihre Kurzrede gehalten, dürft Ihr mit „Aktivem Zuhören" rückfragen und zugleich nochmals Eure Bedeutung herausstellen. Zum Schluß entscheidet gemeinsam, mit wem Ihr die Fahrt fortsetzt. Tauscht Euch danach aus, wie Ihr vorgegangen seid, wie Ihr Eure Argumentation wahrgenommen habt und welche Bedeutung das „Aktive Zuhören" und auch einzelne Sinneskanäle gespielt haben.
Ihr könnt anstelle von Berufen auch „Produktrollen" vergeben, also Produkte, Waren, Lebensmittel oder Geräte benennen, von denen ein Teil in dem sinkenden Ballon „zuviel" ist.

☺ ☺ ☺ **Ja und** (8-12 Min. je Partner)
A gibt in einem kurzen „Statement" seine Meinung zu einem bestimmten Ereignis wieder. B hat nun die Aufgabe:
a) Dem Gehörten widersprechen und *Gegenargumente* bringen.
b) Das Gehörte bejahen, um im gleichen Satz mit einem „aber", „dennoch", „nur" oder ähnlichem dann doch wieder ein Gegenargument einzubringen, gleichsam durch die „Hintertür".
c) Das Gehörte bejahen, und im zweiten Teil des Satzes mit einem „*und*" das Gehörte verstärken – vom Inhalt her oder von dem, was B an Gemeinsamkeiten erkennt –, und seine eigenen (!) Argumente mit „deswegen" so einbringen, daß sie als bejahende Ergänzung oder Erweiterung der Meinung von A verstanden werden können.
Tauscht Euch anschließend aus, was das für Eure Verständigung bedeutet, was Euch leicht fiel, was vielleicht neu war und wie Ihr als Sprecher und als Hörer die Aussagen empfunden habt.

WAHRNEHMUNG　　　　　　　　Wahrnehmung versus Interpretation

Innere Klarheit

Form:　Übung: ☒　　Spiel: ☐　　Phantasiereise: ☐

Ziel:
Unterscheidung von Wahrnehmung, Spüren und Interpretation

Weitere Anwendungsmöglichkeiten:
Feedback

Gruppengröße: ☺☺

Dauer:
12-20 Min.

Material:
- - -

Musikvorschlag:
- - -

Anleitung:

Sucht Euch zu zweit einen Platz, wo Ihr miteinander ungestört üben könnt, und beginnt damit, daß Ihr Euch gegenüber setzt. In der ersten Runde äußerst Du nur ungefähr 1 Minute Deine *Wahrnehmung*, zum Beispiel: „Ich sehe, daß Du einen blauen Pullover trägst. Ich sehe, daß Du die Stirn runzelst, ich spüre, daß Du mich am Knie berührst, ich höre, daß Du tief atmest." Nicht aber: „Ich sehe, daß Du traurig guckst." Danach wechselt Ihr und der Partner erzählt Dir 1 Minute lang, was er an Dir, mit Dir wahrnimmt. In der zweiten Runde äußerst Du Deine *Wahrnehmungen und Interpretationen* darüber, zum Beispiel: „Ich sehe, daß Du einen blauen Pullover anhast und glaube, daß Du einen guten Geschmack hast. Ich sehe, daß Du lachst und vermute, daß Du ein bißchen verlegen bist." Nach ungefähr 2 Minuten wechselt Ihr wieder und Dein Partner erzählt Dir, was er bei Dir wahrnimmt und welche Vermutungen er daraus ableitet. In der dritten Runde macht Ihr einen Dreierschritt, so daß Du erst über Deine *Wahrnehmungen* sprichst, dann über Deine *Interpretationen* und dann Deine eigene Reaktion, Dein eigenes *Gefühl* darauf. Beispiel: „Ich sehe, daß Du diesen blauen Pullover trägst, ich vermute, daß Du sehr viel Wert auf Äußerlichkeiten legst, und ich mag das sehr gerne, ich schätze das, wenn sich jemand schön anzieht." Oder: „Ich sehe, daß Du einen ganz gerade gezogenen Scheitel hast, ich glaube, Du bist sehr korrekt und ich spüre, daß mich das sehr anzieht." Jeweils wieder etwa 3 Minuten, dann wechselt und Dein Partner erzählt Dir, was er an Dir wahrnimmt, wie er das interpretiert und wie seine eigene Reaktion, sein Gefühl darauf ist. Anschließend tauscht Euch aus, was Ihr empfunden habt, wie es Euch dabei ergangen ist und was Euch am angenehmsten ist.

Variationen:

☺ ☺ ☺ **Wenn Du ein Baum wärst** (8-15 Min. je Mitspieler)
Ein Spieler wartet vor der Tür, während sich die anderen auf ein Gruppenmitglied einigen. Der Spieler wird hereingerufen und darf nun der Reihe nach Fragen stellen, um die Person zu erkennen. Die Fragen können sich auf Dinge beziehen wie Tiere, Blumen, Bäume, Landschaften, Jahreszeiten, Städte, Musikinstrumente, Bauwerk, Möbelstücke, Speisen, Getränke, ..., müssen aber immer hypothetischen Charakter haben; Beispiele: „Was für ein Baum *wäre diese Person*?" (richtig), „Welchen Baum mag sie gerne?" (falsch). Hat der Fragende schließlich eine Vermutung, so äußert er sie. Ist die Vermutung falsch, stellt er zwei weitere Fragen und äußert eine erneute Ansicht. Stimmt auch diese nicht, so erhält er noch eine Chance, durch zwei Fragen die Person zu finden. Dann darf er zum letzten Mal seine Wahrnehmung wiedergeben.

☺ ☺ ☺ In einer Variation kann Dir dieses Spiel auch helfen, Fremd- und Eigenwahrnehmung in Übereinstimmung zu bringen. Ein Spieler wartet vor der Tür. Diesmal äußern die Zurückgebliebenen ihre Ansichten zu den hypothetischen Fragen, wie: „Was für ein Möbelstück *wäre der Wartende*?", „Was für ein Wein wäre er?", „....". Jeder Mitspieler wählt einen Bereich aus und formuliert seine Antwort darauf, so wie er den Betreffenden wahrgenommen und erfahren hat. Kommt der wartende Spieler wieder hinein, so kann ihm einer der Zurückgebliebenen die Einschätzungen nacheinander vortragen, oder alle Einschätzungen wurden zuvor auf einer Tafel festgehalten. Nun soll der Spieler erkennen, welche Äußerung von wem gemacht wurde. Diese Diskussion kann Dir auch ein Feedback darüber geben, wie Dich andere sehen und warum Eigenschaften verschieden wahrgenommen werden.

WAHRNEHMUNG   Wahrnehmung versus Interpretation

Opernbesuch

Form: Übung: ☐   Spiel: ☒   Phantasiereise: ☐

Ziel:
Vermutungen erkennen

**Weitere Anwendungs-
möglichkeiten:**
Aktivierung (Separator)

Gruppengröße: ☺☺☺

Dauer:
8-15 Min.

Material:
– – –

Musikvorschlag:
– – –

Beschreibung:
Alle sitzen im Kreis. Ein Spieler erzählt die Geschichte vom Portier in der Oper, der nur „richtig" angezogene Besucher einläßt, und was er letztens anhatte, nämlich (unbemerkt) ein Kleidungsstück seines rechten Nachbarn, wie: „Neulich wollte ich in die Oper. Ich hatte Sandalen an. Damit ließ der Portier mich ein." Dann fragt er den linken Nachbarn: „Was würdest Du denn anziehen?" Nennt dieser – zufällig – etwas, das der Spieler trägt, darf er mit, ansonsten – ohne Begründung (!) – nicht. Und so geht's weiter; stets kommentiert der Spieler, wer eingelassen wird oder nicht. Wer dahinterkommt spielt weiter und bemüht sich, besonders Normales oder schwer Auffindbares zu nennen, um die anderen länger suchen zu lassen.

Variationen:

☺ ☺ ☺ **Mondreise** (10-15 Min.)
Bei gleicher Spielbasis wie beim „Opernbesuch" darf hier nur ein Gegenstand auf die „Mondreise" mitgenommen werden, dessen Anfangsbuchstabe mit dem des eigenen Namens beginnt. Noch schwerer wird

es, wenn der Anfangsbuchstabe des Namens des jeweiligen linken Nachbarn genommen werden darf. Auch dieses Spiel lebt davon, daß Du eine Geschichte darum rankst.

☺ ☺ ☺ **Irrenhaus** (10-15 Min.)
Alle sitzen im Kreis. Nachdem einige Spieler den Raum verlassen haben, erklärt der Spielleiter den Verbliebenen das Spiel: Keiner darf auf eine Frage antworten, die ihm direkt gestellt wird, sondern immer nur auf die, die genau zuvor an einen anderen gerichtet wurde. Nun wird der erste Wartende hereingeholt. Ihm wird kundgetan, er befände sich im „Irrenhaus" und soll die Krankheit der Insassen herausfinden; dazu müsse er nacheinander je eine andere Frage an sie stellen. Der erste Befragte antwortet mit einem sinnlosen Satz, bis der Spieler endlich den nächsten fragt. Dieser gibt eine Antwort auf die Frage an den Vorhergehenden. So geht es weiter, bis der Fragende endlich die Krankheit erkannt hat. Dann wird der nächste Wartende hereingerufen.

☺ ☺ ☺ **Willi** (10-20 Min.)
Wenn Ihr „Willis" Freund werden wollt, dann müßt Ihr wissen, was Willi gerne mag und was nicht. Beispielsweise mag Willi gerne Pudding, aber Quark kann er nicht leiden. Willi ißt auch furchtbar gerne mit einem Messer, kann sich aber mit Gabeln nicht anfreunden; schwimmen geht Willi gerne, baden dagegen reizt ihn gar nicht. Überhaupt mag Willi alle Sachen; nur: sie müssen Doppelbuchstaben enthalten. Die Mitspieler, die Willi durchschaut haben, können eigene Kenntnisse beisteuern.

☺ ☺ ☺ **Verpackt** (4-8 Min.)
Während ein Spieler draußen wartet, einigen sich die übrigen auf ein Wort, das aus mehr als fünf Buchstaben besteht. Wenn der Spieler hereinkommt, darf er jedem Mitspieler zwei Fragen stellen; in den Antworten auf diese Fragen muß das Wort, das es zu finden gilt, „verpackt" vorkommen.

☺ ☺ ☺ **Teekesselchen** (Dreiergruppe; 4-8 Min. je Partner)
Zwei Partner einigen sich leise auf ein Wort, das verschiedene Bedeutungen haben kann, wie „Ball". Nun geben die beiden ihrem Mitspieler einen Hinweis auf die Bedeutungen des Wortes, etwa der erste: „Mein Teekesselchen ist rund", worauf der zweite ergänzt: „Auf meinem Teekesselchen wird gefeiert". Gelingt es dem Mitspieler nicht, das Wort herauszufinden, dürft Ihr weitere Hinweise geben, bis sich Vermutung und Wahrnehmung decken.

WAHRNEHMUNG   Wahrnehmung versus Interpretation

Lügen

Form: Übung: ☒   Spiel: ☐   Phantasiereise: ☐

Ziel:
Wahrnehmung von Interpretation trennen

Weitere Anwendungsmöglichkeiten:
Wahrnehmung sensibilisieren; Unterschied: feinste Wahrnehmung und Kalibrieren; Separator

Gruppengröße: ☺☺☺

Dreierübung

Dauer:
15-20 Min.

Material:
– – –

Musikvorschlag:
– – –

Anleitung:
Wählt mit Eurer Dreiergruppe einen Platz, wo Ihr Euch als Gruppe bequem hinsetzen könnt und wo Ihr wißt, daß Ihr einige Minuten ungestört sein werdet. Wählt dann einen aus, der mit mir vor die Tür geht. Das ist derjenige, der, wenn er zurückkommt, Euch zwei Geschichten, zwei Ereignisse erzählen wird. Eine, die wahr und eine, die erlogen ist.

Wenn die Gruppen je einen Spieler ausgewählt haben, dann gehen wir vor die Tür und die Geschichtenerzähler werden instruiert: „Such Dir zwei Begebenheiten aus, eine, die wahr ist, die Dir passiert ist, und eine, die Du erfindest als Lügengeschichte. Nimm am besten zwei Geschichten, die ähnlich glaubwürdig sind, etwa „zwei Urlaubsereignisse". Wenn Deine wahre Geschichte sehr unglaubwürdig klingt, wähle eine in etwa ähnlich unglaubwürdige Lügengeschichte. Dann beginne mit dem wahren Ereignis und erinnere Dich daran mit all Deinen Sinneseindrücken, also, was Du gesehen hast in der Situation, was Du gehört hast, was Du gefühlt hast, was Du gerochen hast, geschmeckt hast, wer alles dabei war, ob es Tag oder Nacht war, all das, was für Dich wesentlich ist bei dieser Erinnerung. – Dann stell Dir Deine Lügengeschichte vor mit all Deinen Sinnen, indem Du Dir ein Bild visualisiert, was Du alles sehen könntest in dieser Situation – und tu so, als ob die Szene wahr ist – wie die Farben sind, die Menschen, die Bewegungen, das Licht und was alles für Dich dazugehört – an Tönen und Geräuschen – wie sich Deine Stimme anhört – oder was Du hörst oder sagst. Nimm all das dazu, was Du fühlst in dieser Situation, was Du spürst in Dir und mit anderen – Temperatur und Berührung – vielleicht sogar, was Du riechst, schmeckst. Mach Dir eine vollständige sinnliche Erfahrung. Schließ das dann für Dich ab. Wenn Du in den Raum zurückkommst, wirst Du Deiner Gruppe Deine Geschichten erzählen, indem Du ihnen sagst: „Ich erzähle Euch erst Geschichte A und dann B." Wähle aus, welche Du zuerst erzählen möchtest. Wenn Du fertig bist, schließe sie ab und sage nur: Geschichte B. *Danach* dürfen sie Dir keine Fragen mehr stellen. Du kannst ihnen 1 Minute Zeit lassen, damit sie sich absprechen können, welche von beiden Geschichten wahr und welche erlogen ist. Die Teilnehmer im Raum werden so instruiert: „Wenn die anderen hereinkommen, werden sie Euch zwei Geschichten erzählen. *Während und nach* dem Erzählen dürft Ihr keine Fragen mehr stellen, sondern nur zuhören und alles wahrnehmen, was Ihr könnt – und Euch alle Zeichen merken oder Notizen machen. Dann habt Ihr 1 Minute Euch zu beraten, welche der Geschichten wahr und welche erlogen ist. Ihr könnt Euch einigen und dann das Ergebnis mitteilen und begründen, welche Kriterien Ihr dafür gefunden habt, daß die Geschichte wahr oder erschwindelt ist."

Abschluß dann in der Großrunde: aufzählen, was die Gruppen gefunden haben, um festzustellen, daß alles interpretiert werden kann in die eine oder andere Richtung. Wenn Ihr *vor* den Geschichten keine Fragen stellt, um herauszufinden, wie der Redner aussieht wenn er ehrlich ist, dann gab es keine Kriterien, die wiederzuerkennen waren, um sicher zu sein, was wahr und was erschwindelt ist – so daß alle Kriterien, die gefunden wurden, sowohl in die eine als auch andere Richtung zu deuten sind. Selbst die Gruppen, die das Richtige benannt haben, haben geraten.

Variationen:

☺ ☺ ☺ **Alibi** (Dreier-/Vierergruppen; 30-60 Min.)

Der Spielleiter erzählt der Gruppe, daß ein wichtiges Utensil (ein Lehrgangsprogramm) verschwunden ist; er nennt den Zeitpunkt, zu dem das Objekt zuletzt gesehen und den Zeitpunkt, zu dem das Verschwinden bemerkt wurde. Als Verdächtiger kommt nur ein Teilnehmer in Frage. Für den Zeitraum des Verschwindens (10-20 Minuten) müssen daher alle ein „Alibi" liefern. Nun bilden sich Gruppen mit dem Auftrag, sich ein Alibi zu basteln. In Form eines Rollenspiels sollen sie darstellen, was die Teilnehmer in der fraglichen Zeit gemacht haben; dabei muß nicht die Realität dargestellt, sondern eine plausible Geschichte erfunden werden, was sie gemacht haben könnten. Haben sich alle zur Vorbereitung zurückgezogen, gibt der Spielleiter einer der Gruppen unbemerkt die Anweisung, einen Fehler in das Alibi einzubauen. Wenn die Kleingruppen aufgetreten sind, darf jedes Team seinen Verdacht äußern, welche Kleingruppe ein falsches Alibi hatte und den Verdacht begründen; hiernach lüftet die betreffende Gruppe ihr Geheimnis.

☺ ☺ ☺ **Detektiv** (Dreierübung; 12-20 Min.)
Ein „Detektiv" kommt in die Kleingruppe und versucht durch beliebige Fragestellung Mörder, Opfer, Motiv, Tatort und Waffe herauszufinden. Er befragt seine beiden Mitspieler, die nur mit JA (wenn Fragen mit einem Vokal enden – a,e,i,o,u) oder NEIN (wenn Fragen mit einem Konsonanten enden) antworten dürfen. So entwickelt der Detektiv, ohne es zu wissen, seine eigene Mordgeschichte. Nur durch eine offene Wahrnehmung gelingt es dem Detektiv, hinter das eigentliche Geheimnis zu gelangen.

☺ ☺ **Feuerrede** (6-10 Min. je Partner)
Denk an Deine Lieblingsspeise und an ein Essen, das Du überhaupt nicht magst. Nun sollst Du in einer „Feuerrede" Deinem Partner die Vorzüge beider Speisen mitteilen, so genau und so überzeugend, daß er meint Dich zu durchschauen. Auch dieses Spiel soll aufzeigen, daß insbesondere inhaltliche Dinge die Wahrnehmung leicht zur Vermutung wandeln können, wenn die verläßlichen Kriterien zum Wiedererkennen nicht vorhanden sind.

☺ ☺ ☺ **Feder** (auch mit Partner möglich; 6-10 Min.; Zettel, Stifte)
Denk einmal ganz spontan an eine „Feder", einfach an eine Feder denken, die Dir gerade einfällt, und dann nimm Dir 2-3 Minuten Zeit, *alle* Details, alle Merkmale *Deiner* Feder so genau wie nur möglich aufzuschreiben. Wenn Du fertig bist, dann vergleicht Eure Beschreibung miteinander. Tauscht Euch darüber aus, was das zu tun haben könnte mit „Sagen – Meinen" und schaut, was Ihr noch entdecken könnt, bei Eurem Partner und Eurer Gruppe.

Ziele

Bewußte Ebene 150

Unbewußte Ebene 166

Einstimmung

Bei NLP steht nicht das „Woher des Problems" im Mittelpunkt, sondern das „Wohin des Weges". Es ist also im Gegensatz zu anderen therapeutischen Richtungen, die problemorientiert sind, ein zielorientiertes Modell. Eine der wichtigsten Fähigkeiten ist es, Dein Ziel zu kennen. Wenn Du nicht weißt, wohin Du gehen willst, wird es schwierig, eben dort anzukommen. Menschen, die keine Ziele formulieren, können nicht überprüfen, ob sie das, was sie in ihrem Leben erreichen wollen, auch wirklich erreichen. Sie bekommen irgend etwas und können sich dann daran freuen oder auch nicht. Es hat keinen Sinn, Ziele zu machen, wenn man sie später nicht genießen will und auch nicht genießen kann. Um das Leben zu leben, das Du leben möchtest, mußt Du wissen, was Du willst! Dich entscheiden, von welchen Möglichkeiten Du Abstand nimmst, welche Du ausprobierst, welche Du für Dich wählst, um sie in Deinem Leben sichtbar zu machen. Menschen, die sich nicht festlegen wollen, entscheiden sich auch, nämlich das zu nehmen, was andere ihnen zugestehen oder übriglassen oder andere für sie in ihrem Leben kreieren wollen. Wie es schon in den „Nebeln von Avalon" geschrieben steht:

„Achte auf Deine Wünsche, sie könnten Dir erfüllt werden", so auch:

„Achte auf Deine Ziele, denn Du könntest sie erreichen."

So ist es sinnvoll und wichtig, genau und präzise zu formulieren. Wenn Du Dir *irgendeinen* Mann oder *irgendeine* Frau wünschst, wirst Du *irgendeinen* Mann oder *irgendeine* Frau haben, oder wenn Du Dir *irgendeinen* Job wünschst, wirst Du *irgendeinen* Job bekommen. Je positiver und präziser Du Dein Ziel definierst, desto genauer kannst Du Dein Gehirn darauf programmieren, alle Wahlmöglichkeiten wahrzunehmen, um all das zu entdecken, was Dich diesem Ziel näher bringt. Dies hat eine Sogwirkung und zieht automatisch all die Chancen, die Möglichkeiten an, die dazu gehören, dieses Ziel zu verwirklichen. Selbstverständlich sind sie auch sonst da, nur wir nehmen sie nicht wahr. Ein Ziel ist ein Filter, um Deine Aufmerksamkeit in die Richtung zu lenken, wohin Du willst. Es ist wie mit einer Schwangerschaft. Wenn man schwanger ist, ist es erstaunlich, wie viele schwangere Frauen man auf der Straße sieht. Man könnte meinen, es haben sich fast alle Frauen zur gleichen Zeit entschieden, ein Kind zu bekommen. Dies ist eine Filterverschiebung, eine Focussierung auf das, was einem im Moment gerade selber wichtig ist. Ziele sind so eine Filterverschiebung, sich von dem wegzuorientieren, was man nicht mehr möchte, hin zu dem, was man wirklich in seinem Leben erleben möchte.

Im ersten Teil dieses Kapitels findest Du Anregungen, wie Du einen Wunsch oder ein Problem bewußt in ein wohlgeformtes Ziel verwandeln kannst. Bevor man überhaupt Ziele macht, ist es sinnvoll, eine Standortbestimmung vorzunehmen, um zu würdigen, was man bereits hat. Das ist genau das gleiche, als wenn man eine Idee hat, daß man gerne zum Eiffelturm möchte und auch einen wunderbaren Stadtplan von Paris, um dorthin zu kommen, aber nicht genau weiß, wo man sich jetzt gerade befindet. Dann ist es natürlich nicht leicht, mit all diesen fantastischen Hilfsmitteln dorthin zu kommen, wo man gerne hin möchte.

Im zweiten Teil haben wir Vorschläge gebündelt, wie Du Dein Unbewußtes nutzen kannst, mehr über Deine Zielrichtung zu erfahren. Dies können kleine Ziele sein oder große, wie Dein Lebensplan, Deine Lebensaufgabe. Hier kannst Du Zugang zu Deinen kreativen Anteilen finden und sie in Deine Lebensplanung und -gestaltung mit einbeziehen. Diese Übungen und Phantasiereisen sollen Deine Intuition unterstützen.

Wegweiser

Blitzlicht ☺☺☺ 151
Körper-Blitzlicht ☺☺☺ 152
Den neuen Mythos tanzen ☺ 152
Bewußte Prioritäten ☺ 153

Problemliste ☺ 154

Vom Problem zum Ziel ☺☺☺ 156

Zielrahmen ☺-☺ 158

Schlichtung ☺☺☺ 160

Visionssuche ☺ 161

Bewußte Ebene ZIELE

Blitzlicht

Form: Übung: ☒   Spiel: ☐   Phantasiereise: ☐

Ziel:
Bewußtheit und Formulierung von Zuständen und Zielen

Weitere Anwendungsmöglichkeiten:
Sensibilisierung der Selbstwahrnehmung; Stimmungsbild zeichnen

Gruppengröße: ☺☺☺

Dauer:
10-15 Min. auch als Kurzblitzlicht möglich

Material:
1 Stofftier/Gegenstand

Musikvorschlag:
– – –

Anleitung:

Such Dir mit allen Mitgliedern Deiner Gruppe einen Ort, wo Ihr Euch zu einem Kreis zusammenfinden könnt und für einige ruhige Minuten setzen könnt. Sorge für Dich selbst, so daß Du jeden im Kreis sehen kannst, und nimm auch die Wünsche der anderen wahr, um den Kreis wirklich rund zu gestalten. Du hast nun die Möglichkeit, Dich zu einem von Euch gewählten Thema oder zu einer vorangegangenen Aktivität zu äußern oder einfach auszudrücken, wie Du Dich jetzt im Moment gerade fühlst. Laß dazu ein Stofftier oder einen anderen, angenehmen Gegenstand im Kreis herumgehen zum Zeichen, daß bei diesem „Blitzlicht" nur der an der Reihe ist und sprechen darf, der das Stofftier in der Hand hält. Dabei könnt Ihr die folgenden Gedanken als Regeln in der Gruppe vereinbaren:
– Du kannst (!) eine Aussage machen, wenn Du möchtest;
– ohne, daß Dich jemand unterbricht oder nachfragt oder ergänzt;

- das, was Du sagst, bleibt unkommentiert (unkritisiert) im Raum stehen;
- der Gruppenleiter bezieht sich selbst mit ein;
- nach Vereinbarung könnt Ihr am Ende noch Verständnisfragen stellen.

Geh dabei so vor, daß Du einen Bogen spannst:
- von dem *„was war"* (beispielsweise: *„Was ist offen von gestern?"*)
- über das *„was ist"* (beispielsweise: *„Wie geht's mir heute?"*)
- hin zu *„was wird"* (beispielsweise: *„Was erwarte ich von heute?"*).

Blitzlichter empfehlen sich nach jeder Übung, bei der Du Deine Empfindungen und die der anderen Gruppenmitglieder wahrnehmen möchtest, wie auch zu Beginn eines Tages oder zum Tagesabschluß.

Variationen:

☺☺☺ Als „Kurzblitzlicht" eignen sich auch die beiden Anregungen:
„Gut fand ich, ..." und *„Neu ist für mich, ..."*.

☺☺☺ **Körper-Blitzlicht** (12-20 Min.)
Alle finden sich im Kreis zusammen. In Form des „Blitzlichtes" hat nun jeder die Möglichkeit, sich zu den drei Fragen zu äußern:
- *„Wie hab ich mich gestern/bei der letzten Aktivität gefühlt?"*
- *„Wie fühle ich mich heute?"*
- *„Was erwarte ich von dem Tag?"*

Beim „Körper-Blitzlicht" stellt jeder, der gerade an der Reihe ist, seine Gefühle als Antworten auf diese Fragen wortlos, in Form einer Pantomime, eines Körperausdrucks dar. Auch hier könnt Ihr vereinbaren, daß Ihr zum Schluß Verständnisfragen stellen könnt.

☺☺ **Den neuen Mythos tanzen** (30 Min. je Partner)
Beweg Dich mit Deinem Partner durch den Raum, während Du der Musik lauschst und setz diese Musik in Deinem Körper, in Deinen Bewegungen und in Deinem Ausdruck um. Dein Partner achtet nun darauf, daß Du Dich vollständig gehenlassen kannst. Er beschützt und behütet Dich, während Du Deinen Mythos tanzt, wie auch Du für ihn sorgst, wenn Ihr die Rollen wechselt.
- Tanze und bewege Dich für etwa 10 Minuten so, wie Du Dein bisheriges, Dein altes Leben zum Ausdruck bringen möchtest; den alten Mythos, das was Deine Vergangenheit war, das was Du als Kind erlebt hast und in Deiner Jugend.
- Dann drücke in den nächsten 10 Minuten durch Deinen Tanz und Deine Bewegungen den Jetztzustand aus, wie es Dir jetzt geht, laß all das raus, was jetzt da ist, wie Du Dich fühlst.

- Und dann lebe für die nächsten 10 Minuten den „neuen Mythos", das Neue, was Du neu in Deinem Leben entdecken möchtest, und das, was Du in Deinem Leben umsetzen möchtest, was Du neu kreieren willst; das, was Du auf jeden Fall für Dich erleben möchtest, was Du ausdrücken möchtest, was Du schaffen möchtest.

Dein Partner wird darauf achten, daß es Dir gutgeht, daß die anderen Dir genügend Platz lassen, Du Dich frei bewegen kannst und all den Impulsen folgen kannst, die in Dir aufsteigen. Er wird gut darauf achten, daß Du die einzelnen Phasen für Dich klar unterscheidest, daß der erste Teil nur die Vergangenheit, der zweite Teil nur die Gegenwart und der dritte nur die Zukunft ist.

Tauscht Euch erst dann aus, wenn Ihr beide Euren neuen Mythos getanzt habt.

☺ **Bewußte Prioritäten** (30 Min.; Karten, Stifte)

Jedes Gruppenmitglied bekommt einen Stift und fünf Karten. Nimm Dir Zeit, um zu einer bestimmten Aktion oder zu einem Thema auf jede Karte eine für Dich besonders wesentliche Erwartung zu schreiben; eine Erwartung, die Du auf jeden Fall erfüllt haben möchtest, wie beispielsweise eine Erwartung an das Seminar oder ein Ziel, was Du dabei auf jeden Fall verwirklichen möchtest. Wichtig ist, daß Du fünf verschiedene Dinge notierst und Dir diese Zeit wirklich nimmst, um Erwartungen oder Ziele zu finden, die Du umsetzen möchtest, die Dir bei der bevorstehenden Aktion oder Maßnahme sehr viel bedeuten.

Wenn Euer Gruppenleiter nun beginnt, von allen jeweils eine Karte einzusammeln, dann gib ihm diejenige, auf die Du noch am ehesten verzichten kannst. Mach Dir dabei bewußt, welche Bedeutung es hat, gerade auf dieses Ziel, auf diese Erwartung verzichten zu müssen und welche Bedeutung die anderen, verbliebenen Karten für Dich noch haben.

Nach und nach, Runde für Runde, sammelt Euer Gruppenleiter nun in der gleichen Weise alle Karten ein, bis auf die letzte.

Nun lies noch einmal bewußt durch, was Du auf Deine letzte Karte geschrieben hast. Schließe für einen Moment Deine Augen und überlege Dir, warum Du gerade diese Karte bis zum Schluß aufgehoben hast und was es für Dich bedeutet, wenn Du diese Erwartung oder dieses Ziel umsetzen und verwirklichen kannst.

Ihr könnt Euch auch im Anschluß daran in kleineren Gruppen oder alle zusammen über Eure Empfindungen und Gefühle austauschen.

ZIELE Bewußte Ebene

Problemliste

Form: Übung: ☒ Spiel: ☐ Phantasiereise: ☐

Ziel:
Klarheit

Weitere Anwendungsmöglichkeiten:
Perspektivenwechsel;
Ist-Zustand feststellen

Gruppengröße: ☺

Dauer:
45-60 Min.

Material:
Schreibzeug

Musikvorschlag:
– – –

Anleitung:

1. Wähle für Dich eine Problemecke, wo Du es Dir bequem machen kannst und wo Du weißt, daß dies ein Ort für Dich ist, wo Du Deine Probleme genauer anschauen und klären möchtest – was sie für Geschenke, für Möglichkeiten, für Ziele für Dich beinhalten. Nimm ein Blatt Papier zur Hand und mache eine Liste von all den Dingen, die in Deinem Leben noch nicht klappen – von all den Sachen, die in Deinem Leben noch nicht so sind, wie Du sie gerne hättest. Schreib all das auf, was Du noch nicht erreicht hast oder was Dir immer wieder Schwierigkeiten macht. All das, wo Du noch nicht so bist, wie Du gerne sein möchtest – oder all das, was Dich immer wieder daran hindert so zu sein, wie Du gerne sein möchtest. Laß all die Ideen kommen und schreibe möglichst kurz und knapp – vielleicht auch in Stichpunkten – aus den Bereichen, die für dich wichtig sind: Arbeit, Familie, Beziehungen, Freunde, Du selbst, emotionale, physische, psychische, kreative Zustände – all das auf, was noch nicht so

funktioniert, wie Du es gerne möchtest. Geistige, soziale, materielle Zustände, alles das, was Du nicht hast, was Du gerne haben möchtest.

2. Mache einen Separator und bring Dich in einen ressourcevollen Zustand – in einen Zustand von Klarheit, indem Du Dich entweder ein wenig bewegst, streckst oder eine Körperübung machst – etwas, was Dir guttut, was Dich in Fluß bringt. Möglicherweise etwas, was Dich wieder in einen Zustand von Kreativität versetzt. Dann nimm Dir Deine Liste vor und formuliere aus all diesen Problemen, die Du aufgeschrieben hast für Dich neue Ziele. Ziele, was Du Dir statt dessen wünschst und was Du noch erreichen möchtest. *Formuliere* für jedes einzelne Problem ein Ziel. Laß auch hier die Kreativität einfach fließen – alles das, was Dir einfällt – laß es fließen. Schreib auf, welches die neuen Ziele sein können. Laß Dich überraschen, ob vielleicht einzelne zu größeren Zielen zusammengefaßt werden können oder ob mehrere Probleme den gleichen Kern haben – und das gleiche Ziel zur Folge. Falls es nicht so klappt, wie Du es Dir wünschst, kannst Du den Prozeß *vom Problem zum Ziel* jeweils durchmachen.

3. Formuliere Deine Ziele möglichst wohlgeformt nach den Kriterien des Zielrahmens: *eigenverantwortlich, positiv formuliert, in einem Satz, realistisch, in der Gegenwart.*

ZIELE — Bewußte Ebene

Vom Problem zum Ziel

Form: Übung: ☒ Spiel: ☐ Phantasiereise: ☐

Ziel:
Positive Absicht eines Problems erkennen

Weitere Anwendungsmöglichkeiten:
Perspektivenwechsel

Gruppengröße: ☺☺☺

Dauer:
45 Min.

Material:
Schreibzeug

Musikvorschlag:
– – –

> »ich kann nicht nein sagen...«
>
> | es hindert mich... | es ist nützlich... |
> |---|---|
> | ...meine Zeit für mich zu nutzen | ...ich werde gefragt |
> | ...das zu tun, was ich will | ...ich vermeide Streit |
> | ...Unangenehmes abzuwimmeln | ...ich bin für andere da |
> | ...ich zu sein | ...ich schaffe Harmonie |
> | | ...ich bin wichtig |
> | | ...ich bin beliebt |

Beschreibung:

1. Problem formulieren
A formuliert möglichst in einem Satz ein Problem und erinnert innerlich skizzenhaft eine Situation, in der dieses Problem schon aufgetaucht ist.

2. Eine Tabelle erstellen
In dieser Tabelle wird links eingetragen, *wobei ist das Problem hinderlich*, und rechts: *wofür ist es nützlich*. A beginnt nun alles aufzuschreiben was ihm einfällt, woran dieses Problem ihn hindert. B und C können A unterstützen, indem sie Vorschläge machen und dabei eine ganz bestimmte Form einhalten: Und zwar versetzen sie sich in dieses Problem und tun so, als ob sie es hätten. Zum Beispiel: „Wenn ich dieses Problem habe, dann hindert es mich daran ...". Dann machen sie ihre Vorschläge. A schreibt all das auf. B und C kalibrieren dabei, was ankommt und was nicht ankommt. Genauso wird weiter mit „nützlich" vorgegangen. A schreibt

alles auf, was nützlich sein könnte an diesem Problem. B und C versetzen sich wieder in die Lage, was sie daran nützlich finden, wenn sie dieses Problem haben oder wenn sie es hätten. Wieder machen sie Vorschläge, z.B.: „Wenn ich dieses Problem habe, dann ist es nützlich für mich, daß ..." und A schreibt alles auf. B und C kalibrieren, was von diesen Vorschlägen ankommt.

3. Positive Absicht
A kann nun aus all diesen aufgezeichneten Vorschlägen zusammenfassen, was für ihn am wichtigsten ist und daraus die positive Absicht des Problems erkennen – herausfinden, welchen Vorteil dieses Problem für ihn beinhaltet.

4. Ziel formulieren
A kann nun aus diesen gefundenen Vorteilen ein neues Ziel formulieren – wieder mit den Kriterien des „Zielrahmens".

Anmerkungen:
- Meistens tritt bei dieser Übung schon ein Perspektivenwechsel dadurch ein, daß die Person das Problem nicht nur als hinderlich, sondern auch als nützlich erleben kann.

Zielrahmen

Form: Übung: ☒   Spiel: ☐   Phantasiereise: ☐

Ziel:
Wohlgeformt formulieren und überprüfen

Weitere Anwendungsmöglichkeiten:
Informationssammlung

Gruppengröße: ☺
Partnerhilfe ist günstig

Dauer:
30-45 Min.

Material:
Schreibzeug

Musikvorschlag:
– – –

Beschreibung:

1. Ziel formulieren, Kriterien:

- **Eigenverantwortlich:** Das Ziel sollte aktiv erreichbar sein, in Deiner Kontrolle, und sich nicht auf die Handlung anderer Leute beziehen, sondern darauf, was *Du* tun kannst, um *Dein* Ziel zu erreichen (*Ich* bin, *ich* mache).

- Als nächstes sollte es **positiv formuliert** sein. Also kein „kein" und nicht Nichtformulierungen, sondern genau das, was Du haben willst! Das Gehirn ist nicht in der Lage, eine Nichtformulierung oder ein „kein" zu erkennen und dazu ein positives Bild zu machen. Es bedarf eines längeren Denkprozesses, um dies umzusetzen. „Denke nicht an Rot" kann nur umgesetzt werden, indem Du zuerst an Rot denkst und dann auf Deine Art entweder dieses Rot löschst, tilgst, auxst, um dann weiterzugehen und zu überlegen, was dann statt dessen?! Dies bedarf eines positiven, bewußten Gedankenganges, einer Aufmerksamkeit. Bei allen

Nichtformulierungen kreiert das Gehirn zuerst das, was Du nicht willst. All die Bilder, die wir in uns herstellen, sind für uns handlungsleitend. Also, nicht „Nicht an Rot denken", *sondern* „an Blau denken! Oder an Weiß". Dies macht Dir vielleicht auch klar, warum es so schwer ist, mit Rauchen aufzuhören; es gibt kaum eine treffsichere, positive Formulierung für das Nichtrauchen.

- Natürlich ist es sinnvoll, ein Ziel **realistisch** zu formulieren. Es ist ganz sicher unsinnig, etwa zu formulieren: „Morgen gewinne ich im Lotto." Dies verstößt gegen einige Kriterien, wie die Eigenverantwortlichkeit und die eigene Kontrolle, und es ist in keinem Fall realistisch.
- Es sollte möglichst konkret, **in einem Satz** sein, ohne Wenn und Aber, möglichst kurz und knapp.
- Das Ziel sollte **in der Gegenwart formuliert** sein, also nicht in der Zukunft: „Ich werde, ich könnte, ich will ...". Alle Konjunktive (Möglichkeitsformen) sollten unterbleiben, bitte in der Gegenwart formulieren. („Ich habe, ich bin, ich mache es ...").

2. Kontext (Zusammenhang, Rahmen)
Mit *wem, wann* und *wo* möchtest Du Dein Ziel erreichen?

3. Evidenz (Gewißheit, Deutlichkeit)
Woran wirst Du genau erkennen, daß Du Dein Ziel erreicht hast? Was macht es für Dich wahr? Sensorisch genau beschreiben (V A K O G).

4. Der Wertecheck
Paßt das Erreichen Deines Zieles in Deinen ethischen Rahmen? Ist Dein höchster Wert in diesem Ziel mitenthalten? Kannst Du damit leben? Kannst Du auch angenehm damit leben?

5. Ökologie-Check (Öko-Check, Wechselbeziehung, Verträglichkeit)
Wirkt sich das Erreichen Deines Zieles für Dich sozial aus? Für Dich selbst, für andere Beteiligte, für die Umwelt? Kannst Du umgehen mit den Konsequenzen? Würdest *Du* jemanden, der so ist, gern als Freund haben?

6. Positive Absicht
Welchen Vorteil bietet das alte Verhalten, der alte Zustand? Kannst Du diesen Vorteil für Dich in Deinem neuen Ziel sichern?

7. Abschluß
Entscheide: a) „Ja, das will ich", b) „Nein, das ist es nicht, was ich will".
Bei b): das Ziel so lange modifizieren, so daß bei Punkt 7 a) = „ja" herauskommt.
„Ja, ich tu es!"

ZIELE   Bewußte Ebene

Schlichtung

Form: Übung: ☒   Spiel: ☐   Phantasiereise: ☐

Ziel:
Gemeinsames Ziel finden, Konfliktlösung

Weitere Anwendungsmöglichkeiten:
Kompromisse erkennen

Gruppengröße: ☺☺☺

Dauer:
70-90 Min.

Material:
Schreibzeug

Musikvorschlag:
– – –

Beschreibung:
Dies ist eine Übung, bei der die beteiligten Parteien in einem Problemfall, in einem Konfliktfall das Gefühl haben, etwa 60-80 % ihrer eigenen Ideen, ihres eigenen Standpunktes mit hinüber gerettet zu haben. Dies ist im Gegensatz zu einem Kompromiß, wo eine 50/50-Regelung gefunden wird, vom subjektiven Erleben her angenehmer für alle Beteiligten.

1. Alle Beteiligten schildern ihren Standpunkt, ihre Perspektive. Übt dabei „Aktives Zuhören" aus, so daß klar ist, daß jeder jeden verstanden hat.
2. Jeder der Beteiligten arbeitet mindestens drei Lösungsvorschläge aus.
3. Alle Beteiligten schauen die Lösungsvorschläge gemeinsam an und vergleichen diese miteinander.
4. Jeder der Beteiligten darf einen Lösungsvorschlag aus dem Pool des anderen auswählen, der seinen Vorstellungen am nächsten kommt.
5. Diese Vorstellungen werden einander angeglichen, so daß es zu einem gemeinsamen Ziel, zu einem gemeinsamen Ergebnis kommen kann.
6. Über dieses gemeinsame Ziel werden Vereinbarungen getroffen.

Bewußte Ebene   ZIELE

Visionssuche

Form: Übung: ☒   Spiel: ☐   Phantasiereise: ☐

Ziel:
Ziele finden; Bestandsaufnahme

Weitere Anwendungsmöglichkeiten:
Lebensplanung

Gruppengröße: ☺

Dauer:
1,5-2 Stunden

Material:
Schreibzeug

Musikvorschlag:
– – –

Beschreibung:

Such Dir einen Platz, wo Du es Dir wirklich bequem machen kannst. Nimm Dir genug Schreibzeug. Schließe für einen Moment die Augen und laß den Gedanken kommen, daß Du die nächsten 1,5 Stunden für Dich ganz ungestört und ruhig verbringen kannst, um für Dich herauszufinden, was Du gerne möchtest in Deinem Leben.

1. Beginne mit einer Liste all Deiner Visionen, Ziele, Träume. All dessen, was Du schon immer haben wolltest, was Du schon immer tun wolltest, was Du schon immer sein wolltest. Laß all die Visionen kommen, tief drinnen in Dir, aus Dir heraus, die Du in Deinem Leben umsetzen und erschaffen möchtest. Beginne zu schreiben, indem Du den Stift ansetzt und die Worte fließen lassen kannst und Du neugierig sein kannst auf das, was Dir jetzt alles in den Sinn kommt. Laß es völlig unbewertet fließen, laufen, und schreib all das auf, was Dir jetzt einfällt, was Du gerne in Deinem Leben verwirklichen möchtest, erleben

möchtest, sehen möchtest, hören möchtest, spüren. Überlege nicht, ob Du diese Ziele erreichen kannst, sondern laß es einfach geschehen, indem Du die Ideen kommen läßt und sie ohne Unterbrechung aufschreibst. Dies kannst Du stichwortartig machen, so daß Du weißt, was es für Dich bedeutet. Nimm Dir möglichst genug Zeit, um alle Deine Lebensbereiche dabei zu streifen – die Arbeit, Familie, Beziehungen, geistige, emotionale, soziale, materielle, physische und psychische Zustände, alles was Dir einfällt. Tu dabei so, als ob Du selbstverständlich erreichen könntest, was Du Dir vornimmst. Spielerisch und leicht. Laß Deine Gedanken frei schweifen.

2. Ordne diese Liste nun nach Prioritäten und nach der Zeit, in der Du diese Ziele erreicht haben möchtest. Das, *was Dir ganz wichtig ist* in der Reihenfolge bis hin zu den *Sachen, die Dich freuen würden*, wenn Du sie erreichst. Dann einordnen in *kurzfristig, mittelfristig, langfristig*. Bei den lang- oder mittelfristigen Zielen ist noch einmal genau zu überprüfen, ob einzelne Zwischenschritte dafür möglich und notwendig sind, auf diesem Weg zu diesem Ziel hin.

3. Wähl nun die Dir wichtigsten fünf Ziele aus, die Du möglichst noch in diesem Jahr erreichen möchtest. Wähle genau die aus, deren Erfüllung Dir am meisten Spaß machen, die größte Befriedigung verschaffen würden. Begründe dann, *warum* gerade diese Ziele für Dich wichtig sind und warum Du sie auf jeden Fall erreichen wirst. Finde Gründe dafür, warum Du dieses konkrete Ziel in jedem Fall verfolgen und erreichen wirst. Wähle die Motive aus, die Du dafür hast, daß es sich lohnt, etwas dafür zu tun. Begründe, warum es sich lohnt, mit Deiner ganzen Kraft, mit Deiner ganzen Energie, mit all Deiner Stärke Dich dafür einzusetzen. Laß ein starkes „warum" entstehen, warum diese Resultate in Dein Leben gehören.

4. Überprüfe, ob Deine Ziele bereits wohlgeformt sind und den Kriterien des Zielrahmens entsprechen. Ändere ansonsten alles im Sinne von Wohlgeformtheit und überprüfe jedes einzelne Ziel, indem Du schnell den Zielrahmen durchgehst. So sind die Ziele *in einem Satz, in der Gegenwart, positiv formuliert, realistisch* und *konkret, eigenverantwortlich* und *in eigener Kontrolle*. Paßt dieses Ziel in Deinen ethischen Rahmen? Mit wem, wann und wo möchtest Du dieses Ziel erreichen? Sensorische Genauigkeit, woran Du erkennen wirst, daß Du dieses Ziel erreicht hast. Wie wirkt sich das Erreichen Deines Zieles für Dich aus? – für Dich selbst, für andere und für die Umwelt? Was ist die positive

Absicht? – überprüfe und entscheide Dich dann, daß Du diese Ziele in Deinem Leben erschaffen willst, diese Resultate in Deinem Leben kreieren möchtest.

5. Welche wichtigen Ressourcen brauchst Du, um Dein Ziel zu erreichen? Welche wichtigen Ressourcen hast Du bereits, um dieses Ziel zu verfolgen, um es für Dich zu verwirklichen? Welche Charaktereigenschaften können Dich darin unterstützen? Welche inneren Zustände kennst Du schon? Hast Du Freunde? Hast Du Erinnerungen? Hast Du die Ausbildung, die Zeit, die Ausdauer, das Geld, die Verbindungen? All das, was Dich darin unterstützen kann, diese Ziele zu erreichen. All Deine Talente, all Deine Stärken, all Deine Fähigkeiten und Möglichkeiten.

6. Erinnere Dich, wann Du diese Ressourcen das letzte Mal sehr wirksam eingesetzt hast, sehr wirksam erlebt hast, in diesem Zustand der Ressourcen warst. Erinnere Dich an einige Beispiele aus Deinem Leben, wo Du wirklich erfolgreich warst, wo Du genau das erreicht hast, was Du erreichen wolltest. Im Beruf, im Privatleben, im Sport, beim Spiel, mit Deinen Freunden oder in Deiner Partnerschaft. Erinner Dich an Deine Ressourcen, wo Du etwas wirklich gut gemacht hast. Schreib Dir auf, was Du alles getan hast, um genau diesen Zustand zu erleben, um genau in dieser Ressource zu sein. Finde das Gefühl und die Untereigenschaften wieder, die dazugehört haben. Wenn Du magst, kannst Du sie ankern.

7. Schreib dann das auf, was Dich jetzt noch daran hindert, das zu haben was Du Dir wünschst. All die Glaubenssätze, all die Gefühle, die Dich daran hindern, dieses Ziel bereits erreicht zu haben – vielleicht Deine Charaktereigenschaften, Teile Deiner Persönlichkeit, alles was Dich davon abhält, das zu erreichen, was Du erreichen möchtest. Möglicherweise wird hier schon klarer, warum Du Dein Ziel bis jetzt noch nicht erreicht hast. Was kannst Du tun, um diese Gefühle zu entmachten, loszulassen, zu lösen, oder was kannst Du tun, um diese Glaubenssätze zu ändern, wie kannst Du für Dich Wege finden, dieses Hinderliche hinter Dir zu lassen oder umzuwandeln in Unterstützendes.

8. Entwirf für all die wichtigen Ziele einen Plan, in dem Du die einzelnen Zwischenschritte aufführst und eine Struktur erarbeitest, wie Du vorgehen wirst. Welches sind die notwendigen Schritte, die Du schon heute, morgen, in einer Woche, in einem Monat tun kannst, um dieses gewünschte Ziel zu erreichen. Laß Dich von dem vorhergehenden Schritt inspirieren, von den vorhergehenden Informationen, um herauszufinden, wie Dein Plan aussehen

kann, Dein Leben zu verändern. Wenn Du das, was Dich daran hindert, veränderst, ist es ein Zwischenschritt auf Dein Ziel hin. Ein Schritt weiter auf die Verwirklichung Deiner Ziele.

9. Eine neue Strategie modellieren. Wähle Dir dazu einige Vorbilder aus, die das, was Du gerne für Dich haben möchtest, bereits für sich verwirklicht haben. Überprüfe für Dich so genau wie möglich, was diese Menschen für Eigenschaften haben, für Verhaltensweisen, innere Glaubenssysteme, was für eine Körperhaltung, welche Atmung, was für sie charakteristisch ist, und stell Dir vor, daß jedes von diesen Vorbildern Dir einen Rat gibt – ein Lebensmotto verrät oder eine Möglichkeit aufzeigt, Dein Ziel zu erreichen. Modelliere so genau wie möglich, was diese Menschen tun und getan haben, um zu ihrem Erfolg zu kommen – und übertrage dann diese Strategien – und zwar nur diesen Teil der Strategien, die zum Erfolg geführt haben – für Dich auf Deine Person, indem Du Dir vorstellst, daß Du genau so denkst wie sie, so handelst wie sie, Dich bewegst wie sie, all das genau so tust und genau so erfolgreich bist, auf Deine ganz persönliche, eigene, unnachahmliche Art.

10. Erinnere Dich an Situationen in Deinem Leben, wo Du Ziele für Dich, die Du Dir gesetzt hast, schon erreicht hast. All die Situationen, wo Du Dir etwas vorgenommen hast und genau das erreicht hast, was Du erreichen wolltest. Erinnere Dich mit all den Untereigenschaften, die für Dich wichtig sind. Ob es hell war oder dunkel – Tageslicht oder Beleuchtung – welche Farben für Dich dazu gehören – welche Bewegungen – welche Körperhaltung – welche Töne und Geräusche – welche Stimmen – vielleicht ein Lachen – was war das für Dich für ein Gefühl, in dem Moment, in dem Du wußtest, das klappt – oder in dem Moment, wo du wußtest, es hat geklappt – Du hast es Dir vorgenommen – und Du hast es erreicht. Wo genau in Deinem Körper kannst Du das spüren und wie genau? Ob es dabei eine Bewegung gibt, oder Wärme oder Leichtigkeit – und was es für Dich ist. Vielleicht ein ganz bestimmter Geruch – oder ein ganz bestimmter Geschmack. Erinnere Dich an all die Situationen, wo Du das schon erlebt hast, daß Du Dir etwas vornimmst und dies erreichst. Diese Gefühle kannst Du mitnehmen, wenn Du an Deine Ziele denkst und wenn Du zu Punkt 11. übergehst.

11. Wie würde Dein idealer Tag aussehen? Beschreibe ganz genau, wie Du diesen idealen Tag für Dich kreierst. Was für Dich genau dazugehört – welche Menschen dabei wären – was Du tun würdest – wo wärst Du – wie würde Deine Umgebung aussehen – wieviel Geld hättest Du – mit wem wärst Du

zusammen – wie würdest Du Dich bewegen – wie würdest Du Dich kleiden – wo würdest Du wohnen – was und wie würdest Du arbeiten – mit welch einem Gefühl würdest Du abends ins Bett gehen? Laß Deiner Phantasie freien Lauf und erschaffe den idealen Tag für Dich.

12. Stelle eine Liste zusammen mit all den Ressourcen, die Du bereits hast, die Dir zur Verfügung stehen, so daß Du Teile Deines idealen Tages schon jetzt erleben kannst. Welche Menschen sind bereits in Deinem Leben, stellen eine Bereicherung für Dich dar, sind jetzt schon Bestandteil Deines Tages? Was hast Du jetzt schon erreicht, was für Dich zu diesem idealen Tag gehört? Was von Deiner Umgebung ist bereits so, daß es Dich darin unterstützt kreativ zu sein, Deine eigenen Wünsche zu verwirklichen? Wann gelingt es Dir am leichtesten, Teile dessen, was Du gerne haben möchtest, zu leben? Wie kannst Du Dich auf Deine Art bei Dir bedanken, daß Du große Teile schon in Deinem Leben erschaffen hast, schon erleben konntest? – Würdigen, daß es bestimmte Menschen schon gibt, daß es bestimmte Umstände, bestimmte Zeiten, bestimmte Ressourcen bereits gibt. Sei neugierig darauf, was Dich darin unterstützen kann, all das, was weiterhin noch zu Deinem idealen Tag gehört, neugierig zu entdecken oder weiter zu kreieren – wer Dich darin unterstützen kann, auf Deine Ziele zuzugehen und Dir genau das Leben zu erschaffen, das Du gerne für Dich erleben möchtest.

Wegweiser

Herzenswunsch ☺ 167

Zielspaziergang ☺☺☺ 172

Zielreise zur Bibliothek des Wissens ☺ 175

Lebensauftrag, Lebensaufgabe ☺ 181

Unbewußte Ebene   ZIELE

Herzenswunsch

Form: Übung: ☐   Spiel: ☐   Phantasiereise: ☒

Ziel:
Das Unbewußte für
Deine Ziele nutzen

Weitere Anwendungsmöglichkeiten:
Ressourcen

Gruppengröße: ☺
In der Gruppe!

Dauer:
25-30 Min.

Material:
Weiche Decke,
bequeme Kleidung

Musikvorschlag:
Georghe Zamphir: Panflöte

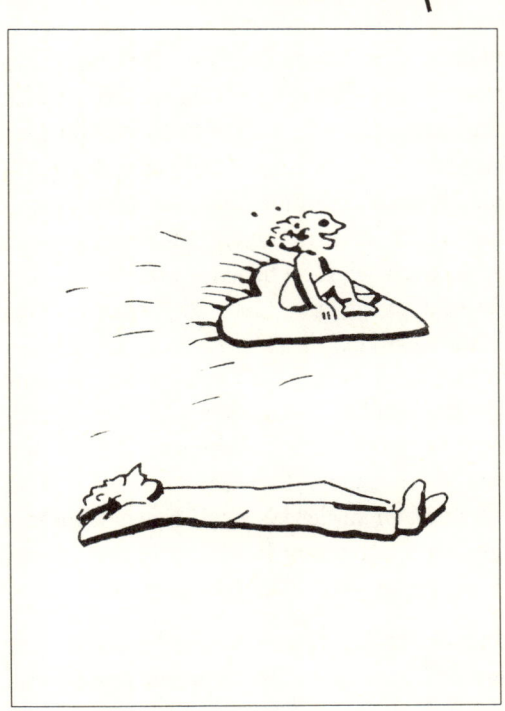

Anleitung:

Du kannst es Dir wieder auf dem Boden ganz bequem machen – Deinen Platz finden und spüren, wie Du da auf dem Boden liegst – und beim Ausatmen all das loslassen, was Du nicht mehr brauchst – was Du jetzt loslassen möchtest – und Deine Aufmerksamkeit ganz auf Deine Ausatmung richten – ganz bewußt loslassen – ganz bewußt ausatmen – den Atem aus Dir rausströmen lassen – und noch ein kleines bißchen mehr – und dann wahrnehmen, wie Dein Atem ganz von allein zurückkommt und Dich wieder anfüllt – und indem Du ganz bewußt ausatmest und aus Dir herausströmen läßt – und losläßt, schaffst Du Platz dafür, daß neue Energie, daß Frische in Dich hineingeatmet werden kann – ganz von allein – jetzt. Und dann laß Dich von Deinem Atem schaukeln und von der Musik mitnehmen über die Schwelle – in das andere Reich, da wo Freude und Lebendigkeit möglich ist – wo Du all das Hinderliche hinter Dir lassen kannst – loslassen kannst – wo

Leichtigkeit und Harmonie da sind – laß Dich mitnehmen in Balance – laß Dich mitnehmen in dieses Miteinander, wo jeder das ist, was er wirklich sein könnte – und indem Du Dich mitnehmen läßt von der Musik oder von Deinem Atem – und Du über die Schwelle gehst – laß all das Hinderliche hinter Dir zurück – und spür, wie Dein Herz weiter und weiter wird – leichter und leichter – und Du mehr und mehr in Verbindung kommst mit dem Licht in Dir – mit Deinem inneren Kern – indem Deine Gedanken ruhig werden und Deine Gefühle still. Hier, wo Du Dein Innerstes triffst – bewußter in Verbindung trittst mit Dir – hier – wo der Regenbogen ist – die Brücke – die Verbindung zu Deiner Quelle – jetzt. Während Du mit Anderen zusammen bist, die ihren Weg gehen, öffnet sich Dein Herz – weiter und weiter. Hier in diesem Miteinander beginnst Du zu finden, was es für Dich heißt, Dich selbst zu lieben – Dich selbst zu mögen – und wieviel Möglichkeiten Du hast zu lieben – Liebe zu Kindern – zu Partnern – zu Freunden – Liebe zu Fremden auf der Straße – Liebe zum Universum – zu Tieren – zu Pflanzen – Liebe zu Dir. Und indem Du Dein Herz weit öffnen läßt, beginnst Du zu spüren, was das für Dich heißt – und kannst Du gleichzeitig beginnen wahrzunehmen, wie Du diese Liebe zu all dem, was um Dich herum da ist, ausdrücken kannst – leben kannst. Freunde – Partner – Kinder – Pflanzen und Tiere – all dies in diesem Miteinander in der Natur – diesem Universum – und wie hier jedes Lebewesen ganz natürlich seiner inneren Stimme – seiner eigenen inneren Melodie – seinem Herzen folgt – in jedem Moment.

Und indem Du Deine Aufmerksamkeit ganz auf Dich und Dein Herz richtest, findest Du, was Du für Dich und Andere brauchst – und Du kannst entscheiden, welche Bedürfnisse Du zuerst wahrnimmst – und nach welchen Du zuerst handelst. Und wenn es für Dich stimmt, kannst Du jetzt Dein Herz bitten, eine Verbindung herzustellen zu Deinem Bewußtsein – auf Deine Art, so daß Dein Herz zu Dir sprechen kann – so laut und deutlich, daß Du es wirklich verstehst – und Dir klarer und bewußter wird, wann Dein Herz Dir etwas mitteilen möchte – und was es Dir mitteilen möchte. Unbewußt hast Du es in der Vergangenheit schon oft gehört oder gefühlt – immer dann – wenn Du mit Dir selbst und Anderen liebevoll und respektvoll warst – und wenn Du ganz selbstverständlich mit dazugehört hast – immer dann, wenn Du ganz selbstverständlich in diesem Miteinander ein Teil warst. Und indem Du Dir vorstellst, daß Dein Herz ein lebendiger, weiser Teil von Dir ist – ein Teil, der ganz viel Liebe geben kann – und Liebe hineinfließen kann in Deine Zukunft – mit auf Deinem Weg – so daß Du ihn mit Freude – und eingehüllt in diese Liebe gehen kannst – mit dieser ganz besonderen Herzensqualität, die Dich auszeichnet – die Dir eigen ist. Und Du vertrauen kannst auf das, was Dein Herz Dir sagt – dem folgen kannst, was Dein Herz Dir mitteilt. Und dann laß es auf Deine Art geschehen, daß Dein Herz mit Dir in Verbindung tritt – auf seine ganz einmalige Art – vielleicht sind es Worte – vielleicht ein Gefühl – vielleicht ein Symbol – vielleicht Farben – wie die Verbindung zwischen Euch beginnt. Laß dieses Signal für Dich deutlicher und deutlicher werden, so daß Du weißt, daß auf diese Art die Verbindung zwischen Euch hergestellt ist – und daß alle Zellen in Deinem Körper dieses Signal kennen – wissen, daß Du jetzt mit Deinem Herzen in Verbindung bist – und den Weg Deines Herzens gehen willst. Und dann bitte Dein Herz, daß es dieses Symbol verstärkt und diese Schwingung erhöht – während alle Deine Zellen hell werden und licht – und wie Deine Verbindung zur Quelle spürbar ist und alles in Dich einströmt – und Du liebevoll in diesem Miteinander vibrierst – und Dir sagen kannst: „Ich liebe mich" und Du Deine Gefühle – egal welcher Art – annehmen kannst – ob es jetzt Freude ist oder Trauer – ob es Wut ist oder Ärger – oder Lust oder Ekstase – daß Du all dies annimmst und je mehr Du all dies annimmst, desto lebendiger wirst Du. Und gerade weil Du all diese Gedanken, die Du hast, akzeptierst, annimmst und ausdrückst – entdeckst Du für Dich eine Freiheit, eine neue Ebene, auf der Du dann entscheiden kannst, was Du damit tun willst. Und indem Du all Deine Gedanken, all Deine Gefühle annimmst, erkennst Du Dich selber – mehr und mehr – als ein Wesen von Liebe und Weisheit. Und dann frag Dein Unbewußtes, was Du tun kannst, damit Du diese Verbindung zu Deinem Herzen spüren kannst – und wie Du mehr und mehr in Deinem Leben all das tun kannst, was Deinem Bewußtsein und dem Bewußtsein Anderer zuträglich ist – und wie Du Dich führen lassen kannst von Deiner Quelle und von Dir – von Deinem Herzen – auf Deinem ganz persönlichen Weg – mehr und mehr zu Deiner ganz persönlichen Bestleistung – zu Deinem ganz persönlichen Beitrag für dieses freundliche Universum. Und dann bitte Dein Unbewußtes, daß es Dir noch klarer schickt, was Dein Herzenswunsch ist – was Deine Aufgabe ist – Dein Ziel ist – was Dein Weg ist, auf dem Du Dich führen lassen kannst. Bitte Dein Unbewußtes jetzt, daß es Dir noch klarer und deutlicher als Antwort schickt, was Dein Ziel ist – Dein Herzenswunsch. Und dann versprich Dir dort innen bei Dir, daß Du das ernst nehmen wirst – und Du Deinem Herzen folgen wirst – Deiner Weisheit – Deiner Liebe – und daß Du diese Führung für Dich annehmen willst – und dann spür, was passiert, wenn Du es annimmst – wenn Du Dich hingibst – Dir selber und Deinem Herzen – Deiner Aufgabe – Deinem Leben. Und dann laß Dir schenken von Deinem Herzen, was für Dich und für Andere liebevoll sein kann – und auf welche Art und Weise Du Deinen Herzenswunsch mehr und mehr verwirklichen kannst. Und wenn es noch nicht ganz klar ist – und ganz deutlich, dann kann es doch ganz von allein weitergehen, in dem Bewußtsein, daß Du etwas angefangen hast, was ganz bequem jeden Tag mehr und mehr werden kann – vielleicht auch in der Nacht, wenn Du träumst – deutlicher und deutlicher werden kann – und daß Du täglich mehr und mehr spüren kannst in Deinem Körper, spüren, daß Du auf dem Weg bist – spüren, daß Du Deinem Herzen folgst. Und nimm wahr, wie das ist, wenn Du Dir die Erlaubnis gibst, Dich selbst zu mögen – mehr und mehr – bis es ganz selbstverständlich wird – in jeder Situation. Und laß Dir die Situationen zeigen in Deinem Leben, was sich verändern kann, wenn Du dieses Eingebettetsein in einen größeren Sinnzusammenhang, in Deine Quelle spüren kannst – wenn Du Dich von Deinem Herzen führen läßt – und Deine Verbindung zwischen Deinem Verstand und Deinem Herzen hast – und eine Verbindung von Deiner Kraftquelle und Dir – wie sich das in Deinem Leben auswirken kann – was sich verändern wird an Qualitäten – an Verhaltensweisen im Miteinander mit Anderen – wie Du manchmal innehalten kannst – Luft holen und Dich fragen – „ist das wirklich liebevoll" – „ist das genau das, was ich jetzt machen möchte" – um dann nach innen zu lauschen, was Dein Herz Dir antwortet – und auf welche Art Du darin mehr und mehr Sicherheit bekommen kannst – so daß es für Dich ganz selbstverständlich wird, Deinem Herzen zu folgen – und Du dann mehr und mehr das umsetzen kannst – das in Dein Leben einbauen kannst – erleben kannst, mehr und mehr – jeden Tag in Deinem Leben das verwirklichen, was Dein Herzenswunsch ist. Und spür, wie Du Deiner eigenen Stimme folgst, weil sie Dich führt – mehr und mehr zu Dir. Und was sich alles mitverändert, wenn Du liebevoll bist – wie Andere um Dich herum ihren eigenen Weg gehen – ihrer eigenen Stimme folgen – ihrem Herzen folgen – indem Du mehr und mehr bei Dir bist – so daß jeder seinen Weg gehen kann – und seinen Beitrag leisten in diesem großen, ganzen, wunderbaren Miteinander. Denn indem Du dieses Liebevolle mehr und mehr in Dir achtest – mehr und mehr in Dir wahrnimmst, wirst Du es in Anderen mehr und mehr entdecken können – mehr und mehr wahrnehmen – und auch da achten – respektieren – und Dich freuen, daß Du nicht allein bist, sondern daß Andere mit Dir zusammen sind, die das weiter entdecken können – und jeder seine Einzigartigkeit entdecken kann – seine Einmaligkeit entfalten kann – sich verwirklicht und seinen eigenen Herzenswunsch lebt – und Du zur Ruhe kommen kannst – und genießen kannst, wie Du in Verbindung bist mit Deiner Kraftquelle – mit all den Farben – diesem ganz speziellen Licht Deiner Quelle – mit Deiner Melodie – dieser ganz speziellen Art von Stille in Dir – mit dieser inneren Berührung – wie Du fließen kannst und strömen kannst – in Deiner Farbe, pulsieren, mit Deinem Geruch – so daß Du alles rundherum so annehmen kannst, wie es ist – und so, daß es für Dich ganz natürlich wird, Deinem Herzen zu folgen – und Deinen Herzenswunsch, Dein Ziel zu kennen.

Und während Du das spürst, wie sich das anfühlt in Deinem Körper, kannst Du Dich verabschieden mit dem Wissen, daß Du dieses Gefühl mitnehmen kannst – mitnehmen in Deinen Alltag – diese Gewißheit – diese Verbindung – mitnehmen kannst in Dein Leben – und Dich erinnern kannst, immer dann, wenn Du es brauchst – in dem Moment innehalten und Luft holen – und Deinem Herzen lauschen – und Dich erinnern. Und mit diesem Wissen, daß das selbstverständlich ganz von allein für Dich geschehen kann, indem Du es Dir erlaubst – und es einfach zuläßt – komm hierher zurück über die Schwelle – zurück in Deinen Körper – ganz mit Deiner Aufmerksamkeit hierher – wach und erfrischt – und ausgeruht und voller Energie – in Deinem Tempo. Und wenn Du magst, dann such Dir einen Platz, wo Du Dir Notizen machen kannst, was Dein Herzenswunsch ist und was für Dich liebevoll sein heißt und was Deine persönliche Bestleistung ist und Dein Beitrag.

ZIELE — Unbewußte Ebene

Zielspaziergang

Form: Übung: ☒   Spiel: ☐   Phantasiereise: ☐

Ziel:
Ziele mit Hilfe des Unbewußten konkretisieren

Weitere Anwendungsmöglichkeiten:
Perspektivenwechsel

Gruppengröße: ☺☺☺
Dreierübung

Dauer:
1,5 Stunden

Material:
Schreibzeug

Musikvorschlag:
– – –

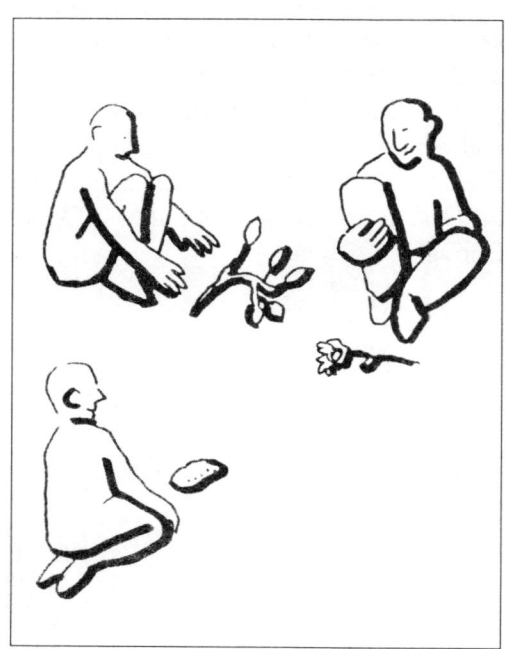

Anleitung:

Erster Schritt:

Geh mit der Frage „*Was ist mein Ziel?*" eine halbe Stunde in der Natur spazieren, indem Du diese Frage wie ein Mantra ständig wiederholst. Es kommt nicht so sehr darauf an, daß Du Antworten findest auf der bewußten Ebene, sondern daß Du diese Frage ständig wie ein Mantra innerlich wiederholst. Wenn Du an etwas anderes denkst, daß Du Dich wieder darauf besinnst und diese Frage stellst: „*Was ist mein Ziel?*" oder „*Wo will ich hin?*" Laß Dich in der Natur von einem Geschenk, von einem Gegenstand finden, den Du mit hierher zurückbringen kannst. Du wirst dieses Geschenk daran erkennen, daß Du vielleicht daran vorbeilaufen möchtest, aber, als wenn es Dich zurückruft, Du noch weiterhin daran denkst oder auf irgendeine andere Art Energie von diesem Gegenstand für Dich ausgeht. Laß Dich von einem Geschenk finden, das Du hierher mit zurückbringen kannst. Entweder ein Stein oder eine Wurzel oder eine Blume oder eine Blüte, was es für Dich ist. Geh für Dich allein und in dem Bewußtsein, daß dies ein meditativer Spaziergang ist, wo Du Zugang zu Deinem Unbewußten und Zugang zur Natur finden kannst.

Zweiter Schritt:

Setzt Euch in Dreier-Gruppen zusammen und macht unter Euch aus, wer als erster beginnt. Die anderen beiden unterstützen, indem sie Rapport halten und indem einer von beiden für denjenigen, der jetzt beginnt, Protokoll führt. Wenn Du anfängst, dann lege Dein Geschenk vor Dich hin, so daß es für Dich stimmt. Lege Dich jetzt fest, wie Du es für heute, für diese Übung, für diese Situation hinlegen möchtest. Manchmal ist dies schon der erste Schritt hin auf ein Ziel zu. Dich festlegen. Dann schau Dein Geschenk an und finde drei Symbole, die es für Dich darstellt – indem Du draufschaust, wie Kinder, die in jedem Gegenstand Bilder oder Symbole entdecken. Schau drauf und finde drei Symbole, die dieses Geschenk für Dich bereithält. Dein Protokollant schreibt die gefundenen Symbole für Dich auf. Dann dreh den Gegenstand, Dein Geschenk um, so daß Du eine neue Sichtweise, eine andere Perspektive von diesem Gegenstand erleben kannst. Vielleicht genau das Gegenteil, und lege Dich wieder fest, wie es für Dich richtig ist. Finde drei Symbole von der anderen Seite und Dein Protokollant schreibt sie für Dich auf. Danach erinnere Dich noch einmal genau an Deine Frage, mit der Du gegangen bist – an Deine Frage, mit der Du diesen Spaziergang gemacht hast, teile sie Deinen Mitspielern mit und laß sie von Deinem Protokollanten aufschreiben. Stell Dir dann jeweils zu jedem Symbol die Frage: *Was sagt mir dieses Symbol in bezug auf meine Frage? Was teilt mir dieses Symbol mit in bezug auf meine Frage?* Laß all die Ideen kommen, die Dir dazu einfallen, laß sie von Deinem Protokollanten aufschreiben – vielleicht in Stichworten, vielleicht in ganzen Sätzen. In dieser Weise kannst Du mit jedem einzelnen der Symbole vorgehen. Immer weiter, bis Du alle sechs Symbole auf diese Art befragt hast. Wenn Du das für Dich abgeschlossen hast, schau noch einmal auf Dein Geschenk. Gibt es noch etwas wichtiges, was dieses Geschenk Dir sagt? Laß auch dies von Deinem Protokollanten notieren. Wenn Du dies abgeschlossen hast, laß Dir noch einmal Deine Antworten zu all diesen Symbolen vorlesen und faß dann für Dich zusammen, was das ganz Wichtige ist, das Du durch dieses Geschenk, durch diese Symbole über Dein Ziel herausgefunden hast. Faß für Dich zusammen, zu einem Satz, was Du durch diese Übung über Dein Ziel erfahren hast. Möglicherweise lassen sich einzelne Aussagen zu Aussagengruppen zusammenfassen oder unter einem Wort oder einem Satzteil subsummieren. Schreib für Dich Deinen Satz, Deinen Zielsatz auf eine schöne Karte oder irgendwo hin, wo Du ihn oft sehen und Dich wieder daran erinnern kannst. Mit diesem Zielsatz kannst Du verfahren wie mit Affirmationen, indem Du Dir täglich vor dem Schlafengehen noch einmal durchliest, was Du für Dich formuliert hast oder indem Du Dir jeden Morgen nach dem Aufwachen noch einmal durchliest, was Du für diesen Tag realisieren möchtest, um Deinem Ziel ein Stück näher zu kommen.

Anmerkungen:
- Es geht darum, die Person, denjenigen, der dran ist, der es für sich formuliert, zu unterstützen, zu beschenken, für ihn da zu sein. Solltet Ihr in Diskussionen abrutschen, ob man das Symbol sehen kann oder nicht, seid Ihr von diesem Ziel ein Stück abgerückt. Dann immer wieder neu darauf einrichten, neu wieder darauf besinnen, daß es darum geht, denjenigen zu unterstützen, möglichst viel über die eigene unbewußte Zielsetzung herauszufinden. Achtet dabei auf liebevollen Rapport. Wenn jemand dabei Formulierungsschwierigkeiten hat, könnt Ihr ihn unterstützen, indem Ihr das eine oder andere Wort schenkt, als Anregung, als Idee, die derjenige aufgreifen und annehmen kann, wenn er es möchte.

Unbewußte Ebene   ZIELE

Zielreise zur Bibliothek des Wissens

Form: **Übung:** ☐   **Spiel:** ☐   **Phantasiereise:**

Ziel:
Eigene Ziele finden

Weitere Anwendungsmöglichkeiten:
Ressourcen;
Regulation (Entspannung)

Gruppengröße: ☺
In der Gruppe

Dauer:
30-40 Min.

Material:
Decken

Musikvorschlag:
Kitaro: Silkroad

Anleitung:
Mach es Dir auf dem Boden ganz bequem und entspanne Dich so sehr, wie Du jetzt im Moment kannst. Hör genau zu und finde heraus, wie Du Dich noch mehr entspannen kannst. Wie Du einzelne Teile Deines Körpers jetzt mehr und mehr loslassen kannst. Beginne mit Deinen Zehen und laß sie ganz locker werden – ganz weich – und weit oder schwer. Wenn dies von ganz allein geschieht, geh weiter mit Deiner Aufmerksamkeit in den Rest Deines Fußes und Deine Fußgelenke. Spüre, wie Deine Fußgelenke ganz weich und entspannt werden – und die Entspannung sich immer weiter aufwärts durch Deinen ganzen Körper bewegen kann. Hinauf bis in Deine Waden – wo Du loslassen kannst. Einfach Deine Waden

an den Boden abgeben. Dann weiter hinauf zu Deinen Knien – zu Deinen Schenkeln – spüren, wie Du dort locker wirst – weich – vielleicht schwerer – oder wärmer. Indem Du hier einfach alles losläßt in Deinen Beinen und an den Boden abgibst, kannst Du weiter hinauf in Deine Becken- und Gesäßregion spüren – und Dich auch hier entspannen. Mehr und mehr – die Eingeweide – den Magen – und weiter aufwärts – bis in die Brust – und in den Brustkorb. Alle diese Teile kannst Du loslassen – lockern und lösen. Einfach weich werden und warm – und an den Boden abgeben. Dann hinauf in die Fingerspitzen spüren – und auch hier loslassen, was Du dem Boden anvertrauen kannst. Die Hände, die Handgelenke wahrnehmen – wie sie weicher werden – weiter. Die Unterarme – und die Ellenbogen spüren – bis hinauf in die Oberarme – zu den Schultern. Alles was Du hier loslassen – entspannen kannst – so daß Dein Hals sich jetzt lose und locker anfühlt – und Dein Kiefer – und die Lippen – die Wangen – die Augen – und die Stirn – der ganze Kopf ganz locker wird – entspannt. Deine Zunge ganz breit in Deinem Mund – und alles hier weiter – lockerer – leichter werden kann – oder schwerer. Dein ganzer Körper jetzt ganz entspannt – und dies kann sogar noch weiter gehen mit jedem Atemzug. Einfach eine Weile da liegen bleiben und spüren, wie angenehm es für Dich ist, einfach loszulassen – Dich dem Boden anzuvertrauen – und Deinen eigenen Atemrhythmus zu spüren – wie eine Welle, die Dich sanft schaukelt – sicher und geborgen auf dem Boden. Während Du meiner Stimme lauschen kannst – folgen kannst – hellwach sein kannst – kann Dein Körper sich ganz von allein weiter entspannen – und Deine Augen geschlossen – Du langsam und tief atmend – ein und aus – und wieder ein – wie eine Welle wieder ausatmen. Einfach nur wahrnehmen, wie Dein eigener Atemrhythmus Dich wiegt. Während Du weiterhin ganz entspannt auf dem Boden liegen kannst und Dich von Deinem Atemrhythmus schaukeln läßt – geh in Gedanken an einen Ort der Ruhe – an einen Ort in der Natur – wo es ruhig und friedlich ist – und wo Du an den Rand oder das Ufer eines Gewässers kommst – wo leise Wellen an das Ufer schlagen – und Du siehst, daß hier ein Boot am Ufer festgemacht ist. Laß Dich einfach treiben, auf dieses Boot zu und leg Dich dann dort hinein. Es liegen dort weiche Decken. Mach es Dir dort ganz bequem in diesem Boot – spüre, wie Du die Natur um Dich herum wahrnehmen kannst – vielleicht die Sonne auf Deinem Körper – und wie Du Dich in diesem Boot schaukeln lassen kannst – das Plätschern der Wellen um Dich herum hören – vielleicht Naturgeräusche oder Vogelzwitschern – und wie Du es für Dich ganz bequem und warm – und sicher und geborgen in diesem Boot hast. Ganz sanft geschaukelt – und Du all das mit Deinen Sinnen um Dich herum wahrnehmen kannst. Laß Dich in einen Zustand von Ruhe und Frieden hineingleiten. Während Du noch die Wellen hörst, wie sie schwach an die Bootswände plätschern, kannst Du spüren, wie das Boot sich in Bewegung setzt und sanft der Bewegung des Wassers folgt. Einfach auf dem Wasser dahintreibend – tiefer und tiefer – flußabwärts im Sonnenschein. Eine sanfte Brise streift über Dich hinweg – und Du kannst den Duft der Wiesen um Dich herum riechen – und das Wasser – die Sonne wahrnehmen – tief in Dir die Sicherheit spüren – und eine Heiterkeit, daß Du weißt, wohin diese Bootsfahrt für Dich gehen wird – während Du etwas verträumt weiter abwärts treibst – tiefer und tiefer.

Laß die Umgebung auf Dich wirken – spüre die Bewegungen – die Wärme – nimm die Töne und die Geräusche wahr – die Gerüche – und all die Farben und das Licht – während Du weiter tiefer und tiefer nach unten treibst – bis Du merkst, daß auf einmal Sand unter Deinen Kiel gerät und Du sanft an ein Ufer gelangst. Während Du aufstehst bemerkst Du, daß Du am Fuße einer Wiese stehst. Das Gras berührt schon Deine Beine und eine sanfte Brise erfrischt weiterhin Deinen Körper – während Du den Geruch der Blumen wahrnimmst und den Gesang der Vögel – die Bewegungen Deines Körpers, wie Du durch das Gras läufst – und nach einer kleinen Weile einen großen, starken Baum entdeckst. Laß Dich anziehen von diesem Baum – anlocken von seiner Weisheit und seinem Alter – und seiner Schönheit. Er hat schon viele Jahrhunderte hier gestanden – viel gesehen – und viel gehört. In seinem Schatten kannst Du Dich jetzt niederlassen – Dich an den Baum lehnen und Deine Blicke durch die ganze Landschaft schweifen lassen. Mach es Dir an diesem Baum ganz bequem – und genieße es, hier ganz zur Ruhe zu kommen. Nimm wahr, daß Du hier in einer Welt bist ohne Zeit. In einer Welt ohne Trennungen, in der alles eins ist und in der Du eins bist mit allem, was um Dich herum ist – Du ganz selbstverständlich ein Teil der Natur; genau wie der Baum, an dem Du lehnst ganz selbstverständlich Teil der Natur ist – Teil dieser Landschaft – Teil des Lebens. Laß Dich neugierig von diesem Baum anziehen – laß Dich einladen, ihn genauer zu entdecken – zu erkunden, zu erforschen, bis Du zwischen seinen mächtigen Wurzeln eine Öffnung findest, die groß genug ist, um Dich bequem hindurch zu lassen. Ähnlich, wie bei Alice im Wunderland – neugierig, was im Inneren des Baumes für Schätze verborgen sind. Während Du Dich neugierig durch diese Öffnung hineinbegibst, gelangst Du auf eine ganz einfache, leichte und spielerische Art in das Innere dieses mächtigen alten Baumes – in das Innere eines breiten, weiten Ganges – mit Windungen, die waagerecht in dem Baum umherführen und dann ganz leicht nach unten abfallen. Du kannst gleiten – vielleicht auch schweben – tiefer und tiefer in Deinen Baum. Vielleicht bist Du sogar ein wenig verwundert über dieses sanfte Dahingleiten – dieses Schweben – fast als seist Du an einem unsichtbaren Fallschirm. So schwebst Du nach unten, tiefer hinein in Deinen Baum. Du kannst spielen – Dich bewegen –

und in diesem Medium schwimmen oder Purzelbäume schlagen, ganz wie es Dir beliebt. Nach einiger Zeit, von der Du noch nicht einmal sagen kannst, ob sie lang oder kurz war – weil hier keine Zeit mehr gilt – landest Du sanft auf Deinen Füßen. Schau Dich um und sieh Dir an, daß von diesem Platz Gänge nach allen Seiten waagerecht in die Dunkelheit führen. Zuerst bist Du Dir nicht sicher, welcher Gang Dein Gang ist. Doch dann spürst Du ganz genau, welcher der richtige ist – welcher der richtige für Dich ist – den Du heute wählen möchtest. Vielleicht, indem Dich am Ende dieses Ganges ein Licht in einer ganz bestimmten Farbe anzieht – so daß Du hinein gehst und Dich von diesem Licht anziehen läßt – immer weiter hinein – immer weiter auf dieses Licht zu – wissend, daß Du auf dem richtigen Weg bist. Während Du in dieses Licht eintauchst, siehst Du direkt vor Dir eine Tür – eine große alte Tür mit vielen Beschlägen und vielen Verzierungen. Auf dieser Tür steht ein großes Schild mit den Worten: Die Bibliothek Deines Wissens. Indem Du dieses erkennst, weißt Du, daß dies der Ort ist, zu dem Du gelangen wolltest – daß Du jetzt am Ziel Deiner Reise bist – daß Du hier einfach die Türklinke berühren kannst, um durch die große Tür in Deine Bibliothek des Wissens zu gehen. Wenn Du diese Tür öffnest, stehst Du gleich darauf in der Mitte eines großen Saales.

Laß Dich überraschen, wie Deine Bibliothek für Dich aussieht. Ob es da einen Kerzenleuchter gibt oder andere Beleuchtung – wie hell es ist – und wieviele Regale es gibt. Auf welche Art Dein Wissen in Deiner Bibliothek des Wissens gespeichert ist – ob es alte, ledergebundene Bücher sind – oder Schriftrollen oder ganz neue Mittel, ganz neue Medien – wie in Deiner Bibliothek Dein Wissen gespeichert wird. Vielleicht entdeckst Du in der Ecke alte, mit Goldschnitt geprägte Folianten, in denen alle Weisheit dieser Welt gesammelt ist – oder Filme und Bücher, in denen alle Weisheit, alle wichtigen Dinge Deines Lebens aufgezeichnet sind – oder große Tafeln mit all den Symbolen dieser Welt. Während Du noch neugierig bist und gespannt und all dies entdeckst, was es hier für Dich zu entdecken gibt – bemerkst Du, daß in einer Ecke des Raumes etwas verdeckt durch Regale ein alter Schreibtisch steht, an dem ein Mann oder eine Frau sitzt, der Hüter Deines Wissens, die Hüterin Deines Wissens. Während Du näher trittst siehst Du, daß diese Person sehr gütig aussieht – wirklich schon sehr weise mit einem wunderschönen weißen, fließenden Gewand – der Hüter, die Hüterin Deines Wissens. Je näher Du kommst, desto bekannter kommt Dir diese Person vor. Du kennst sie schon von früher – Deinem Gedächtnis sind diese Züge sehr vertraut. Möglicherweise habt Ihr Euch schon sehr lange nicht mehr gesehen. Die Person lächelt Dir aufmunternd zu und mit den Worten: „Ich habe Dich schon erwartet" deutet sie auf einen alten Ohrensessel, in den Du Dich jetzt ganz bequem hinsetzen kannst – es Dir ganz bequem machen kannst. Indem Du diese Person anschaust und sie wiedererkennst oder Dir zumindest diese Züge vertraut vorkommen, als ob Du schon oft hiergewesen bist, wird Dir noch einmal Deine Frage deutlich, die Du heute hier Deinem Hüter Deines Wissens stellen möchtest – „Was ist mein Ziel?" oder „Was fehlt mir?" oder die Frage, die Du heute hier für Dich stellen möchtest. Dann mach es Dir ganz bequem und stelle Deine Frage jetzt – und laß Dich überraschen, wie diese Person Dir eine Antwort geben wird – vielleicht eine Antwort, die Du im ersten Moment nicht richtig verstehst – aber auch wenn sie noch so rätselhaft erscheint, sie wird einen wichtigen Hinweis für Dich und Dein Ziel enthalten. Merke Dir die Antwort so gut wie möglich und meditiere ein wenig darüber. Laß all die weiteren Fragen kommen, die für Dich noch dazu gehören – die Du Deinen Hüter Deines Wissens noch fragen möchtest. Schau die Person an, die so vieles weiß und so vieles schon erlebt hat und frage sie nach all dem, was Dich interessiert – was für Dich wichtig ist. Laß Dich überraschen, auf welche Art und Weise Du Deine Antworten bekommen wirst – ob es Bilder sind – oder Symbole – oder ob Du Sätze hörst – oder ganze Filme siehst – vielleicht eine Idee – vielleicht Stimmen – was es für Dich ist, wie Du die Antworten auf Deine Fragen erhältst. Wenn Du noch Fragen hast, dann frage diese gütige Person, die Dich wirklich gut kennt und Dich schon lange genau so akzeptiert, wie Du bist, frage noch all das, was Du wissen mußt für Dich – was Deine Ziele sind – was Deine Aufgabe ist. Bedanke Dich auf Deine Art – vielleicht auch, indem Du ein kleines Geschenk für den Hüter Deines Wissens bereit hältst. Verabschiede Dich auf Deine Art und mach Dich wieder auf den Weg rückwärts – zurück – der genau umgekehrt verläuft. Du wirst merken, daß Du auf dem Rückweg bist, weil auch die Gesetze der Natur umgekehrt verlaufen.

Die Zeit läuft rückwärts – der Fluß fließt wieder aufwärts – und die Schwerkraft geht nach oben. Du kannst diesen Saal, diese Bibliothek des Wissens wieder verlassen und durch den Gang zurückgehen – bis Du wieder an den aufwärts gerichteten Schacht kommst – und merkst, daß die Schwerkraft Dich diesmal sanft nach oben gleiten läßt – sanft nach oben trägt – während die Zeit rückwärts verstreicht. Je höher Du kommst, desto frischer wirst Du, bis Du die Baumwurzel erreichst und wieder ans Tageslicht steigst. Indem Du wieder auf der Wiese angekommen bist, siehst Du unten schon Dein Boot liegen – und verabschiedest Dich von dem Baum und läufst auf das Boot zu, um Dich wieder dort hineinzulegen – und sanft von der Strömung, die diesmal nach oben fließt, mitgenommen zu werden – höher und höher. Je höher Du kommst, desto ausgeruhter bist Du. Dann kommst Du wieder an den Ort in der Natur – an das Ufer – wo das Boot festgemacht war. Ruhe Dich noch einen kleinen Moment aus im Sonnenlicht – an diesem Ort – wo Du wieder wahrnehmen kannst, wie das Wasser plätschert – die Geräusche der Natur sind – wie Du die Sonne auf Deinem Körper spüren kannst

– und die weichen Decken im Boot unter Dir. Was Du alles wahrnehmen kannst von der Natur – an Farben – Formen – und Licht – und vielleicht diesen ganz speziellen Geruch an diesem Ort der Ruhe und des Friedens. Laß Dich hier noch einmal stärken und erfrischen, so daß Du wieder ganz zurückkommst – zurück in diesen Raum mit Deiner Aufmerksamkeit – indem Du langsam von eins bis zehn zählst – mit jedem Zählschritt immer wacher wirst und frischer. Von eins ganz wach – nach zwei – immer wacher und wacher nach drei – einfach frischer nach vier – und ausgeruht nach fünf – frischer und frischer nach sechs – einfach immer mehr Energie einströmen lassen in Dich nach sieben – schon langsam neugierig werdend nach acht – beinahe schon hellwach nach neun – so daß Du ganz hellwach bist und Dich wohlfühlst nach zehn – hellwach. Laß Deinen Körper eine Bewegung finden, die Dich ganz hierher zurückbringt. Entweder kannst Du wie beim Yoga Handflächen und Fußsohlen aneinander reiben – dann die Knie umfassen und auf Deinem Rücken auf einer weichen Unterlage hin und her schaukeln – die Wirbelsäule massieren. Oder beginne, die Hände zu reiben und klatsche dann ein-, zweimal kräftig in die Hände – und sage Dir, ich bin hellwach. Nimm Dir genügend Zeit, für Dich in Deinem Tempo ganz hierher zurückzukommen – und wieder ganz in Dein Alltagsbewußtsein zurückzukommen.

Unbewußte Ebene | ZIELE

Lebensauftrag, Lebensaufgaben

Form: Übung: ☐   Spiel: ☐   Phantasiereise: ☒

Ziel:
Seine Lebensaufgabe finden, Ziele formulieren

Weitere Anwendungsmöglichkeiten:
Lebensplan

Gruppengröße: ☺
In der Gruppe!

Dauer:
30 Min.

Material:
Weiche Decke

Musikvorschlag:
Patrick Ball: Celtic Harp;
Georghe Zamphir: Panflöte

Anleitung:

Jetzt kannst Du Deinen Lebensauftrag finden, herausfinden, was Du besonders gut oder leicht kannst. Dazu kannst Du Dich wieder mitnehmen lassen über die Schwelle in dieses andere Reich – in eine andere Bewußtseinsebene. Indem Du Dich hier mitnehmen läßt, bleiben all die einschränkenden Gedanken – all die einschränkenden Glaubenssätze, die Dir nicht erlauben, daß Du ganz frei bist, einfach zurück. All der Ärger – all das, was Dich noch festhält, bleibt einfach zurück. Laß Dich mitnehmen, hier in diese andere Dimension – und Du kannst Dir vorstellen, Du liegst am Strand, am Meer, wo die Wellen kommen und gehen wie Dein Atem – und Deine Emotionen voll in Bewegung setzen und Dich lebendig werden lassen. Und während Du diesen Wellen lauschst – diesem Rauschen des Wassers – kannst Du den Sand spüren, auf dem Du liegst – die Erde unter Dir –

die Kraft der Erde. Alles, was die Erde Dir schenkt – ganz von allein – während Du vielleicht mit Deinen Gedanken zum Himmel wanderst – zur Sonne, die Dich wärmt, die Deine Haut berührt – und der Wind, der Dich streichelt – und Du all Deine Aufmerksamkeit auf Dich – auf die Natur und all diese Elemente richten kannst – so daß Du frei bist – und Dich dem Rauschen und den Klängen des Ozeans ganz hingeben kannst – und den Wellen, die heranrollen und alles in Dir reinwaschen – frei werden lassen – hell werden lassen, so daß Du klarer und klarer wirst – und es Dir leichter und leichter fällt, all das Tägliche hinter Dir zu lassen – um Deine Aufmerksamkeit ganz auf Deine innere Reise zu richten – um Dich treiben zu lassen – jetzt – Du mehr und mehr eins mit der Natur um Dich herum – mit den Elementen – und Du Deine Ruhe und Deinen Frieden in Dir findest – und Dein Herz sich weit öffnet – so daß all diese Vielfalt – all dieses Miteinander in Dir zur Ruhe kommt. Ganz entspannt – noch ein bißchen mehr die Füße hoch – die Beine, so daß Entspannung in Deine Hüften kommt – in Deinen Bauch – und Du mit jedem Atemzug noch ein kleines bißchen mehr losläßt – noch ein bißchen mehr Du bist – und das Strömen in Dir klarer wird – mit jeder Welle mehr -Deine Arme – und das Gesicht – die Augen – und die Lippen – und das Kinn – ganz ruhig und entspannt – lebendig werden. Vielleicht hast Du Lust Dir vorzustellen, daß die Sonne, die Dich wärmt, ganz in Deinem Bauch ist – in Deinem Sonnengeflecht – wie eine kleine Sonne, die von da aus Deinen Körper wärmt – von innen her – alles durchstrahlt – hell werden läßt – und warm – jetzt. Wie Du mehr und mehr spürst – wie all diese Lebendigkeit in Dir wach wird und Dein Körper Dir zeigt, was es heißt, wenn Du ganz bei Deinen Kräften bist – und Du Dich freust, daß diese Kräfte da sind – weil Du weißt, mit all Deiner Kraft kannst Du das Freundliche in diesem Universum mehr werden lassen – kreieren, was Du in Deinem Leben verwirklichen möchtest und mehr und mehr Dir selbst vertraust – und sicherer wirst, während Du Deinen Körper dabei beobachtest, wie er sich dadurch verändert – wie Deine Schultern und Dein Nacken sich lockern können – loslassen können – und Du weißt, wie Du Deinen Körper bewegst – und wie Du gehst – wenn Du ganz gelöst und ganz in dieser persönlichen Power bist, die Dir eigen ist – und Du Lust hast, diese Kraft mehr zur Entfaltung zu bringen – so daß Deine einzigartige Kreativität zur Entfaltung kommt – Deine ganz persönliche Energie – und erinnere Dich, wann Du wirklich ganz erfolgreich warst – wann Du Deine Grenzen ausgetestet hast – Du Dich Deiner Situation gestellt hast und Deine Aufgaben angenommen und erfüllt hast – vielleicht im kleinen – vielleicht im großen Zusammenhang – und wie dann diese persönliche Kraft da war – und Du ganz selbstverständlich Du warst. Laß die Erinnerung kommen – mit jedem Atemzug mehr und mehr – daß Du kennenlernst, was es heißt, diese Kraft in Dir zu spüren – was es heißt, Dich ganz mit dieser Kraft anfüllen zu lassen – und diese Energie in Dir strömen oder fließen zu lassen – indem Du Deine Aufmerksamkeit auf Dein Herzzentrum richtest – und es weit öffnest – und alles, was jetzt an Liebe da ist – strömen läßt – nach oben und nach unten. Mit jedem Atemzug laß es geschehen. Laß Dir Antworten von innen geben, wenn Du bereit bist, es anzunehmen, Deine Macht der Liebe mehr und mehr mit einzubringen – was das für Dich heißt – in jeder Situation, ob privat oder beruflich – so daß Du weißt, daß es nicht darum geht, ob jemand schlechter oder besser ist – sondern daß Du weißt, daß jeder seine persönliche Kraft hat – und damit jeder seinen persönlichen Beitrag leistet – und daß Du für Dich entscheiden kannst – was Deine persönliche Bestleistung ist. – Und je mehr Du Dir erlaubst, Deine eigene Kraft zu spüren, desto mehr kannst Du sie annehmen – und Dich freuen, weil dadurch auch alles andere – die Freude – die Liebe – die Harmonie – das Vertrauen – die Sicherheit – die Intensität – die Freiheit – die Geborgenheit – die Kreativität – und die Schönheit mehr und mehr werden kann. Und indem Du ja dazu sagst – laß Dir schenken, wie Du dann aussiehst – wie Du Dich bewegst – wie Deine Stimme klingt, wenn Du ganz in Deiner persönlichen Power bist. Jetzt. Wie es Dir dadurch leichter und leichter fällt, in Verbindung zu sein mit Anderen – wie es Dir leichter fällt, das Freundliche mitzugestalten – und Deinen Beitrag zu leisten – wie es dadurch möglich wird, daß jeder sich selbst verwirklichen kann – Du Dich freust, daß die Anderen ihren Teil dazu beitragen – und Du nur Deins hinzufügen brauchst – und dadurch ein gemeinsames Ganzes entsteht. Und bitte Dein Unbewußtes auf Deine Art, daß Du alle hinderlichen Glaubenssätze – die noch im Weg sind – loslassen kannst – freilassen kannst – so daß sie sich jetzt verändern – neu entstehen – und Dein Unbewußtes die nötigen Anpassungen für Dich ganz von allein macht – so daß neue hilfreiche, unterstützende Glaubenssätze entstehen können – so daß Du noch erfolgreicher Du selbst sein kannst – und mehr und mehr zu Dir und Deinen Bedürfnissen stehen kannst – und Dich zeigst. Diese neuen Glaubenssätze könnten dann heißen – ich liebe mich – ich mag mich, wenn ich ich bin – und Du zu dem stehst, wie Du wirklich bist. Und wenn Du Dir das erlaubst, können andere ihre eigene Kraft erleben und sich mit Dir freuen, welche Intensität Ihr gemeinsam entdecken könnt – so daß es heißt, Deine persönliche Kraft ist die Kraft der Liebe – nicht die Macht *über* etwas – sondern die Kraft *zu* etwas. Laß Dich einfach treiben – Deine eigenen Ideen – Deine Gedanken – Deine Worte finden – was es für Dich ist – wozu Du Deine Kraft einsetzen möchtest – und nimm dann Kontakt mit dem Teil von Dir auf – der verantwortlich ist für das Umsetzen Deiner persönlichen Kraft. Mit seiner ganzen Vielfalt kommt er jetzt zu Dir als Dein Lehrer. Er kann Dir zeigen, wie Du ganz selbstverständlich, natürlich und leicht Deine persönliche

Power für Dich entfalten kannst – indem Du mehr und mehr in Verbindung bist mit Deiner Kraftquelle, die alles speist – und alles lebendig werden läßt. Jetzt – und indem Du in Kontakt mit diesem Teil bist, beginnst Du, Dich mehr und mehr zu spüren und mitzuschwingen – und je mehr Du dies spürst, desto mehr kannst Du in Verbindung kommen zu Deiner Kraftquelle – und Dir erlauben, daß sie in Dir alles lebendig werden läßt – Deine Kräfte – und Dir diese Verbindung mehr und mehr vertraut wird – und natürlicher wird – daß Du Dich mehr und mehr annimmst und alle Teile sich in Dir entfalten läßt – einfach, indem Du hier verweilst – mit Deinem Lehrer – so daß Du weißt, daß es gut ist, das Freundliche mitzugestalten – und Du Deine Talente – Deine Schönheiten – Deine Fähigkeiten endlich zeigen kannst – und Du Deine Lebendigkeit – das, was Du bist – Deine Weisheit – Deinen Humor – Deine Leichtigkeit – und Deine Intensität leben kannst.

Und wenn Du neugierig bist, dann frag Deinen Teil, was Du machen kannst, daß es Dir noch vertrauter wird, diese Intensität zu spüren – und Du so oft wie Du willst, mit diesem Helfer – diesem Teil in Verbindung treten kannst – und er Dich unterstützt, so daß Dir Deine persönliche Power vertrauter und vertrauter wird – und Du mehr und mehr entdeckst – die Macht der Liebe – und dann diese ganz besondere Ausstrahlung von Dir ausgeht – diese Ausstrahlung, die mehr und mehr andere Menschen anzieht, so daß sie noch lieber mit Dir zusammen sind – sich noch mehr freuen, in Deiner Gegenwart zu sein – mit Dir zu gestalten – mit Dir zu sein.

Nimm jetzt ganz bewußt von Deiner Quelle an, wie das Licht – die Farben – die Töne – die Berührung und die Bewegung sind. Und wie Dein Herz sich öffnet – wie bei einer Berührung – sanft und behutsam – und es Dir leichter und leichter fällt, Dich selbst anzunehmen und Andere zu lieben. Und indem Du das tust, wird Deine Kraft weiter – weicher und leichter – und wächst – wird mehr – genau so natürlich, wie alle Kräfte in der Natur. Deine persönliche Kraft ist dafür verantwortlich, daß in Dir Harmonie entsteht – so daß alles in Dir lebendig wird und in Harmonie geht – mit allem in Dir – und allem, was Dich umgibt – so daß Du spürst, was es heißt All-eins zu sein. Und Deine Gedanken – und Gefühle – Deine Sprache – und Handlungen sich ganz natürlich in diese Harmonie einbetten – und Du innen und außen ruhig wirst und Frieden in Dir erlebst – und damit noch natürlicher ein Teil dieser Harmonie wirst – und dies ganz von selbst – jeden Tag mehr – und Du jetzt ja sagst – ja zum Leben – ja zu Dir. Und wenn Du Dich von Deiner Kraftquelle führen läßt – und diese Verbindung mehr und mehr spüren kannst, kann in Dir eine Ahnung entstehen, was Dein Lebensauftrag ist – Deine Lebensaufgabe. Deine ganz spezielle Weisheit, mit der Du hier mitgestalten kannst – jeden Tag ein bißchen mehr. Und jeden Tag wird diese Aufgabe ein bißchen klarer – und deutlicher, indem Du Dich jeden Tag fragen kannst, was kann ich heute tun, um meine Vorstellung mehr und mehr umzusetzen.

Du kannst Dir jetzt ohne weiteres vorstellen, daß vor Dir in Deiner Zukunft Licht ist – weit ausgebreitet – und ein wunderbarer Weg hin ins Licht – mit ganz vielen Farben und Klängen. Und ganz am Ende dieses Weges ist ein Symbol – ein Symbol – oder ein Bild – oder eine Erinnerung an Deinen persönlichen Auftrag – für Deinen Lebensauftrag, den Du hierher mitgebracht hast. Und Du kannst Dich hier sehen – in Deine Zukunft gehend – vielleicht wanderst Du gemütlich – vielleicht hüpfst Du vielleicht schleichst Du – vielleicht tanzt Du – vielleicht läufst Du hin zu diesem Symbol – denn das Symbol steht für Deinen Auftrag – für Deine Aufgabe – für das, was Du tun kannst. Und Du kannst dieses Symbol in Empfang nehmen – jetzt – und spüren – und es auf Deine ganz persönliche Art annehmen – dankbar – und es ganz in Dich hineinnehmen – und sich in Dir einen Platz finden lassen. Spüren, wie es sich anfühlt – in Dir – dieses Symbol, das Dir hilft – daß Du noch leichter ja sagen kannst zu dem, was Du wirklich kannst – was Du wirklich bist – was Du wirklich willst. Laß Deinen persönlichen Zweck klarer und klarer werden – und Deine persönliche Weisheit jeden Tag mehr und mehr – hin in Richtung auf dieses Symbol – und setz es klarer und deutlicher in Deinem täglichen Leben um. Vielleicht hast Du schon eine Idee, was Du tun kannst oder was Du bereits tust – was im Zusammenhang steht mit Deinem Auftrag. Auch wenn es jetzt noch nicht ganz klar ist, so weißt Du doch, daß es täglich klarer und klarer werden kann für Dich – und Du mehr und mehr entdecken kannst – womit Du jetzt schon beginnen kannst – es können ganz kleine Sachen sein – meistens ist es all das, was Du gerne tust, was Dir leicht fällt. Das ist Dein Auftrag. Und laß es klarer und klarer werden, ob Deine Tätigkeit eher das Schreiben von Büchern ist oder die Arbeit mit Kindern – Deine Aufgabe in der Wirtschaft liegt oder in der Beratung – mit Alten oder Behinderten – ob Dein Bereich in der Kunst liegt oder im Sport – oder bei der Heilung anderer Menschen – oder was Dein Bereich ist. Vielleicht ist es was Größeres – vielleicht ist es auch was ganz Kleines. Und auch das ist immer nur eine Bewertung von Dir. Jeden Tag kannst Du mehr und mehr neugierig sein, wie Du diese Kreativität – diese Intuition – und diese Weisheit – und dieses Licht – diese Vielfalt – diese Herausforderung in allen Situationen Deines täglichen Lebens entdecken kannst. Es ist nicht so wichtig, daß Du ganz genau weißt, welche Arbeit es im Speziellen ist – sondern daß Du diese Qualität um Dich herum verbreitest – die mit diesem Symbol, mit diesem Auftrag für Dich zusammengehört. Und wenn Dein Auftrag darin liegt – mit Menschen zusammenzusein, einzeln oder in Gruppen – oder mit Tieren – mit Pflanzen – mit Mineralien – oder in der Technik Harmonie wieder herzustellen – dann laß Dir alles schenken, was dazugehört – damit Du es umsetzen kannst – im Alltag – Schritt für Schritt – jeden Tag. Jetzt. Und so, wie es jetzt für Dich richtig ist, wirst Du es wahrnehmen – und vielleicht kannst Du Dich sogar schon freuen, darüber, was Dein Auftrag ist. Vielleicht hast Du Deinen Lebensauftrag jetzt schon klar vor Dir – vielleicht aber nur andeutungsweise – vielleicht noch gar nicht. Er wird zur richtigen Zeit, im richtigen Moment klar für Dich sein – vielleicht auf einmal als Gesamtheit – vielleicht, indem Du Schritt für Schritt wach bist und aufmerksam mehr und mehr entdeckst, wie sich das zusammenfügt zu einem wunderbaren Ganzen – und sich als Deine Aufgabe entwickelt, je mehr Du dieses liebevoll als einen Prozeß annimmst – in Deinem Rhythmus – so langsam oder so schnell Du es sich entfalten läßt, desto deutlicher wird es für Dich, was Dein Weg ist. Und Du kannst noch einen Moment hier verweilen – und dies für Dich abschließen, um Dich wieder mitnehmen zu lassen über die Schwelle – Dich zurücktreiben lassen in diese andere Wirklichkeit – hier in diesem Raum – und Du Dich streckst und dehnst – und Du Dich freust, daß Du am Leben bist – ganz wach – und neugierig bist – ausgeruht und frisch – und Lust hast, Dich zu bewegen – oder aufzuschreiben, was Du gefunden hast – oder Dich darüber mit den Anderen auszutauschen über Deinen Beitrag – und neugierig zu sein, was ihr Beitrag ist.

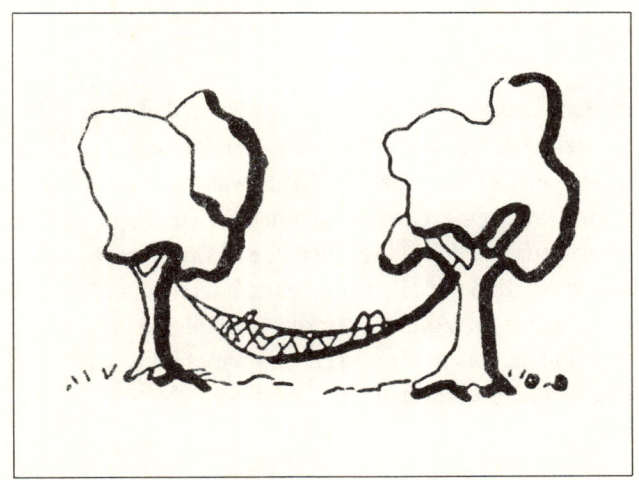

Ressourcen

Innere Zustände spüren 190

Innere Zustände wachrufen 207

Höchste Werte 232

Quelle 244

Einstimmung

Eine der wesentlichen Grundannahmen des NLP ist es, daß jeder Mensch über die RESSOURCEN bereits verfügt, die er braucht, um das, was er als Ziel erreichen möchte, für sich zu erreichen. Jeder hat das, was er braucht, schon in sich. RESSOURCEN sind also eine ganz wesentliche Grundlage, um zielorientiert vorzugehen. Um ressourcevolle innere Zustände wahrzunehmen, ist es sinnvoll, zu spüren und zu wissen, daß wir alle Fähigkeiten haben. Ressourcevolle Zustände sind die Zustände, wo wir im Vollbesitz unserer Möglichkeiten, Schönheiten und all unserer Talente sind, in denen wir wissen, daß wir es selbstverständlich schaffen werden. Jeder von uns kennt schon einen Zustand von Vertrauen und Sicherheit, von Geborgenheit und Freiheit.

Im ersten Teil dieses Kapitels kannst Du herauszufinden, wo diese RESSOURCEN natürlich vorkommen, entdecken und spüren, wie sie sich in Deinem Körper anfühlen, mit welcher Körperhaltung und Physiologie sie verbunden sind (Stimme, ...). Eine wesentliche RESSOURCE stellt dabei die Akzeptanz der eigenen inneren Zustände dar, weil der erste Schritt – wahrzunehmen, was in Dir für Zustände, was in Dir für Gefühle vorhanden sind – dazu führt, daß Du die Möglichkeit hast zu überprüfen, inwieweit sie Dir nützlich und an welcher Stelle sie für Dich wichtig sind.

Im zweiten Teil stellen wir Möglichkeiten vor, wie Du Deine Brillanz kreieren, wachrufen und vertiefen kannst und so Dich selbst und andere in einen guten Zustand versetzen kannst. Klassisch im NLP ist hierfür der „Moment of Excellence", der Dir über Deine Körperhaltung, -bewegung und Erinnerung exzellente Zustände (Hochgefühle) zugänglich und für Dich nutzbar macht.

„Höchste Werte" stellen in unserem Leben die intensivsten Motivatoren zur Verfügung, um etwas zu tun, um etwas zu verändern, um uns hineinzugeben in das Leben, daran teilzunehmen und uns mit all unseren RESSOURCEN zu aktivieren, etwas zu tun. Im dritten Teil befassen wir uns genau mit den Werten, die uns motivieren morgens aufzustehen, wo Du denkst, dafür lohnt es sich etwas zu tun, dafür lohnt es sich, sich einzusetzen. Dies sind genau die Werte, die da sind, wenn etwas ganz selbstverständlich gut läuft in einer Beziehung oder in einer Arbeit.

Im vierten Teil haben wir die „Quelle" aufgenommen, die den höheren Sinnzusammenhang meint, in den ein Mensch eingebettet ist. Wie jeder es für sich nennen möchte: ob er dazu Gott, Universum oder Natur der Natur sagt, Quelle ist nicht nur ein gedankliches Konstrukt, sondern zielt darauf ab, dieses Eingebettetsein, diese Geborgenheit in einem größeren Sinnzusammenhang zu spüren.

Jeder kennt die Möglichkeit, auf Jahre hinaus einen neuen Zustand anzustreben oder ein Ziel anzugehen, was auch sehr energievoll sein kann, aber leichter, angenehmer, spielerischer ist es, aus einem ressourcevollen Zustand heraus etwas Neues zu planen und umzusetzen. NLP orientiert sich konsequent daran, von Störungen wegzugehen hin zu RESSOURCEN, hin zu powervollem Zustand, hin zu dem, was Du in Deinem Leben gerne haben möchtest.

Wegweiser

Atemraum ☺ 191
Brustatmung ☺ 192
Bauchatmung ☺ 192
Atem fühlen ☺☺ 192
Bewegter Atem ☺ 192
Natürliche Atempause ☺ 193

In Fluß sein ☺ 194
Trance-Tanz ☺ 195
Schwebend ☺☺ 195
Schmetterlinge ☺☺☺ 195

Positive Time-Line ☺ 196

Baumzeremonie ☺ 198

Das Körpergedicht ☺ 200

Yoga für die Göttin ☺ 204
Atem-Meditation ☺ 206

Innere Zustände spüren RESSOURCEN

Atemraum

Form: Übung: ☒   Spiel: ☐   Phantasiereise: ☐

Ziel:
Zur Ruhe finden;
Atemtraining

Weitere Anwendungs-möglichkeiten:
Entspannung (Regulation);
Sensibilisierung der Körperwahrnehmung

Gruppengröße: ☺

Dauer:
8-12 Min.

Material:
- - -

Musikvorschlag:
Tony Scott: ZEN-Meditation

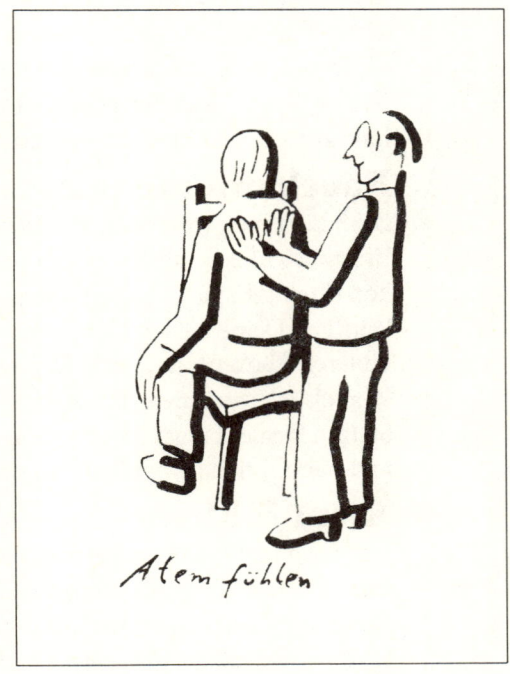

Atem fühlen

Beschreibung:
Unterschiedliche Formen der Atmung begünstigen unterschiedliche Funktionen des Organismus.
- Die Brustatmung – die häufigste Atmungsart – stellt eine eher aktivierende Form der Atmung da. Sie eignet sich insbesondere bei Müdigkeit, Abgespanntheit und passiven Phasen.
- Die Bauchatmung dagegen stellt eine eher beruhigende Form der Atmung dar. Sie ist geeignet bei Streß, Nervosität, Unruhe, Beklemmung oder Angstzuständen.

Stell Dich aufrecht so hin, daß Du die Knie leicht gebeugt hast. Schließe nun die Augen und atme ganz natürlich, so wie Du immer atmest, ein und aus. Spüre dabei in Deinen Körper hinein, welche Körperteile sich beim Atmen bewegen und was sich dabei verändert, wie Du atmest. Wenn Du Deinen Rhythmus gefunden hast, dann öffne allmählich die Augen und nimm wahr, welche Körperteile sich dabei wann und in welchem Umfang und wie lange bewegen. Du kannst Dich mit Deinem Partner auch gegenseitig bei dem Beobachten unterstützen.

Variationen:

- ☺ **Brustatmung** (6-10 Min.)
Tiefes Ein- und Ausatmen, wobei sich beim Einatmen der Brustkorb weitet und hebt, die Schultern können sich heben, der Bauch wird eher flacher. Beim Ausatmen geht der Brustkorb wieder in seine Normalstellung zurück, die Schultern senken sich.

- ☺ **Bauchatmung** (6-10 Min.)
Beim Einatmen wölbt sich der Bauch weit nach vorne auf; dabei bleiben Brustkorb und Schultern in einer ruhigen Position. Um den Erfolg der korrekten Bauchatmung zu überprüfen, eignet sich folgende Möglichkeit: Leg Deine beiden Hände mit den Handflächen so auf die Nieren (unterer Rücken), daß sich Deine Fingerspitzen gerade noch auf der Wirbelsäule berühren. Bei korrekter Bauchatmung entfernen sich die Spitzen Deiner Finger leicht bis hin zu einigen Zentimetern voneinander und nähern sich beim Einatmen wieder einander an.

- ☺☺ **Atem fühlen** (8-12 Min. je Partner)
Stell Dich hinter Deinen Partner, der im Schneidersitz auf einem Hocker sitzt oder steht, so, wie es ihm am angenehmsten ist. Leg ihm die Hände auf die Schultern, die Handballen knapp neben der Wirbelsäule und die Finger etwas nach außen gerichtet. Der Vordere spürt nach, ob er seinen Atem an der Stelle fühlt, an der Deine Hände liegen. Du selbst spürst nach, ob Du seinen Atem an dieser Stelle mit Deinen Händen spürst. Nach etwa 1 Minute rücke die Hände eine Handbreit nach unten. Und wieder könnt Ihr beide den Atem fühlen. Dies wiederholt sich etwa jede Minute, bis Du den unteren Rücken knapp über dem Gesäß erreicht hast. Damit es für Dich bequemer ist, kannst Du Deine Hände dabei auch drehen, so daß die Finger zur Seite oder auch eher nach unten weisen. Zum Schluß tauscht Eure Erfahrungen miteinander aus.

- ☺ **Bewegter Atem** (6-12 Min.)
Stell Dich aufrecht so hin, daß Du die Knie leicht gebeugt hast. Schließe nun die Augen und atme ganz natürlich, so wie Du immer atmest, ein und aus. Spüre dabei in Deinen Körper hinein und nimm Deinen Atem bewußt wahr. Nimm wahr, in welchem Rhythmus und in welcher Geschwindigkeit Du atmest, und nimm diesen Atemrhythmus ganz in

Dir auf. Ganz behutsam kannst Du nun beginnen, Deinen Atemrhythmus umzusetzen und Dich allmählich so zu bewegen, wie Du atmest. Laß die Bewegung ganz von alleine aus dem Atmen herauskommen und laß Dein Atmen in die Bewegung hineinfließen, so wie es für Dich stimmt. Beweg Dich frei durch den Raum, ganz im Einklang mit Deinem Atmen und nimm Deinen Rhythmus wahr. Und so, wie Du begonnen hast, beende diese Übung nach einiger Zeit für Dich auch wieder, indem Du die Bewegungen ganz allmählich wieder weniger werden läßt, bis Du wieder Deinen Platz findest und nur noch Dein Atmen in Dir schwingt. Spür noch einen Moment nach und kehre dann langsam wieder hier in diesen Raum zurück. Wenn Du die Übung mit geschlossenen Augen durchführst, kannst Du Deinen Atem intensiver in der Bewegung erleben.

☺ **Natürliche Atempause** (6-12 Min.)

Bei der natürlichen Pause nach dem Ausatmen ebbt die Atmung ab, ohne gänzlich aufzuhören. Die einzelnen Atempausen fließen unmerklich ineinander über; ein zu plötzliches Abbrechen von Ein- und Ausatemphase entspricht nicht unserem natürlich fließenden Atemablauf und belastet das vegetative Nervensystem. Bei körperlichen Anstrengungen oder bei Streß haben wir keine natürliche Atempause. Im ersten Fall müssen wir nachatmen, um eine „Sauerstoffschuld" einzuholen, im zweiten Fall sind wir so angespannt, daß wir uns nicht die Pause gönnen, die uns zusteht: Wir müssen wieder lernen sie zuzulassen, denn die Atempause ist die Phase, in der sich die Atmung vom Atmen erholt. Bei längerer Atempause gestalten sich auch viele Funktionen der Lunge besser, da diese wesentlich von der Intensität des Ein- und Ausatmens und der Zeitdauer der Atempause abhängig sind.

Stell Dich aufrecht mit leicht gebeugten Knien hin und schließe die Augen und atme, so wie Du immer atmest, ein und aus. Spüre in Dich hinein und nimm Deinen Atemrhythmus wahr: Ausatmen – Pause – Einatmen. Atmest Du nach dem Ausatmen gleich wieder ein oder gönnst Du Dir eine „besinnliche" Atempause?

Nun atme für Dich aus und warte einmal, bis Dein Atem von selbst wieder einsetzt. Laß dabei eine „natürliche Atempause" zu, ohne gleich nach der Ausatmung wieder willentlich einzuatmen.

Du kannst diese Übung allmählich für Dich steigern, indem Du ausatmest und abwartest, was geschieht. Zähle dabei, bis die Einatmung für Dich dringlich wird und von selbst wieder einsetzt.

RESSOURCEN　　　　　　　　　　　　　　Innere Zustände spüren

In Fluß sein

Form: Übung: ☒　　Spiel: ☐　　Phantasiereise: ☐

Ziel:
Energie spüren; die eigene Bewegung genießen

Weitere Anwendungsmöglichkeiten:
Selbstwahrnehmung schärfen; innerer Zustand (Freude); Aktivierung (Separator)

Gruppengröße: ☺

Dauer:
10-20 Min.

Material:
– – –

Musikvorschlag:
Gueme Zaka: Trommelmusik

Anleitung:

Such Dir Deinen Platz, so daß du Dich frei bewegen kannst im Raum – schließ für einen Moment die Augen und laß Dich von der Musik mitnehmen. Spür Dich in den Rhythmus hinein. Fang mit dem an, was Du hast und nicht mit dem, was Du glaubst, was da sein muß. Nimm erst einmal wahr, wie Dein Körper sich anfühlt und auf welche Art und Weise Du den Rhythmus für Dich wahrnehmen kannst. Dann beginne, indem Du Deinen Körper sich zu diesem Rhythmus bewegen läßt, ihn aufnehmen läßt. Während Du Dich immer weiter bewegst, werde ich Dir jetzt einzelne Körperteile nennen, in die Du dann mit Deiner ganzen Aufmerksamkeit hineinspüren kannst, mit denen Du diesen Rhythmus aufnehmen und ausdrücken kannst. Beginne, indem Du in Deine Hände hineinspürst – in die Finger und die Hände – dann in die Ellenbogen, nimm den Rhythmus mit den Ellenbogen auf –

dann mit den Schultern rechts und links – mit dem Kopf. Laß Deinen Kopf den Rhythmus finden – dann mit der Brust – dem Bauch – und den Hüften – mit dem Po – mit den Knien – mit den Zehenspitzen – und den Hacken. – Laß dann Deinen Körper die Bewegung finden, die Du im Moment gerade am besten gebrauchen kannst. Nimm den Rhythmus wahr und auf, laß Deinen Körper in Fluß kommen, sich zu der Musik bewegen und die Bewegung ganz durch Dich hindurchfließen.

Variationen:

☺ **Trance-Tanz** (20-25 Min.)
Beginne barfuß, es ist am besten. Achte auf bequeme Kleidung. Schüttle Deinen Körper ein wenig und sammle Deine ganze Aufmerksamkeit hier bewußt auf Dich selbst, sei ganz hier und nimm die Musik wahr. Halte die Augen halb geschlossen und laß Dich möglichst absichtslos treiben – laß Dich von der Musik mitnehmen und laß Deinen Körper sich und Dich aus eigenem Antrieb bewegen. Laß einfach die Bewegung ganz von allein kommen – und die Inspiration in Deine Bewegungen hineingleiten, daß Du eins wirst mit der Musik. Gib Dich ganz diesem Gefühl von Rhythmus hin – von Loslassen – von Treibenlassen – und genieße diesen natürlichen veränderten Bewußtseinszustand. Gib Dich Deinen Bewegungen etwa 20 Minuten hin – dann setze oder lege Dich still auf den Boden und laß diese Übung in Dir nachwirken – nachschwingen. Genieße einen Augenblick des Schweigens.

☺ ☺ **Schwebend** (6-12 Min. je Partner; Vollenweider: Gardens)
Gib Deinem Partner einen Impuls, indem Du ihn an der Hand faßt und behutsam in Bewegung versetzt. Er nutzt dann „schwebend" den Schwung der Bewegung aus, bis Du ihm den nächsten Impuls gibst. Wenn Du selbst mit geschlossenen Augen schweben willst, muß Dein Impulsgeber besonders wachsam und vorsichtig sein, daß Du Dich frei und leicht im Raum bewegen kannst.

☺ ☺ ☺ **Schmetterlinge** (6-15 Min. je Gruppenhälfte)
Ihr könnt die blind Schwebenden auch später untereinander austauschen und sie wie „Schmetterlinge" von einer Blüte zur nächsten schweben lassen. Laß Dich dabei einfach auf die neuen Impulse ein und nimm wahr, wie es sich jetzt für Dich anfühlt. Die Leichtigkeit von Bewegungen sowie der Wechsel von Anspannung zum Loslassen soll dabei alle Ideen auszeichnen.

RESSOURCEN — Innere Zustände spüren

Positive Time-Line

Form: Übung: ☐   Spiel: ☐   Phantasiereise: ☒

Ziel:
Spüren der eigenen Energie;
Ressourcen wiederentdecken

Weitere Anwendungsmöglichkeiten:
Innerer Zustand (Freude)

Gruppengröße: ☺
In der Gruppe

Dauer:
20-25 Min.

Material:
– – –

Musikvorschlag:
Deuter: Land of enchantment

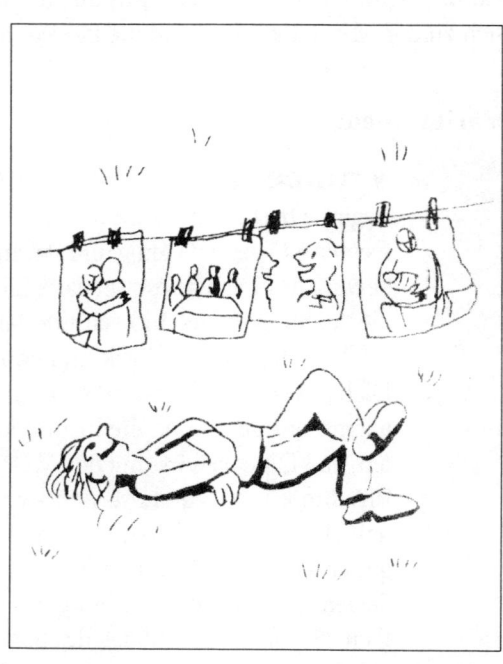

Anleitung:

Such Dir einen Platz, wo Du es Dir für die nächste Zeit wirklich ganz bequem machen kannst – setz Dich hin – laß Deinen Atem lang und tief fließen – und laß Dich zurücktreiben in Deine eigene Vergangenheit – erinnere Dich an all die Situationen, in denen Du Deine persönliche Kraft wirklich erlebt und eingesetzt hast – wo Du Dich getraut hast, Du selbst zu sein, wo Du Deine eigene Stärke gespürt und Dich wohlgefühlt hast – laß all die Situationen kommen, wo Du Deine höchsten Werte ganz selbstverständlich gelebt hast, Du ganz selbstverständlich Du warst – geh rückwärts in Deiner eigenen Zeitlinie, in Deiner eigenen Vergangenheit und erinnere Dich an all die Situationen, wo Du ganz selbstverständlich geborgen warst – sicher warst – getragen wurdest und dazugehört hast – wo andere Dich darin unterstützt haben, Du zu sein – und wo Du andere unterstützt hast, sie selbst zu sein – nimm wahr, was in diesen Situationen für Dich wichtig ist – was dazu gehört an Farben, Formen – oder Tönen und Geräuschen – Deine Stimme oder ein Lachen – was Du spüren kannst, an Berührung und Bewegungen – ob es einen ganz speziellen Geruch gibt – oder einen ganz bestimmten Geschmack – und nimm wahr, was dieses Gefühl in Dir noch intensiver werden läßt – welches Licht, welche Klänge, welche Berührungen, dieses Gefühl stärker und stärker werden lassen – und dann leg die Hand an die Stelle auf Deinen Körper, wo dieses Gefühl beginnt – und mit diesem Gefühl laß Dich weiter zurücktreiben, in die nächste Situation – wo das ganz selbstverständlich da war – und Du ganz selbstverständlich Deine Talente, Deine Fähigkeiten, Deine Schönheiten gezeigt hast – wo Du erfolgreich Du selbst warst – und erinnere Dich auch hier wieder, welches Licht, welche Farben – welche Töne und Klänge – welche Berührungen, Bewegungen – welcher Geruch und Geschmack – welche Haltung und welche Atmung für Dich dazugehören – und spür hinein in Deinen Körper, von wo aus sich dieses Gefühl ausbreiten kann – und dann laß auch diese Situation wieder gehen – und laß Dich mit diesem Gefühl weitertreiben, auf Deiner gedachten Zeitlinie – bis in eine Situation in Deiner Kindheit – wo Du ganz selbstverständlich wichtig warst – richtig warst – wo Du ganz selbstverständlich dazugehört hast – sicher und geborgen warst – wo Du Dich ganz selbstverständlich ganz wohl mit Dir und den anderen gefühlt hast – wo Du frei warst zu spielen – spontan und kreativ – voller Lust und Neugierde – und spür auch hier wieder, was dieses Gefühl für Dich intensiver macht – welche Farben, welches ganz spezielle Licht – welche Klänge – Berührungen, Bewegungen – welcher Geschmack und Geruch – was es für Dich lebendig macht – und von welcher Stelle in Deinem Körper es sich in Dir ausbreiten kann – nimm wahr, ob es eher ein Fließen ist – oder ein Strömen – oder ein Pulsieren – oder was es für Dich ist.

Und mit diesem Gefühl laß Dich wieder rückwärts durch Deine Vergangenheit treiben – wie mit einem Zeitraffer – hierher in die Gegenwart – und laß dieses Gefühl Dich hierher begleiten – und weiter hineinfließen in Deine Zukunft – einfach weiterfließen – nach vorn – auf Deiner inneren Zeitlinie, Deinem Zeitstrahl – hinein in Deine Zukunft – in all die Situationen, in denen Du diese Ressourcen für Dich gebrauchen kannst – laß sie mit hineinfließen, in Deine Zukunft – so daß sie in all den Situationen, wo Du sie brauchst, ganz selbstverständlich für Dich da sind.

Schließ das dann für Dich, in Deiner Zeit ab – und komm in Deinem Tempo hierher zurück – mit Deiner ganzen Aufmerksamkeit hierher in diesen Raum – und nimm wahr, welche Bewegung Dich jetzt ganz hierher in Deinen Körper zurückbringen kann.

RESSOURCEN — Innere Zustände spüren

Baumzeremonie

Form: Übung: ☒   Spiel: ☐   Phantasiereise: ☐

Ziel:
Innere Zustände spüren

**Weitere Anwendungs-
möglichkeiten:**
Wahrnehmung sensibilisieren

Gruppengröße: ☺

Dauer:
30-45 Min.

Material:
Bäume (in der Natur)

Musikvorschlag:
– – –

Anleitung:

Nimm Dir etwa 45 Minuten Zeit für Dich selbst und such Dir einen Ort, wo Du die Ruhe und das Bewußtsein finden kannst, Dir selbst eine Frage geben zu lassen, die Dich vielleicht schon lange beschäftigt. Mach es Dir bequem und laß noch einmal genau Deine Frage kommen, so wie sie für Dich von Bedeutung ist und wie sie Dir helfen kann, Dich selbst und Deine Einbettung in andere und größere Zusammenhänge zu spüren und zu verstehen.

Wenn Du Deine Frage gefunden hast, dann nimm sie mit auf einen Spaziergang durch die Natur. Geh einfach los, ganz ohne ein bestimmtes Ziel und laß Dich einfach von Deinem Unbewußten leiten. Nimm auf Deinem Spaziergang wahr, wie um Dich herum Bäume und Pflanzen wachsen und mit vielen anderen Dingen in dieser Natur eine Einheit bilden und leben und wie auch Du ein Teil dieser Einheit bist. Vielleicht kannst Du Dich dabei schon umschauen und Ausschau halten nach einem Baum, der Dir sympathisch ist und von dem Du den Eindruck hast, daß er zu Deiner Fragestellung paßt. Wenn Du Deinen Baum gefunden hast, dann nimm auf Deine Art Kontakt mit ihm auf. Du kannst ihn begrüßen, ihn umarmen oder Dich einfach nur anlehnen, ganz so, wie es für Dich stimmt.

Dann suche die Seite des Baumes auf, die nach *Süden* zeigt und lehne Dich hockend oder stehend an den Stamm, so wie es für Dich stimmt. Indem Du mit Deinem Baum Kontakt aufnimmst und auf Deine Art hältst, kannst Du Deinem Baum die Frage stellen: „Inwieweit kann mich mein inneres Kind dabei unterstützen, meine Frage zu beantworten?" Laß Dir von Deinem Baum eine Antwort oder eine Lösung schenken und nimm wahr, wie Dein Baum Dir antworten kann. Diese Antwort kann auf verschiedenen Wegen zu Dir gelangen, vielleicht durch Sehen oder durch Hören oder durch Fühlen oder durch ein plötzliches „Wissen".

Nun wechsle in den *Norden* Deines Baumes und lehne Dich wieder an seinen Stamm an. Hier kannst Du ihm die Frage stellen, wie der erwachsene und verstandesmäßige Bereich in Dir Dich selbst unterstützen kann, Deine Fragestellung zu beantworten. Laß Dir auch hier wieder eine Antwort schenken.

Und dann geh in den *Westen* Deines Baumes. Indem Du mit ihm Kontakt aufnimmst, kannst Du Deinen Baum hier fragen, wie Dir Dein spiritueller Kern bei der Lösung Deiner Frage helfen kann. Laß Dir auch hier, im Westen, wieder eine Antwort von Deinem Baum geben und nimm wahr, was Du siehst oder hörst, was Du fühlst oder vielleicht auf einmal einfach „weißt". Nimm all das in Dir auf, was Dir Dein Baum mitteilen möchte.

Geh nun in den *Osten* Deines Baumes und lehne Dich an seinen Stamm. Hier kannst Du ihm die Frage stellen, wie Dich Deine Körperweisheit dabei unterstützen kann, Deine Fragestellung zu beantworten und für Dich umzusetzen. Wenn Du auch hier eine Antwort oder eine Lösung oder vielleicht auch nur einen Hinweis erhalten hast, dann kannst Du Dich auf Deine Art bei Deinem Baum bedanken und Dich von ihm verabschieden, so wie es für Dich stimmt.

Mach Deinem Baum zum Abschied ein Geschenk als Dank für die Antworten oder Lösungen oder Hinweise, die er Dir auf seine Art hat zukommen lassen. Und mit dem Bewußtsein, daß Du jederzeit zu Deinem Baum finden kannst und mit ihm Kontakt aufnehmen kannst, wann immer Du willst, schließe diese Zeremonie für Dich ab, indem Du in Deinem Tempo und in Deinem Rhythmus Deinen Spaziergang fortsetzt und die Antworten mit nach Hause nehmen kannst. Gib Deinem unbewußten Teil die Zeit, daß er die Antworten aufnehmen und verstehen kann und Dir hilft, sie für Dich umzusetzen und in Dein Leben, in Deine Natur und in Dein Sein zu integrieren.

RESSOURCEN   Innere Zustände spüren

Das Körpergedicht

Form: Übung: ☒   Spiel: ☐   Phantasiereise: ☐

Ziel:
Ruhe, Harmonie, Vitalität im Körper spüren

Weitere Anwendungsmöglichkeiten:
harmonisierende Übung (Separator); Einstieg

Gruppengröße: ☺

Dauer:
35-40 Min.

Material:
- - -

Musikvorschlag:
- - -

Anleitung:

Nach Hause kommen

Herausfinden, wie Du stehst – wie sich Dein Körper anfühlt – ob Du genügend Platz bzw. Raum hast für Dich – oder wie Du Dir diesen Raum noch schaffen kannst. Spüren, wie Du auf dem Boden stehst – sicher – durch die Schwerkraft hier mit der Erde verbunden. Nach jeder Übung immer wieder nach Hause kommen – also – nach jeder Übung, die Du machst, immer in diese Grundposition zurückkommen – in Deine Mitte zurückkommen und Deinen Raum spüren – spüren, was sich für Dich verändert hat.

Den Tag begrüßen

Oberkörper und Hände nach unten beugen – nach vorne, dabei weich in den Knien – sanft und behutsam ausschütteln und dazu vielleicht Laute kommen lassen. Einfach das alles rausströmen lassen an Lauten, was Dir jetzt in den Sinn kommt. Den Tag begrüßen. Dich dann ganz sanft und behutsam, langsam wieder aufrichten.

Das Sonnenrad
Mit den Armen und dem Oberkörper nach vorne beugen und Dir vorstellen, daß Du in Deinen Armen die Sonne hältst. Mit der Kraft, der Energie und der Farbe – der ganz speziellen Qualität der Sonne einen Bogen über Dich ziehen – hoch nach hinten über Deinen Kopf. Dabei Deinen eigenen Atemrhythmus finden und dies dreimal in Deinem eigenen Rhythmus – in Deinem eigenen Tempo wiederholen. Dann wieder nach Hause kommen. Spüren, was sich verändert hat.

Den Halbmond zum Vollmond machen
Die Arme seitlich ausstrecken. Dann stell Dir vor, daß Du in jedem Arm einen Halbmond trägst – mit der ganz speziellen Energie – der ganz besonderen Farbe des Mondes – der ganz speziellen Qualität des Mondes. Wieder in Deinem Atemrhythmus – die Hände zusammenführen – über Deinem Kopf – und den Halbmond zum Vollmond machen. Dreimal in Deinem Rhythmus zum Vollmond machen – und wieder in die zwei Halbmonde zurück. Wieder nach Hause kommen, spüren, was sich verändert hat.

Den Wind reinholen
Mit geöffneten Beinen stehen, die Knie leicht gebeugt. Arme und Oberkörper energievoll und behutsam an den Seiten um Deinen Körper werfen – abwechselnd ein- und ausatmen. Mit dem Wind alles reinholen – dabei einen Ton kommen lassen – wie der Wind heute für Dich ist. Ein „ffft" oder ein „schschscht" – dann wieder nach Hause kommen.

Sich selbst die Krone aufsetzen
Indem Du langsam den Kopf vorsichtig in Richtung Schulter bewegst – mit dem linken Ohr zur linken Schulter – sanft dehnen und in diese Dehnung hineinatmen. Dann wieder zur Mitte kommen und sanft das rechte Ohr zur rechten Schulter – in die Dehnung hineinatmen. Zurück zur Mitte – das Kinn zur Brust – Dein Atemrhythmus – wieder zur Mitte – den Kopf sanft und vorsichtig in den Nacken legen. Wieder zur Mitte kommen – dann wieder nach Hause kommen, spüren, was sich für Dich verändert hat.

Die Augen öffnen
Ohne den Kopf zu bewegen, mit den Augen in beide Richtungen rollen. In Deinem Rhythmus – in Deinem Tempo – spielen – ausprobieren – so weit wie möglich, mit den Augen in beide Richtungen rollen – und dann wieder nach Hause kommen.

Die Flügel entfalten
Die Arme seitlich und stell Dir vor, daß Du große Schwingen hast, die Du aus der Schulter heraus durch Kreisen bewegen kannst. Deine Flügel gebrauchen – vorwärts und rückwärts. Und liebevoll mit Deinem eigenen Körper umgehen – dann wieder nach Hause kommen.

Den Adler fliegen lassen
Indem Du beide Hände nach vorne streckst und zur Faust ballst. Richtig alles festhalten und alle Muskeln in Deinem Körper anspannen – und stell Dir vor, daß Du alle Deine Möglichkeiten, Deine Schätze, alle Deine Schönheiten in der Faust festhältst – so daß sie keiner sehen kann. Dann, wenn Du wirklich richtig mit Genuß festgehalten hast, loslassen – nach oben mit einem Laut – den Adler fliegen lassen – spüren, wie er sich in die Luft erhebt. Dann wieder die Fäuste neu ballen – noch einmal wieder festhalten – dreimal festhalten, mit Genuß ganz fest alles anspannen – die Arme – die Hände – alle Muskeln – das Gesicht – das Gesäß – alles, was Du anspannen kannst, fest anspannen – und dann den Adler fliegen lassen – mit einem Laut – einfach loslassen – dann wieder nach Hause kommen.

Das Herz öffnen
Mit Deinem Atemrhythmus das Brustbein nach vorne bewegen – und nach hinten. Dann nach rechts und nach links. Hüfte und Schultern bleiben so ruhig wie möglich – nur das Brustbein bewegen. Dann in beide Richtungen kreisen lassen – und dann wieder nach Hause kommen.

Die eigene Mitte wärmen
Leicht gebeugte Knie – die Hände in die Taille – aus der Mitte heraus behutsam um den Bauch kreisen – dann wieder nach Hause kommen.

Die Kohlen zum Glühen bringen
Stell Dir vor, Du hast ein Kohlenbecken, wo Du die Kohlen zum Glühen bringen kannst, indem Du mit der Hüfte, mit Deinem Becken kreist. Hände in die Taille und dann den Unterkörper in kleinen und großen Kreisen in Deinem Rhythmus bewegen – in beide Richtungen – dann wieder nach Hause kommen – spüren, was sich verändert hat.

Der Sternentanz
Dabei auf einem Bein stehen und mit dem Einatmen das andere frei nach vorne strecken – zur Seite – nach hinten – und mit dem Ausatmen wieder nach vorne bringen. Dreimal in Deinem eigenen Atemrhythmus – dann rechts und links spüren – und dann Seitenwechsel – danach wieder nach Hause kommen.

Alles umrühren
Dabei breitbeinig in die Knie gehen und Dir vorstellen, daß Du eine große Kelle in der Hand hast, mit der Du in einem riesengroßen Trog – in einem riesengroßen Topf alles umrührst, was da unten schon ein bißchen am Boden angesetzt hat. Dabei den ganzen Körper mitschwingen lassen – einmal in die eine Richtung – dann in die andere – in Deinem Rhythmus – in Deinem Atemrhythmus – danach wieder nach Hause kommen.

Möglichkeiten fischen
Wieder auf einem Bein stehen. Erst die Angel lockern, indem Du den Fuß aus dem Fußknöchel heraus bewegst – lockerst. Dann stell Dir vor, daß Du mit den Zehen in den Teich der Möglichkeiten hineintauchst – wie ein Köder. Jedesmal, wenn eine Möglichkeit anbeißt, schnipp sie heraus mit einem „ftftftft", indem Du die Zehen nach oben ziehst, in Richtung Kopf. Dann wieder die Zehen nach unten in den Tümpel der Möglichkeiten hineintauchen – und herausschnippen. Mehrmals mit dem einen Fuß – dann mit dem anderen – und dann wieder nach Hause kommen – spüren.

Die eigenen Grenzen austesten
Auf den Außen- und Innenkanten der Füße vorsichtig und sanft kreisen – in die eine – und die andere Richtung – in Deinem Tempo – mit Deinem eigenen Atemrhythmus – mit Deinem eigenen Körperbewußtsein – mit Deinem eigenen Rhythmus – und wieder nach Hause kommen. – Spüren.

Die Polaritäten verbinden
Mit den Händen von oben seitlich nach unten kreisen – mehrmals in die eine Richtung – und die andere. Gebeugt in den Knien und Rücken gerade – Deinen Rhythmus finden – und wieder nach Hause kommen.

Zum Abschluß spüren, wie sich Dein Körper jetzt anfühlt.

Anmerkungen:
- Es ist nicht so wichtig, was die einzelne Übung bewirken soll, sondern was sie für Dich bedeutet – was sie für Dich ist.

RESSOURCEN — Innere Zustände spüren

Yoga für die Göttin

Form: Übung: ☒   Spiel: ☐   Phantasiereise: ☐

Ziel:
Energiezustand spüren

Weitere Anwendungsmöglichkeiten:
Körperwahrnehmung;
in Fluß kommen;
Separator (Aktivierung)

Gruppengröße: ☺

Dauer:
20 Min.

Material:
– – –

Musikvorschlag:
– – –

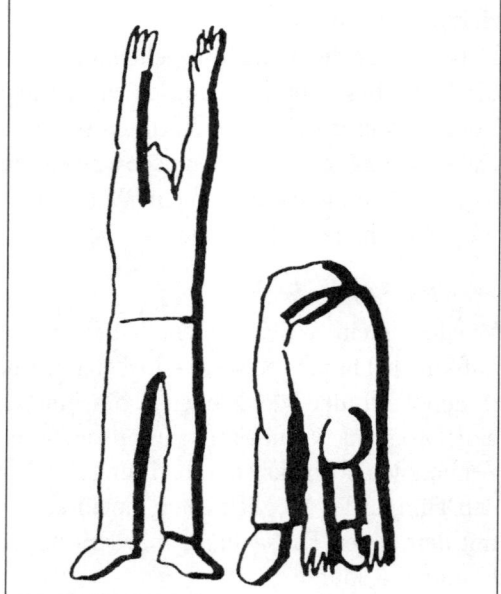

Anleitung:

Schüttle Deinen Körper ein wenig, sammle dabei Deine Aufmerksamkeit und richte sie bewußt auf Dich selbst – sei ganz hier und denke daran, dies ist Deine Zeit. Die nächsten Minuten gehören Dir ganz allein.

1. Steh aufrecht – die Füße parallel, in Schulterabstand auseinander. Atme tief durch die Nase ein – und durch den Mund wieder aus. Nach einigen Atemzügen hebe langsam die Arme empor und strecke sie zum Himmel. Beide Hände sind schulterweit auseinander – die Oberarme nahe an den Ohren. Halte die Arme gerade und parallel – und streck Dich, soweit Du nur kannst, zur Decke. Stell Dir vor, da oben hängt das Glück. Atme weiter durch die Nase ein – und durch den Mund aus. Bleib in dieser Stellung für 1-2 tiefe Atemzüge – und atme in die Dehnung. Dann atme tief ein und senke während des Ausatmens die Hände langsam bis auf den Boden. Beuge Dich dabei aus der Hüfte und laß den Rücken so gerade wie möglich. Halte Deine Knie weich und beuge sie so

weit, daß es möglich ist, die Hände flach auf den Boden zu legen. Die Finger zeigen dabei nach vorn.

2. Atme durch die Nase ein, durch den Mund aus, und beginne dann, Dich mit den Handflächen gegen den Boden zu stemmen und gleichzeitig die Hüften nach oben zu drücken – liebevoll und sanft – dabei halte die Knie so weich, daß es Dir angenehm ist. Entspanne dabei die Nackenmuskulatur und laß den Kopf hängen. Genieße diesen Zustand – und bleibe eine Minute in dieser Stellung und atme in die Dehnung hinein. Atme lang und tief ein und richte Dich dabei allmählich wieder auf – Wirbel für Wirbel – bis Du ganz gerade bist – stemme dann die Hände von hinten in die Falten des Oberschenkelansatzes und lehne Dich gespannt wie ein Bogen nach hinten.

3. Leicht gebeugte Knie – die Füße bilden eine senkrechte Linie mit den Schultern – die Fußspitzen zeigen nach vorne. Drücke Deine Daumen fest in die Falte unter den Pobacken – beuge Dich hinten über und schau nach oben. Zieh die Schultern zurück – drück das Herzzentrum nach vorne und halte eine leichte Spannung im Bauch. Dein Körper sollte jetzt eine einzige, von den Füßen bis zum Kopf durchgehende anmutige Kurve sein. Atme durch die Nase ein – und durch den Mund aus. Entspanne Dich – und atme in diese Dehnung hinein. Laß Dich dann beim Ausatmen nach vorn anmutig auf Deine Knie nieder. Die Oberschenkel bleiben gestreckt – die Knie liegen schulterweit auseinander auf dem Boden.

4. Faß mit Deiner rechten Hand an Deine rechte und mit Deiner linken Hand an Deine linke Ferse – atme tief ein – strecke den Bauch nach oben – und laß den Kopf locker und sanft nach hinten herab. Atme tief ein und aus, in die Dehnung hinein. Dann tief einatmen und langsam beim Ausatmen nach vorn kommen – und beide Hände flach vor Dir auf den Boden stützen, die Finger nach vorn gerichtet – die Knie bilden immer noch eine senkrechte gerade Linie mit den Schultern. Entspanne Deine Wirbelsäule. Nimm Deine Füße so weit es geht auseinander, ohne dabei die Lage der Knie zu verändern. Stemme dann Deine Hände gegen den Boden – strecke die Zehen gerade – und drücke die Hüften gegen den Himmel, bis die Beine ganz gestreckt sind. Die Füße stehen ungefähr 1 m auseinander – die Hände stützen sich nebeneinander etwa 1 m vor den Füßen ab – Hände und Füße bilden ein gleichseitiges Dreieck. Atme tief und lang in diese Dehnung hinein – und bleibe in dieser Stellung einige tiefe Atemzüge.

5. Während die rechte Hand auf der gleichen Stelle bleibt – schiebe die linke von außen unter die Ferse Deines linken Fußes und tritt leicht mit der Ferse auf die Finger. Laß den Kopf entspannt an den rechten Arm gelehnt – und achte darauf,

daß die Füße und die rechte Hand gleich weit voneinander entfernt sind. Atme lang und tief in diese Dehnung hinein – und löse dann langsam den rechten Arm – und wechsle die Seite, indem Du das gleiche mit der rechten Hand machst. Bring dann wieder die rechte neben die linke Hand vor Dich auf den Boden.

6. Deine Füße sind weiterhin 1 m auseinander – Deine Hände 1 m davor, dicht beieinander. Strecke Deinen Po so weit wie möglich nach oben und laß die Arme gestreckt, den Kopf entspannt an ihnen ruhen. Genieße die Haltung – und bewege dann die Füße schrittchenweise bis auf Schulterabstand zueinander. Laufe mit den Händen auf die Füße zu; dabei lasse die Knie leicht gebeugt und den Rücken so gerade, wie es Dir in dieser Stellung möglich ist. Atme in die Dehnung hinein – und strecke Dich dann langsam, tief einatmend und den Rücken rundend Wirbel für Wirbel wieder nach oben – bis Du ganz aufrecht stehst.

Ganz zum Schluß laß den Kopf sich wie eine Perle am Ende Deiner Wirbelsäule aufrichten.

Variationen:

☺ Um sicherzustellen, daß Du während des Ausatmens auch ausatmest, kannst Du Laute von Dir geben oder summen. Du kannst dazu auch Mantren singen: *Ong namo guru dev namo* ganz langgezogen jeweils in einem Atemzug.

☺ **Atem-Meditation** (6-12 Min.)

Suche Dir einen Platz, wo Du für ein paar Minuten ungestört bleibst und setze Dich im Schneidersitz oder im Kniesitz auf den Boden, ganz so, wie es Dir angenehm ist. Konzentriere Dich nun für einige Zeit nur auf Deine Atmung, wie Du ruhig und tief ein- und ausatmest, wie Dein Atem fließt und Du Deine innere Ruhe spürst. Und dann zähle in Deinem Atemrhythmus mit. „1" beim Einatmen, „2" beim Ausatmen, „3" beim Einatmen, bis Du bei „10" angekommen bist. Dann beginne wieder von neuem. Manchmal wirst Du nur bis 6, 4 oder sogar nur bis 2 kommen, weil Dich andere Gedanken ablenken. Fange einfach wieder bei 1 an, in dem Bewußtsein, daß Du alle Freiheiten hast, Gedanken kommen und auch wieder gehen zu lassen, und spüre und genieße bei jedem Atemzug Deine tiefe innere Ruhe und Klarheit.

Anmerkungen:

- Wichtig ist es, dabei jeweils den eigenen Körper zu respektieren und liebevoll mit ihm umzugehen.

Wegweiser

Wiegen ☺☺☺ 208
Zeltstangen ☺☺☺ 209
Bäume im Wind ☺☺☺ 209
Pendel ☺☺☺ 209
Nummern-Ohnmacht ☺☺☺ 210
Albatros ☺☺☺ 210
Decken-Schaukel ☺☺☺ 210
Leichtigkeit ☺☺ 210

Streicheleinheiten ☺☺-☺ 212
Drei Wünsche ☺☺☺ 213
Ja ☺☺☺ 213

Geschichten schreiben ☺☺☺ 214

Babymassage ☺☺ 217

Ort der Ruhe ☺ 221

Heilreise ☺ 225

RESSOURCEN — Innere Zustände wachrufen

Wiegen

Form: Übung: ☐ Spiel: ☒ Phantasiereise: ☐

Ziel:
Vertrauen entwickeln

Weitere Anwendungsmöglichkeiten:
Gemeinsam schwingen; Entspannung, Regulation

Gruppengröße: ☺☺☺
Mindestens 4-5 Partner

Dauer:
8-20 Min. je Partner

Material:
- - -

Musikvorschlag:
Karunesh: Sounds of the heart

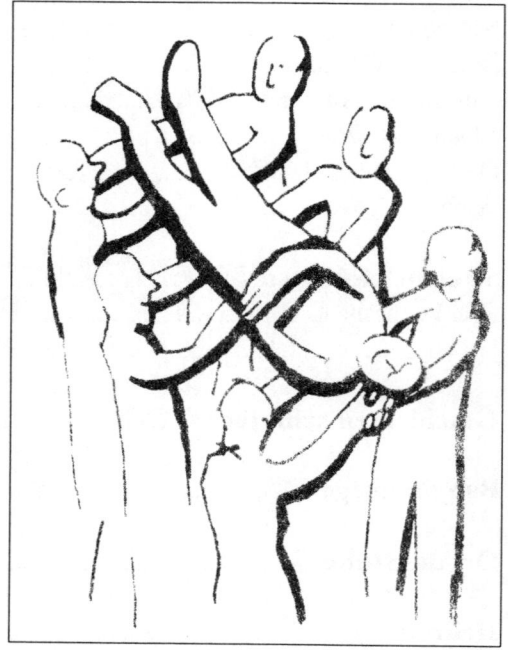

Anleitung:

Nehmt ein Gruppenmitglied, das Ihr jetzt beschenken wollt, und stellt Euch paarweise in 2 Reihen auf. Umfaßt gegenseitig Eure Handgelenke und nehmt den, den Ihr wiegen wollt in die Mitte, so daß er sich auf den Rücken legen kann und von Euch getragen wird. Schaukelt ihn langsam in seinem Rhythmus, in seinem Atemrhythmus hin und her. Findet heraus, was für ihn angenehm ist. Ihr könnt vielleicht einen Summton machen, sanft und liebevoll. Wenn Du beschenkt wirst, dann nimm wahr, daß Du gehalten wirst, daß Du geborgen bist, getragen wirst von der Gruppe, daß Du beschenkt wirst. Nimm wahr, daß jetzt andere für Dich sorgen, für Dich da sind, ihre Zeit und Energie für Dich als Geschenk geben. Nimm alles das, was Du davon annehmen kannst, für Dich an und genieße es, so wie es für Dich stimmt. Macht das weiter, bis Ihr seht, daß es demjenigen gut tut. Und dann setzt ihn sanft nach unten auf die Erde ab, deckt ihn zu und laßt ihn ausruhen und dieses „Wiegen" noch ein bißchen nachschwingen, nachklingen.

Variationen:

☺ ☺ ☺ **Zeltstangen** (8-20 Min.)
Stellt Euch zusammen so in einen Kreis, daß Ihr Euch an den Händen oder sogar um Eure Handgelenke fassen könnt. Spannt Eure Körper an und lehnt Euch dann gleichzeitig und behutsam nach hinten, während Ihr Euch gegenseitig haltet. In der Endstellung könnt Ihr dann verweilen und wahrnehmen, daß Ihr Euch nun unterstützt und wie sich diese Sicherheit jetzt für Euch anfühlt.
Wenn Ihr ein gemeinsames Gleichgewicht gefunden habt, könnt Ihr Euch als Gruppe auch steigern. Hierzu soll der Kreis aus einer geraden Anzahl bestehen. Verständigt Euch gemeinsam so, daß sich jeder Erste wieder zurücklehnt, während jeder Zweite sich gleichzeitig mit geradem, gespannten Körper nach vorne legt. In dem dann entstehenden Wechselspiel könnt Ihr allmählich Eure Grenzen austesten und behutsam so verschieben, daß es allen dabei gut geht und sich jeder sicher und gehalten fühlt. Später könnt Ihr sogar die Augen schließen und Euch der gemeinsamen Schwingung von halten und gehalten werden anvertrauen.

☺ ☺ ☺ Ihr könnt Euch anfangs die Aufgabe etwas erleichtern, indem jeder hinter dem Rücken seines Nachbarn die Hände oder Handgelenke des übernächsten faßt. So könnt Ihr Euch gegenseitig in einem kleineren Kreis unterstützen, während Ihr Euch gleichzeitig sicher zurücklehnt.

☺ ☺ ☺ **Bäume im Wind** (6-8 Min. je Partner)
Jeweils 5-7 Mitspieler stellen sich so im Kreis auf, daß sich die Nachbarn mit den Schultern berühren. Ein Partner steht fest in der Mitte und schließt die Augen. Nun wiegen alle den Partner wie einen „Baum im Wind" sanft hin und her, so daß immer mindestens 2 Mitspieler zugleich (!) Unterstützung bieten. Die Weite des Bewegungsausschlages richtet sich nach der Körperspannung und der Gesichtsmimik des Baumes.

☺ ☺ ☺ **Pendel** (Dreierübung; 6-12 Min.)
Dieses Spiel kann als Vorübung zu „Bäume im Wind" gespielt werden. Zwei Spieler stellen sich so gegenüber auf, daß der dritte zwischen ihnen noch Raum findet; der Abstand zwischen beiden beträgt etwa 2 Armlängen. Nun wiegen die beiden das „Pendel" hin und her. Die Weite des Bewegungsausschlages richtet sich nach Körperspannung und Gesichtsmimik des Pendels. Wenn die äußeren durch freie Mitspieler leise ausgetauscht werden, gewinnt das Spiel an Reiz.

☺ ☺ ☺ **Nummern-Ohnmacht** (6-15 Min.)
Findet Euch als Gruppe auf einem engen Raum zusammen, so daß Ihr gerade noch Platz habt, Euch durcheinander zu bewegen. Nun verteilt Ihr an jeden Teilnehmer eine fortlaufende Nummer von 1 bis .... Dann könnt Ihr Euch zur Musik ruhig durch diesen – kleinen – Raum bewegen und aufmerksam wahrnehmen, welche Zahl Euer Spielleiter von Zeit zu Zeit angibt. Derjenige, dessen Zahl genannt wurde, läßt sich dann mit ganz gespanntem Körper und einem leichten Aufstöhnen – so daß die anderen bemerken, um wen es sich handelt – vertrauensvoll in die Arme der anderen sinken und kann das Gefühl von Geborgenheit genießen.

☺ ☺ ☺ **Albatros** (5-7 Personen je Partner; 8-12 Min.)
Leg Dich mit geschlossenen Augen auf den Boden und spanne alle Körperteile an. Spüre, wie Dein ganzer Körper voller Energie ist und nimm wahr, wie Deine Helfer Dich gut verteilt anheben und wortlos durch den Raum tragen. Spüre, wie sich dabei sanfte Kurven abwechseln mit Steigungen, Gefällen, geraden Strecken und schaukelnden Bewegungen. Nimm kleinste Unterschiede wahr; was es für Dich bedeutet, getragen zu werden. Gönne dann auch Deinen Partnern dieses Erlebnis. Wenn Ihr mögt, tauscht Euch danach über Eure Erlebnisse und Empfindungen aus.

☺ ☺ ☺ **Decken-Schaukel** (6-12 Min. je Partner; Decken)
Ein Mitspieler legt sich auf eine Decke. Mindestens 4 Partner stellen sich außen herum auf, nehmen den eingerollten Rand fest in die Hand und erheben sich so, daß sie ihre eigene Wirbelsäule möglichst gerade lassen. Nun setzen sie die „Decken-Schaukel" in Bewegung, sanft und in alle Richtungen, mal hin und her, vor und zurück, mal behutsam absenken, auf den Boden lassen und zudecken, mal wieder hochheben. Sicher fallen Euch noch eigene Variationen ein, wie Ihr den Partner beschenken könnt.

☺ ☺ **Leichtigkeit** (6-12 Min. je Partner)
Finde gemeinsam mit einem Partner einen Platz und verständigt Euch, wer von Euch beginnen mag. Dann stimmt Euch ein, indem Ihr die Augen schließt und für einen Moment Euren Atem wahrnehmt. Wenn Du beginnst, dann kannst Du Dich nun entspannen und wahrnehmen, daß Dein Partner für Dich da ist und Deine Arme führt. Wenn Du derjenige bist, der den Anderen bewegt, dann beginne, indem Du mit Deinen beiden Händen einen seiner Arme nimmst und ihn sanft hin und her bewegst, hoch und runter, behutsam in alle Richtungen die Bewe-

gung führen. Dein Partner kann sich vertrauensvoll ganz Deiner Führung hingeben und so nacheinander das Gefühl für Leichtigkeit und Schwere in beiden Armen wahrnehmen und genießen. Nach einiger Zeit kannst Du dann Deinen Partner hierher zurücklocken und Ihr tauscht Eure Rollen.

Anmerkungen:
- Auf Körperspannung achten; nur an Körper, Armen und Beinen anfassen.
- In sanften, ruhigen Bewegungen führen!

RESSOURCEN — Innere Zustände wachrufen

Streicheleinheiten

Form: Übung: ☒   Spiel: ☐   Phantasiereise: ☐

Ziel:
Bewußtes Formulieren der Vorzüge Anderer

Weitere Anwendungsmöglichkeiten:
Sinne schärfen;
sich in andere einfühlen;
Aufbau von Vertrauen;
Reflexion

Gruppengröße: ☺☺☺

Dauer:
6-12 Min. je Partner

Material:
– – –

Musikvorschlag:
Tony Scott: Zen-Meditation

Beschreibung:
Bei diesem Spiel geht es darum, den Mitspielern etwas Gutes zu tun. Zwei Reihen mit einem Abstand werden gebildet und dazwischen geht und hüpft ein Gruppenmitglied entlang. Er kann stehenbleiben, wo immer er will und schaut jemandem in die Augen. Der Betreffende darf nun etwas sagen oder tun, damit sich der Partner in der Mitte gut fühlt; beispielsweise sagt er: „Ich mag Dich, weil Du ...", „Was mir an Dir gefällt, ist ...", „Du bist ...", oder er lächelt ihn an, umarmt ihn oder findet eigene Möglichkeiten, ihn in einen guten und ressourcereichen Zustand zu versetzen. Der Partner kann sich bewegen und stehenbleiben wann, wo und so oft er will, um sich diese „Streicheleinheiten" zu holen.

Diese Übung unterstützt auch einen Perspektivenwechsel, weg von dem, *was fehlt*, hin zu *dem, was schon da ist*.

Variationen:

☺ ☺ Ihr könnt diese Übung auch zu zweit ausführen. Setz Dich mit Deinem Partner zusammen an einen ruhigen, ressourcevollen Ort. Beginne, indem Du Deinem Partner mitteilst, was Du an ihm magst, während er Dir ruhig zuhört. Nach etwa 5 Minuten tauscht Eure Rollen aus. Achte bei dem Spiel auf Deine körperlichen Empfindungen und nimm Dein Gefühl wahr, wenn Du Sympathie ausdrückst und empfängst. Was ruft es in Dir hervor, was empfindest Du?

☺ ☺ ☺ **Drei Wünsche** (10-20 Min.; Zettel, Stifte)
Jeder denkt sich im stillen „drei Wünsche" aus, die jetzt gleich in der Gruppe erfüllt werden könnten. Einer nach dem anderen spricht jetzt seine Wünsche aus und erfüllt sie sich möglichst sofort; wenn Du dazu einen oder mehrere Partner brauchst, respektiere deren Gefühle, wenn sie etwa nicht mitmachen wollen. Wenn Ihr alle Eure Wünsche ausgesprochen und die Erfüllung realisiert habt, tauscht Euch mit einem Partner darüber aus. Nimm wahr, wie leicht manche positiven, aufbauenden – und sonst aus Angst vor Zurückweisung häufig unterdrückten – Impulse und Wünsche ausgeführt werden können und welche Gefühle dieser Austausch von Geben und Nehmen in Dir weckt.
Nun dehne den Radius Deines Verhaltens, das Du Dir gestattest, aus. Denke an drei Wünsche, an die Du vielleicht schon gedacht hast, die Du aber durch eigene „Zensur" aus irgendeinem Grund nicht genannt hast. Jeder soll jetzt der Reihe nach diese, vorher „zensierten" Wünsche der Gruppe mitteilen und zusehen, ob sie erfüllbar sind. Danach tauscht Euch wiederum über Eure Gefühle und Erfahrungen aus.

☺ ☺ ☺ **Ja** (10-20 Min.)
Reicht ein kleines Wort im Kreis herum, das Wort „JA". Von Partner zu Partner sollt Ihr dieses einfache Wort weitergeben und wahrnehmen, entdecken, welche Fülle dieses Wort beherbergt und welche Gefühle es gerade bei Dir auslöst und weckt. JA, das kann zustimmend, fragend, geduldig, begeistert, einsichtig sein. Es kann eine Unzahl nuancenreicher Gefühle und Bedeutungen verraten, abhängig von der emotionalen Schwingung der Stimme, die es ausspricht. Jeder, der bei diesem Wort-Umlaut an der Reihe ist, kann dem JA einen immer anderen Klang, einen immer anderen Sinn abgewinnen. Ein JA kann auf das vorangegangene antworten oder es in Frage stellen, ergänzen oder verwerfen. Daraus können sich Dialoge, ganze JA-Geschichten entwickeln.

RESSOURCEN   Innere Zustände wachrufen

Geschichten schreiben

Form: Übung: ☒   Spiel: ☐   Phantasiereise: ☐

Ziel:
Feedback, Kreativität

**Weitere Anwendungs-
möglichkeiten:**
Beschenken;
kreatives Schreiben

Gruppengröße: ☺☺☺

Dauer:
25 Min. je Partner

Material:
Schreibzeug, Decken

Musikvorschlag:
Patrick Ball: Celtic Harp

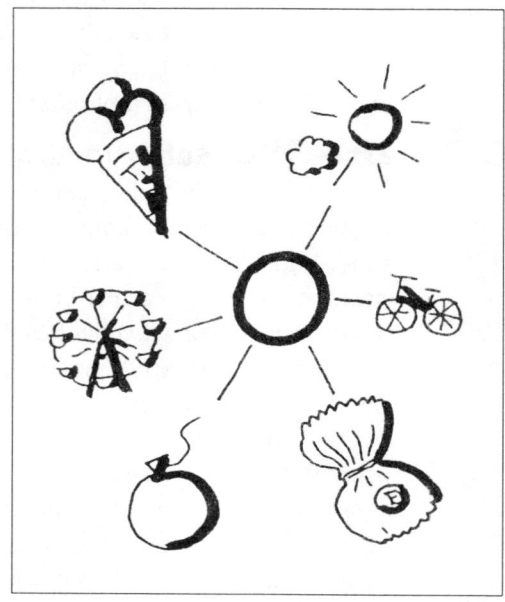

Anleitung:

Such Dir eine Dreiergruppe, in der Du Lust hast, die anderen zu beschenken und beschenkt zu werden. Nimm Dir dann mindestens 8 leere Blätter Papier und einen Stift mit, und macht in der Gruppe aus, wer von Euch als erster beschenkt wird. Derjenige, der als erster beschenkt wird, schreibt jetzt eine Geschichte für sich selbst, und die anderen beiden schreiben eine Geschichte für denjenigen. Dann schau Dir denjenigen an, der beschenkt wird und laß Dich inspirieren durch all die Erfahrungen, die Du mit demjenigen gemacht hast – und nimm Dir ein Blatt Papier zur Hand – und male in der Mitte ein Symbol, was Dir einfällt zu dieser Person. Und wenn Du selber für Dich schreibst, laß Dir ein Symbol einfallen für Dich selbst. Zeichne das Symbol in die Mitte – und mach rund herum von dem Symbol fünf Striche weg. Vergiß vollständig diese Person und schau nur noch auf Dein Symbol – laß Dich inspirieren, was für Dich zu diesem Symbol dazugehört – schau auf Dein Symbol – und mache kleine Zeichnungen, Skizzen rundrum hinter jedem Strich – mit dem, was für Dich zu diesem Symbol dazugehört – welche Assoziationen, Zeichnungen, Symbole oder Worte für Dich zu diesem Symbol dazugehören. Laß es einfach fließen, das, was Dir dazu einfällt. Wenn Du an jedem dieser fünf Striche eine Zeichnung, ein Symbol oder ein Wort gefunden hast, dann laß dies vollständig los – schau auf Dein Blatt – und nimm Dir ein anderes Blatt zur Hand – und beginne zu schreiben – indem Du all diese Symbole, Zeichnungen und Worte, und all das, was Du gefunden hast, zu einer Geschichte verbindest. Es ist nicht wichtig, daß Du an die Person denkst, die Du beschenken willst – sondern laß Dich überraschen was Dir alles einfällt – setz einfach den Stift an – beginne mit dem ersten Wort, indem Du es hinschreibst – und anfängst, all die Symbole und Zeichnungen zu verbinden – zu einer Geschichte – zu einem Märchen – zu einer Metapher – oder zu einem Feedback. Laß Dich überraschen, was Dir einfällt – vielleicht ist die Geschichte schon gleich vollständig da – vielleicht entsteht sie erst während des Schreibens – indem Du immer wieder, wenn Du merkst, daß Du hängenbleibst, auf Dein Blatt schaust – die Symbole nimmst und Dich inspirieren läßt – und ein Wort hinschreibst und fließen lassen kannst, so daß die anderen Worte wie von selbst einfach aus Dir herausfließen – sich aneinander reihen, zu einer Geschichte werden, zu einer Metapher. Nimm an, was jetzt kommt. Vielleicht ist die Geschichte schon vollständig da, und Du weißt jetzt schon, wie sie zu Ende geht. Dann laß sie zu ihrem Ende kommen, indem Du die letzten Worte aufschreibst – all das, was Du demjenigen, für den Du das machst, noch schenken möchtest. Laß die Geschichte zu ihrem Ende finden – oder dahin, daß Du einen Punkt setzen kannst – für heute – oder vielleicht drei Punkte, weil die Geschichte weitergeht und ein offenes Ende hat. Vielleicht weißt Du noch nicht, was die Geschichte bedeutet für denjenigen, für den sie ist – oder vielleicht weißt Du ganz genau, was sie für denjenigen bedeutet oder bedeuten kann. Es ist nicht wichtig, daß Du jetzt schon genau verstehst. Laß einfach fließen und die Geschichte zu ihrem Ende kommen. Schließ das für Dich jetzt ab – so wie es jetzt ist. Dann macht es demjenigen, der die Geschichten geschenkt bekommt, ganz bequem – und sorgt dafür, daß er sie jetzt wirklich genießen kann. Wenn Du jetzt beschenkt wirst, dann nimm wahr, daß andere jetzt für Dich da sind und ihre Zeit – ihre Energie – und all ihre Kreativität für Dich genutzt haben – daß Du ihnen so wichtig warst – so wichtig bist – daß sie all das, was sie an Kreativität zur Verfügung haben – ihre Zeit und Energie – jetzt für Dich verwendet haben – daß Du ihnen wichtig bist und wertgeschätzt wirst – und laß Dich verwöhnen. Lest demjenigen die Geschichten von der rechten Seite vor, möglichst ins rechte Ohr – und gebt ihm Zeit zu genießen. Wenn Du beschenkt wirst, dann nimm einfach an – wortlos – was Du von den Geschichten annehmen kannst – und dann kannst Du Dich auf Deine Art bedanken – und indem Du den anderen Deine Geschichte vorliest, die Du für Dich selbst geschrieben hast. Dann macht einen kleinen Separator – und wechselt – schreibt die Geschichten für den nächsten.

Anmerkungen:
- Wenn Ihr das in einer größeren Gruppe macht, ist es schön, wenn in etwa alle ein ähnliches Tempo haben, so daß Ihr auch irgendwann gemeinsam wieder aufhören könnt. Es ist am angenehmsten, wenn die Instruktionen für alle gemeinsam gegeben werden. Manchmal kannst Du Dich sonst auch in einer Geschichte verlieren. Wenn es anfängt zu fließen, kannst Du natürlich immer endlos weiterschreiben. Tage könnte man damit verbringen oder ein ganzes Seminar.

Babymassage

Form: Übung: ☐   Spiel: ☐   Phantasiereise: ☒

Ziel:
Entspannung, innere Ruhe

Weitere Anwendungsmöglichkeiten:
Separator (Regulation);
Versöhnung mit dem Kind;
Beschenken

Gruppengröße: ☺☺

Dauer:
40 Min. je Partner

Material:
Decken, Kissen

Musikvorschlag:
Karunesh: Sounds of the heart

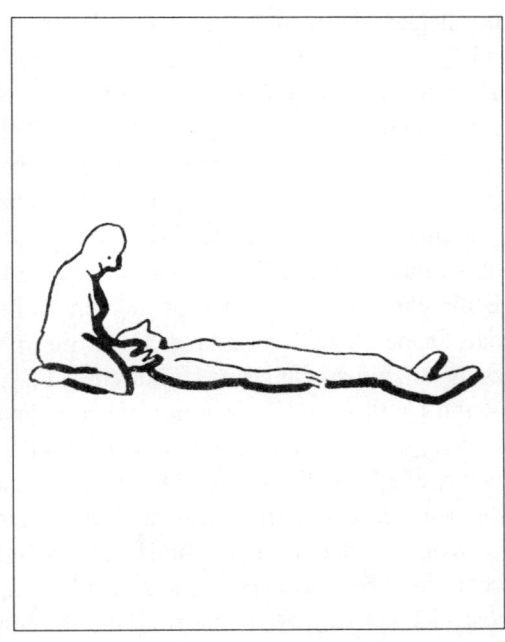

Anleitung:

Such Dir einen Partner, von dem Du Dich beschenken lassen möchtest, von dem Du Dich verwöhnen lassen möchtest. Jemanden, den auch Du berühren, beschenken und verwöhnen möchtest. Dann sucht Euch zusammen einen Platz und macht aus, wer von Euch beiden zuerst das Baby ist – wer zuerst von Euch beiden beschenkt wird. Wenn Du Baby bist, dann kannst Du Dich auf Deine Decke kuscheln in dem Wissen, daß jetzt jemand anderes für Dich da ist – für Dich sorgt. Beginne damit, daß Du Dich auf den Rücken legst – bequem – und Dich verwöhnen läßt. Wenn Du derjenige bist, der beschenkt, dann sorge dafür, daß es Dein Baby wirklich bequem hat. Überprüf noch einmal, ob die Hände und die Füße warm sind. Wenn nicht, dann sorge dafür, daß Dein Baby all das bekommt, was es jetzt im Moment braucht – so daß es die nächsten 20 Minuten so auf dem Rücken liegenbleiben kann. Vielleicht braucht es noch ein bißchen Wärme, dann kannst

Du es zudecken. Vielleicht braucht es noch eine Unterlage oder ein Kissen – sorge dafür, daß es Dein Baby wirklich bequem hat. Wenn Du Baby bist, dann kannst Du einfach mal genießen, daß jetzt jemand anderes da ist, der für Dich sorgt. Im weiteren Verlauf nur wahrnehmen, wie Du daliegst – feinste Unterschiede bemerken kannst – und für Dich so viel davon genießen, wie Du kannst. Wenn Du beschenkst, dann entwickle in Dir all Deine Qualitäten als Mutter oder als Vater – laß all die Ressourcen kommen, wenn Du Dir vorstellst, daß Du als Mutter oder als Vater Dein Baby verwöhnst – eine ganz spezielle Energie Deines Erwachsenenichs – eine ganz wichtige Fähigkeit für Dich, Mutter oder Vater zu sein. Dann mach es Dir am Kopfende Deines Babys ganz bequem. Sorge während der ganzen Zeit dafür, daß Du es selber gemütlich und bequem hast – je bequemer Du es hast – je mehr Du dafür sorgst, daß es Dir gutgeht – desto leichter kann Dein Baby annehmen, was Du ihm schenken möchtest. Mach es Dir am Kopfende Deines Babys ganz bequem – reibe Deine Hände aneinander – laß die Energie fließen, so daß Deine Hände warm sind. Dann nimm auf Deine Art Kontakt mit Deinem Baby auf, indem Du Deine Hände einen Platz finden läßt – am Kopf Deines Babys – und Du das Kind einfach nur halten kannst. Wenn Du Baby bist, spüre, wie es ist, jetzt gehalten zu werden – zu wissen, daß Du versorgt und gehalten wirst. Nimm wahr, wie Dich die Schwerkraft mit der Erde verbindet – und die Berührung mit demjenigen, der Dich beschenkt. Dann beginne, Dein Baby zu beschenken – zu verwöhnen, indem Du sanft und behutsam anfängst, die Stirn zu erkunden – sanfte, behutsame Berührungen – und zu entdecken, was Du alles hier lockern – was Du lösen kannst – die Stirn und rund um die Augen – die Nasenwurzel – die Nase – die Augenlider – die Wangen – das Kinn – bis hin zu den Ohren – die Ohren entdecken – und hinter den Ohren – ganz sanft all das, was Du vom Hals – vom Nacken erreichen kannst – lockern und lösen. Dann so ein bißchen die Kopfhaut sanft hin- und herschieben – lockern – und all das, was Du bis zum Lätzchen von Deinem Baby aus dieser Position erreichen kannst – die Schultern lockern und lösen. Indem Du den Kontakt hältst, begib Dich mit Deinem Kissen neben Dein Baby – ungefähr in Brusthöhe, so daß Du gut und leicht die Schulter und die Brust bis zum Becken erreichen kannst. Mach es Dir hier wieder ganz bequem – so bequem – wie es für Dich möglich ist. Achte darauf, daß Deine Wirbelsäule gerade ist. Wenn Du es Dir für Dich ganz bequem machst, kann Dein Kind für sich annehmen, was es jetzt von Dir geschenkt bekommt. Und dann entdecke hier wieder, was Du lockern und lösen kannst – all das an sozial akzeptablen Stellen – an der Schulter – an der Brust – den Armen – entdecken – lockern – lösen – die Hände – die Finger – die Handflächen – lockern und lösen, was alles Du von hier aus erreichen kannst – am Bauch sanft und behutsam – bis zum Becken. Indem

Du den Kontakt hältst, geh dann auf die andere Seite Deines Babys und mach es Dir hier wieder ganz bequem – lockere und löse die andere Seite – von der Schulter – den Arm – die Hände – Brust und Bauch – bis zum Becken. Begib Dich dann weiter nach unten, so daß Du vom Becken aus die Beine erreichen kannst – und mach es Dir wieder ganz bequem mit gerader Wirbelsäule. Laß Dich überraschen, was alles hier an sozial akzeptablen Stellen Du lockern kannst an Deinem Baby – was Du lösen kannst. Beide Beine gleichzeitig ganz sanft und behutsam lockern und lösen – hinunter bis zu den Füßen. Dann mach es Dir am Fußende noch einmal ganz bequem. Nimm Kontakt zu den Füßen Deines Babys auf und achte darauf mit allen Sinnen, was Deinem Baby jetzt wirklich guttun kann – wie die Berührung ist – daß es Deinem Baby angenehm ist. Manchmal ist es sinnvoll, hier die Hände nur einfach ruhen zu lassen – oder etwas fester zu berühren. Nimm Kontakt mit den Füßen auf und spür, wie Ihr beide in Resonsanz geht – wie Ihr einen gemeinsamen Rhythmus entwickeln könnt – wie die Verbindung zwischen Euch beiden – die Verbindung zwischen Dir und Deinem Kind ist. Laß Ideen kommen, was Du Deinem Baby jetzt schenken möchtest – ob es Aufmerksamkeit ist – oder Licht – oder eine ganz spezielle Farbe – oder Ruhe – Zeit – was immer es ist für Dich – stell Dir vor, diese Qualität kann durch Deine Handflächen fließen – und Dein Baby kann von all dem, was Du ihm jetzt schenkst, das annehmen, was es jetzt gebrauchen kann – was es im Moment annehmen kann. Laß es fließen durch Deine Handflächen, indem Du die Verbindung spüren kannst. Dann verabschiede Dich jetzt wieder von den Füßen und bitte Dein Baby liebevoll, daß es sich auf den Bauch rollt und es sich wieder ganz bequem macht. Achte darauf, daß es auch jetzt wieder warm – bequem – und gemütlich daliegt. Dann beginne wieder oben am Kopf, indem Du den Kopf Deines Babys hältst – und wenn Du Baby bist, Du einfach wieder spürst, wie es ist, wenn Du gehalten wirst. Jetzt. Dann wieder all das lockern und lösen – sanft und behutsam – was Du hier lockern und lösen kannst. All das, was Du erreichen kannst am Kopf und im Nacken – bis zu den Ohren – und dem Schulterbereich. Dann entdecke wieder von der Seite aus den Rücken Deines Babys – lockern und lösen – sanft und behutsam – mit weichen Bewegungen beschenken. Mach es Dir selber ganz bequem, so, daß es Dein Baby für sich annehmen kann. Den Rücken entdecken – die Arme – bis zum Gesäß hinunter – dann wieder, indem Du Dir einen Platz suchst, von dem aus Du die Beine bequem erreichen kannst – Deine Wirbelsäule gerade und bequem – die Beine lockern – lösen – bis hinunter zu den Füßen. Dann mach es Dir wieder am Fußende bequem, nimm Kontakt mit den Füßen Deines Babys auf – und spür noch einmal die Verbindung zwischen Euch – und was zwischen Euch beiden fließen kann. Ob es Licht ist – oder eine Farbe – und was Du Deinem Baby schenken möchtest – laß es hineinfließen in

Deine Hände – fließen über die Berührung – über die Verbindung, die Du mit Deinem Kind hast. Dann verabschiede Dich wieder von den Füßen und such Dir eine Stelle, von der aus Du Dein Baby am liebsten wecken – hierher locken möchtest – wieder ganz hierher in die Gegenwart – herlocken – daß es Lust hat, wieder erwachsen zu werden – daß es weiß, daß es Spaß macht, erwachsen zu sein – und weiß, daß es schön ist, beschenkt zu werden – und genauso schön ist zu schenken – daß es schön ist, etwas zu nehmen und genauso schön, etwas zu geben. Lock es hierher, daß es Lust hat, erwachsen zu werden – seine Mutter- oder Vaterqualitäten zu entdecken – und Dich zu beschenken.

Ort der Ruhe

Form: Übung: ☐   Spiel: ☐   Phantasiereise: ☒

Ziel:
Einen inneren Zustand von Ruhe erleben

Weitere Anwendungsmöglichkeiten:
Regulation (Separator)

Gruppengröße: ☺

Dauer:
20-30 Min.

Material:
Bequeme Kleidung, Decke

Musikvorschlag:
Mark Jaszkiewicz:
Ort der Ruhe;
oder Karunesh:
Sounds of the heart

Anleitung:

Such Dir Deinen Platz auf dem Boden und mach es Dir ganz bequem, so bequem, daß Du dort für einige Zeit liegenbleiben kannst. Spüre hinein in Deinen Körper, wie Du heute daliegst – was Du noch alles verändern kannst, damit Du es wirklich bequem hast. Du hast die Entscheidung – jetzt und auch später, was Du tun magst, damit Du es wirklich bequem hast. Spüre, wo überall Du den Boden berührst und was Du alles jetzt an den Boden abgeben – loslassen kannst. Nimm wahr, auf welche Art und Weise Du die Schwerkraft spüren kannst – die Schwerkraft, die Dich mit der Erde verbindet – Deine Beziehung zur Erde. Was alles Du an die Erde abgeben kannst – loslassen – lösen – das laß jetzt los. Während Du mit Deiner Aufmerksamkeit noch einmal hinunter gehst in Deine Füße – spürst, wie sie jetzt da auf dem Boden liegen, kannst Du Dich daran erinnern, wann Du das letzte Mal vollständig losgelassen hast – Dich entspannt hast – und was alles Dich darin unterstützt hat, diesen angenehmen Zustand von Gelöstsein für Dich zu erleben. Du kannst wieder in diesen Zustand kommen, indem Du weiter mit Deiner Aufmerksamkeit nach oben in Deine Beine spürst – wie sie heute hier auf dem Boden liegen – und auch hier wieder loslassen kannst, was Du in den Beinen noch an den Boden abgeben kannst – abgeben möchtest. Indem Du weiter nach oben in Dein Becken spürst – wahrnimmst, wie sich das anfühlt – wie diese Entspannung – dieses Loslassen – dieses Gelöstsein weitergeht – ganz von alleine – indem Du weiter hineinspürst – wenn Dein Körper dies für Dich ganz von allein tut. Je weiter Du nach oben kommst – reinspürst in Deine Schultern – Deine Brust – desto leichter kann dieser Zustand von Entspannung für Dich werden – desto intensiver kannst Du für Dich spüren – wie Du all das loslassen kannst, was Du jetzt loslassen möchtest – um dann beide Arme wahrzunehmen – wie sie da liegen auf dem Boden. Indem Du dieses spürst – kannst Du schon loslassen und entspannen – vielleicht sogar schon wahrnehmen, wie Dein ganzer Körper weicher wird – weiter – warm und weit – um dann weiter hineinzuspüren in Deinen Kopf – und wo Dein Kopf die Unterlage berührt – und was Du auch hier an den Boden abgeben – der Erde anvertrauen kannst – loslassen kannst – indem Du weiter hineinspürst in Dein Gesicht – Deine Stirn – wie sie weicher wird – weiter – Deine Augenbrauen – wie sie leicht werden – die Muskeln um die Augen loslassen können – weich werden – und die ganze Wangenmuskulatur ganz weit und weich – um die Lippen herum – und Dein Kinn, wie es loslassen – sich entspannen kann. Während dies ganz von allein weitergeht, kannst Du Deine Zunge wahrnehmen – wie sie da in Deinem Mund liegt – und auch hier breiter wird – weicher. All das kann Dein Körper ganz von allein für Dich tun, während Du hier liegst – und Deinen Atemrhythmus wahrnehmen kannst – Deinen eigenen Rhythmus wahrnehmen – wie Dein Atem Dich atmet. Und um diesen Zustand von Entspannung – von Loslassen – von Gelöstsein noch mehr zu genießen, kannst Du Dich einen Moment von Deinem Atem schaukeln lassen – schaukeln lassen von Deinem eigenen Atemrhythmus – wie eine Welle – einatmen – und wieder ausatmen – und einatmen – und mit jedem Ausatmen ein kleines bißchen mehr loslassen – ein kleines bißchen tiefer in Deine Decke kuscheln – ein kleines bißchen mehr loslassen – dem Boden anvertrauen. Während Du Dich von Deinem Atem schaukeln läßt und Deine Gedanken kommen und gehen können – wie eine Welle – geh in Gedanken an einen Ort der Ruhe in der Natur – einen Ort in der Natur, an dem Du schon Ruhe und Frieden in Dir erlebt hast. Erinner Dich. Laß all die Erinnerungen kommen, an Orte – oder einen Ort – in der Natur, wo Du schon Ruhe und Frieden in Dir erlebt hast – wo Du ganz selbstverständlich Teil der Natur warst

– ganz selbstverständlich Du. Laß all die Erinnerungen kommen an die Orte in der Natur, wo Du schon Ruhe und Frieden erlebt hast – wo Du ganz selbstverständlich dazugehört hast – ein Teil des Ganzen warst. Entscheide Dich für einen dieser Orte – jetzt – für einen dieser Orte in der Natur, wo Du Ruhe und Frieden erlebt hast – und dann sei in Gedanken ganz da – und nimm wahr, was für Dich dazugehört – was es an diesem Ort für Farben gibt – und Formen – was für ein ganz spezielles Licht – welche Pflanzen – vielleicht auch Tiere – welche Elemente da sind – welche Bewegungen – welche Töne und Geräusche – Geräusche der Natur – oder ein Lachen – oder vielleicht eine ganz bestimmte Art von Stille – oder wie Du den Luftzug wahrnehmen kannst – die Temperatur – wie sich der Boden anfühlt, der Dich trägt – oder vielleicht eine ganz bestimmte Berührung. Nimm wahr, was an diesem Ort für ein ganz bestimmter Geruch ist – oder ein ganz bestimmter Geschmack, der für Dich zu diesem Ort gehört – sei in Gedanken ganz an diesem Ort – und nimm wahr, was alles um Dich herum ist an Natur – ganz selbstverständlich Du ein Teil der Natur – dazugehörst – eingebettet in ein großes Ganzes – Du all die Farben und Formen wahrnehmen kannst um Dich herum – die Bewegungen – das Licht – all die Töne und Geräusche – die Berührung spüren kannst – und was dieses Gefühl von Ruhe und Frieden in Dir noch vertiefen kann. Vielleicht eine Farbe – vielleicht eine Melodie – oder ein Lachen – oder ein Geräusch – oder eine Berührung – oder eine Bewegung – ein ganz bestimmter Geruch – oder Geschmack – was es ist – was dieses Gefühl von Ruhe und Frieden in Dir mehr und mehr werden läßt – was Dich darin unterstützt, davon mehr zu erleben. Nachdem Du das wahrgenommen hast, was es für Dich ist – was es für Dich noch intensiver macht – kannst Du Dich bei Dir bedanken – und von diesem Ort verabschieden – von Deinem Ort der Ruhe und des Friedens – mit dem Wissen, daß Du jederzeit hierher zurückkommen kannst – daß Du jederzeit hierher Zugang hast, indem Du einfach daran denkst – an diesen Ort. Mit dem Wissen, daß Du dieses Gefühl jederzeit mit in Deinen Alltag nehmen kannst – und dort wieder kreieren kannst – wieder erleben kannst – verabschiede Dich – und komm hierher zurück in diesen Raum mit Deiner Aufmerksamkeit – ganz hierher zurück in diesen Raum. Spür noch einmal, wie Du auf dem Boden liegst – und wie Dein Körper sich jetzt anfühlt – und was alles Du bisher schon losgelassen hast – dem Boden anvertraut hast. Komm hierher zurück in diesen Raum in Deinem Körper – mit Deiner Aufmerksamkeit – wie nach einem erholsamen Schlaf – erfrischt – und laß noch einmal mit jedem Ausatmen all das los, was Du jetzt noch loslassen möchtest – und mit jedem Einatmen laß etwas Frische und Energie in Dich hineinströmen – mit jedem Einatmen Frische und Energie durch Deine Nase – bis an eine Stelle zwischen Deinen Augenbrauen einströmen – eine sanft-kühle Empfindung – die sich von dort ausbreitet als Energie – als Frische in Deinem ganzen Körper – mehr und mehr. Laß es mehr werden mit jedem Einatmen. Dann laß eine Bewegung kommen, die Dich ganz hierher bringt – die Dich darin unterstützt, genau die Energie in Deinem Körper zu kreieren – zu entdecken – sich ausbreiten zu lassen – die Du jetzt noch brauchst, um das zu machen, was Du heute machen möchtest. Dies kann ein Strecken sein – ein Langmachen – es kann sein, daß Du die Hände und Füße aneinanderreibst – oder die Knie umfaßt – und Deinen Rücken schaukelst und massierst. Laß eine Bewegung kommen, die Dich ganz hierher bringt – ganz wach – ganz erfrischt – und mit der Energie angefüllt, die Du heute noch brauchst um das zu tun, was Du heute noch machen möchtest. Jetzt.

Anmerkungen:
- Beim Lesen bitte darauf achten, daß genug Pausen da sind, damit die Teilnehmer sich ihr eigenes Erleben dazu kreieren können, ihren eigenen Tonfilm machen können, ihre eigene Erinnerung wieder wachrufen können. Am leichtesten gelingt dies, indem Du selbst die Zustände in Dir miterlebst und erschaffst.

Innere Zustände wachrufen — RESSOURCEN

Heilreise

Form: Übung: ☐   Spiel: ☐   Phantasiereise: ☒

Ziel:
Die eigene Heilenergie wachrufen; das Immunsystem stärken

Weitere Anwendungsmöglichkeiten:
Entspannung (Separator)

Gruppengröße: ☺
In der Gruppe

Dauer:
30-45 Min.

Material:
Decken

Musikvorschlag:
Am Anfang: Deuter: Land of enchantment;
Mitte: Ra Ma Da Sa;
Am Ende: Kitaro

Anleitung:

Leg Dich in eine Position, die sich gut anfühlt für Dich. Rück Dich zurecht, so daß Du wirklich bequem daliegst. Dann, wenn Du wirklich bequem liegst, weißt Du, daß Du Dich ab jetzt ausruhen – entspannen kannst. Du kannst dieses Mal gleich von Anfang an die Augen schließen – während Du das tust, erinnerst Du Dich vielleicht an frühere Entspannungen – und wie angenehm sie für Dich sind. Du weißt, daß es völlig natürlich ist, sich zu entspannen. Du weißt auch, daß es nichts dabei für Dich zu tun gibt – nichts Richtiges – nichts Falsches – gar nichts. Während Du so bequem und bewegungslos daliegst, kannst Du alle Geräusche in diesem Raum wahrnehmen – die Musik – meine Stimme – Du weißt, welche Tageszeit es ist und welcher Tag – und daß Du ruhig und sicher in diesem Raum liegst. Du kannst bemerken, wie Dein Körper sich anfühlt. Du weißt aber auch, daß Du in einiger Zeit all das vergessen kannst. Es fällt Dir leicht, meiner Stimme zuzuhören – und Du kannst einfach jedem einzelnen meiner Worte klar und deutlich folgen. Dann versprich Dir, dort innen – bei Dir – total wach zu bleiben, damit Du diesen Zustand voll genießen kannst. Dein ganzer Körper erinnert sich daran, wie angenehm es ist loszulassen. Du kannst ihm erlauben, dorthin zurückzufinden in diesen angenehmen Zustand – den er genießen kann – den Du genießen kannst. Einfach nur so ruhig daliegen – und meinen Worten zuhören, macht Dich vielleicht schon jetzt etwas mehr entspannt – so daß alle Muskeln schon jetzt anfangen loszulassen – und wieder werden wir in einigen Augenblicken auf eine Reise durch Deinen Körper gehen. Du kannst das ganze Gewicht Deines Körpers dem Boden anvertrauen – Dich dem Boden anvertrauen – Du weißt, daß er Dich trägt. Während Du das zuläßt, fängt schon jetzt Dein ganzer Körper an, sich ein klein wenig weicher zu fühlen – oder in einer Weile. Geh mit Deiner ganzen Aufmerksamkeit hinunter in beide Füße, die Du klar und deutlich spüren kannst – wie sie ruhig daliegen – die Zehen – die Fußsohlen – die Fersen. Indem Du Deine Aufmerksamkeit etwas höher bringst in die Unterschenkel, kannst Du auch dort spüren, wie sie auf der Rückseite den Boden berühren – bewegungslos – und dann mit Deiner Aufmerksamkeit etwas höher hinauf – in die Oberschenkel. Du kannst Dir Zeit lassen – Dich zu spüren. Auch sie berühren hinten den Boden – und Du kannst beiden Beinen erlauben loszulassen. Und indem Du das tust, fangen sie vielleicht an, sich ein wenig leichter anzufühlen – oder ein wenig schwerer – oder ein wenig weicher. Bring Deine Aufmerksamkeit hinauf in Deinen Bauch, der sich hebt und senkt – wie immer – heben und senken – mit jedem Atemzug. Jedesmal, wenn Du ausatmest und der Bauch sich senkt – kann er sich etwas weicher – und natürlicher anfühlen – so als ob alles – was Du dort nicht haben willst – einfach gelöst wird – und Dein Bauch mit jedem Mal Ausatmen etwas weicher – etwas natürlicher wird – ob Du es jetzt bemerkst oder nachher – um dann mit Deiner Aufmerksamkeit in Deine Brust hinaufzugehen.

Auch dort kannst Du eine leichte Bewegung spüren – wie eine Welle – heben – und senken – jedes Mal, wenn Du ausatmest und Deine Brust sich senkt – etwas leerer – etwas weicher – etwas weiter. Mit jedem Mal ausatmen wird Deine Brust innen freier – und auch das kann so weitergehen – ob Du es bemerkst oder nicht – so daß der Bauch und die Brust mit jedem Mal Ausatmen weiter werden – während Du mit Deiner Aufmerksamkeit weiter hinauf in Deinen Kopf gehst. Dort kannst Du wahrnehmen, wo vielleicht die Haare Dein Gesicht berühren – und auch, wie Dein Hinterkopf auf dem Boden aufliegt. Erlaube Deinem Gesicht loszulassen – allem in Deinem Gesicht loszulassen – bis Dein ganzes Gesicht weich wird – glatt wird – und jedes Mal, wenn Du einatmest – diese leichte Kühle in Deiner Nase – in Deiner Kehle. Du kannst Dir vorstellen, daß Dein Atem eine Stelle zwischen Deinen Augenbrauen berührt – und jetzt – oder in einer Weile eine kaum wahrnehmbare – schwach kühle Empfindung hervorruft – mit jedem Einatmen. Je länger Deine Aufmerksamkeit dort bleibt, desto kühler kann diese Empfindung werden – die Dich frisch hält und klar – hellwach – mit jedem Mal Einatmen – und Deinen Wangen erlauben loszulassen – Deinem Unterkiefer erlauben loszulassen – und auch Deine Stirn ist inzwischen viel glatter – weicher – Deine Augenlider leicht geschlossen – und dieses Halbdunkel hinter Deinen leicht geschlossenen Augenlidern – und hinter diesem Halbdunkel Du – der Du jedes einzelne Wort klar und deutlich verstehen kannst – und Du weißt, daß Du immer besser verstehst – je tiefer Du losläßt. Du weißt auch, daß Du an nichts Besonderes denken mußt – und Du kannst alle überflüssigen Gedanken einfach loslassen.

Während Du so bewegungslos daliegst und zuhörst, ist der Atem die einzige Bewegung in Deinem Körper – vielleicht so ein Gefühl, als ob der Atem nicht zu Dir gehört – als ob Du geatmet wirst – wie jede Nacht – als ob die Luft von selbst in Dich einströmt – und Dich von selbst wieder verläßt – frei und leer innen – und Du weißt, daß Du auch da nichts tun mußt – sondern Dir einfach erlauben kannst, geatmet zu werden – und während Dein Atem weiterfließt – wie jede Nacht – und während Dein Herz weiterschlägt wie immer – von selbst – können kleine Wellen von Entspannung durch Deinen ganzen Körper fließen – jede einzelne Zelle kann loslassen. Du kannst Dir erlauben, das Außen langsam zu vergessen. Du weißt das Du in diesem Raum liegst – sicher und geschützt – und so fällt es Dir leicht – tiefer und tiefer loszulassen – Dich fallenlassen – nach innen – zu Dir – Dein ganzer Körper mehr und mehr gelöst – vielleicht jetzt schon – oder ein wenig später so tief entspannt, daß Du nicht mehr genau weißt, wo Du bist. Und auch das kannst Du einfach zulassen. Vielleicht ein Gefühl, als wenn Dein Körper ganz langsam zurücksinkt in diese Weichheit hinein. Du kannst Dir erlauben, allmählich Deinen Körper zu vergessen – in dem Wissen, daß er ruhig und zuversichtlich hier liegt. Je tiefer und tiefer er losläßt, desto mehr kannst Du ihn einfach vergessen. Während Dein physischer Körper langsam in diese Art von Schlaf sinkt, kannst Du selbst hellwach bleiben. Mit jedem Mal, daß Du einatmest – wacher. Jedes Einatmen macht Dich etwas klarer – hellwach – vielleicht so ein Gefühl, als ob Deine Aufmerksamkeit sich ausdehnt – so wach – daß Du gar nicht bemerkst, wie tief Dein Körper in Wirklichkeit schon entspannt ist. Während Du total ruhig hier liegst und jedes einzelne Wort klar und deutlich verstehst – fragst Du Dich vielleicht, wie lange Du schon so hier liegst – und Du weißt nicht genau, wieviel

Zeit vergangen ist – vielleicht fünf Minuten oder zehn Minuten – oder noch viel länger – und Du mußt gar nicht wissen, wie lange Du schon hier liegst – und vielleicht fühlst Du Dich jetzt – oder in einer Weile – seit einiger Zeit zeitlos. Denn da innen bei Dir gibt es keine Zeit – vielleicht erscheint es Dir so, als ob alles langsamer wird – während Du tiefer und tiefer losläßt – so tief losläßt, daß Du Deinen tiefsten Zustand näherkommen spürst – und wieder kannst Du anfangen, den Unterschied in Dir zu spüren – Deine Aufmerksamkeit auf nichts Bestimmtes gerichtet – aber hellwach und klar – Dein physischer Körper wie in tiefem Schlaf – wo Du ihn einfach sich selbst überlassen kannst – vergessen kannst – Du weißt aber auch, daß Du noch viel tiefer loslassen kannst – und während Du meinen Worten erlaubst, Dich tief innen zu erreichen – kann etwas so tief in Dir innen loslassen – daß Du es vielleicht gar nicht bemerkst – und wenn Du Dich langsam Deinem allertiefsten Zustand näherst – lenke noch einmal Deine ganze Aufmerksamkeit dorthin, wo beide Hände sind – je länger Du dorthin spürst – in beide Hände – und je länger Du Deine Aufmerksamkeit dort läßt – desto anders können sich beide Hände anfühlen – und nur Du weißt genau, wie anders sie sich anfühlen – vielleicht wärmer – vielleicht kribbelnd – vielleicht größer – oder schwerer. Während Deine ganze Aufmerksamkeit in beiden Händen gesammelt bleibt – kannst Du bemerken, wie dieses andere Gefühl in den Händen stärker wird – oder Deinen Puls dort wahrnehmen – in beiden Händen – und Du weißt, daß dieses andere Gefühl Deinem tiefsten Zustand vorhergeht.

In wenigen Augenblicken werde ich von eins bis zehn zählen – und dann kannst Du Dich sehr sehr gut fühlen. Eins – mehr und mehr loslassen – nach zwei – und immer noch fallenlassen, locker lassen – nach drei – tiefer und tiefer – nach vier – aber auch wacher und aufmerksamer – nach fünf – und das Wissen, daß dieses Loslassen kein Ende hat – nach sechs – tiefer und viel tiefer – nach sieben – immer noch weiter loslassen – nach acht – und Dich fallenlassen – nach neun – und lockerlassen, loslassen – nach zehn.

(Musikwechsel)

Und wieder ist der normale Zustand verschwunden. Während Du total wach und still hier liegst, kannst Du dicht bei meiner Stimme bleiben – während Du mich klar verstehst, hörst Du auch diesen wiederkehrenden Gesang – wieder und wieder. *Ra Ma Da Sa Sa Se So Hong.* Du kannst Dich ihm überlassen – und anfangen, mit Deiner inneren Stimme leise mitzusingen. Während Du das tust, brauchst Du mir gar nicht zuzuhören. Erlaube meinen Worten, Dich tief innen zu erreichen – innen singen – immer wieder – eingestimmt – Dein ganzes Wesen singt – losgelassen – lockerlassen – fallenlassen – wach bleiben – gar nicht zuhören – tiefer gehen –

immer tiefer loslassen – immer tiefer fallenlassen – innen singen – völlig wach – tiefer und tiefer – tiefer treiben, sinken lassen – innen singen. Während der Gesang langsam verschwindet, kannst Du mir wieder zuhören – jedes Wort – jeder Ton klarer und deutlicher.

(Musikwechsel)

Und heute bist Du bereit, tiefer als je zuvor loszulassen – uralte Spannungen loszulassen, die schon seit Jahren da waren – während ich für Dich von elf bis zwanzig zähle – wird etwas ganz Bestimmtes in Dir loslassen – etwas, das sich seit Jahren zum ersten Mal lösen kann – elf – Dein Unbewußtes weiß, wo es ist und erlaubt jetzt diesem Teil loszulassen – nach zwölf – der ganze Körper tief entspannt – eine ganz bestimmte uralte Spannung fängt jetzt an loszulassen – nach dreizehn – ob Du es nun fühlen kannst oder nicht genau weißt, wo – nach vierzehn – vielleicht ein inneres Organ, das sich mehr und mehr entspannt – nach fünfzehn – alte Spannungen fortgewischt – und während Du in Dich schaust und sie beginnst zu finden – nach sechzehn – etwas so Altes löst sich auf, daß Du Dich daran gewöhnt hast – und es nicht mehr fühlst – nach siebzehn – ein bestimmter Teil, vielleicht ein inneres Organ – jetzt tief entspannt – nach achtzehn – auch wenn das nicht leicht zu fühlen ist – etwas in Dir hat sich aufgelöst – nach neunzehn – etwas in Dir ist offen und hat losgelassen – nach zwanzig – auch wenn Du es jetzt noch nicht fühlst oder nicht genau – so hast Du doch etwas begonnen, das sich bequem ohne Deine Aufmerksamkeit vollenden kann. Dieser Prozeß kann für Dich ganz von allein weitergehen – während Du langsam bereit bist, Dich von innen heilen zu lassen. Du kannst Dir ohne weiteres vorstellen, daß Du auf einer weiten, lichten Ebene stehst – goldgelbes Gras bis zum Horizont – wie ein Meer aus Gras, das sich im Wind kräuselt und schwankt – biegsam und leicht – sehr nachgiebig – Wellen aus Gras, die vor dem Wind herlaufen – der Wind vielleicht wie ein heller, heilender Luftstrom – der Dein Gesicht berührt und in Deinen Haaren weht – der Deine Kleider bewegt – und Du kannst tief diesen hellen, heilenden Luftstrom einatmen – spüren, wie er beginnt, Deine Lungen zu füllen – heilsam von innen – und alles Alte fortweht – Dein Inneres luftig und heil – und das breitet sich aus in Deinem ganzen Körper – luftig und hell in jeder Zelle – wie ein heller, luftiger Nebel, der alles in Dir erneuert und erfrischt. Während Du weitergehst, kommst Du an einen warmen, klaren See – und Du legst Dich hinein und spürst, wie die kleinen sanften Wellen Deinen Körper umspülen – ihn streicheln – und alles forttragen, was Du loslassen willst – wie sie Deine Haut reinwaschen – und durch Dich hindurchspülen – Dein Innerstes erreichen – und wie alles in Dir erneuert und ausgetauscht wird – Dein Wesen flüssig und heil – und Du überläßt Dich der Zärtlichkeit des Wassers – dieser Reinigung – die heilt – und nachdem Du hinauswatest ans Ufer – legst Du Dich auf die warme glatte Erde. Während Du trocknest, kannst Du die Verbindung mit der Erde spüren – im ganzen Körper – wie eine endlose Kraft, die langsam in Dich hineinzieht aus dem Boden – wie die Erde Dir Stärke gibt – die Dich mehr und mehr ausfüllt – eine endlose Quelle von Zuversicht und Stärke – die Dich mit allem versorgt, was Du brauchst. Dein ganzer Körper voll mit wohliger Stärke – voll ruhiger Kraft – die Dich heilt von innen – und Du ein Kind der Erde – die Dich trägt – die Dich unterstützt – die für Dich sorgt – und Du spürst ihre schützende Natur, die Dir Kraft verleiht – und Du selbst wie aus warmer lebendiger Erde – und während Du so gestärkt daliegst, wird Dir bewußt, daß Dein Körper innen warm ist – und daß außen die Sonne scheint – auf Dich. Es scheint da eine Verbindung zu geben – Dein ganzer Körper warm – und während Du diese Wärme wahrnimmst – in jeder Pore, in jeder Zelle – kann sie sich ausbreiten – Deinen ganzen Körper wärmen – und darüber hinaus – daß du eingehüllt bist in einer ganzen Schicht aus Wärme – ein Kokon aus Wärme – vom Kopf bis zu den Zehen – auf allen Seiten – wie eine zweite Haut – Wärme – die schützt und ruhig macht – die Dich von innen heilt – und die Quelle aller Wärme am Himmel über Dir – die Quelle allen Wohlgefühls – und Du beginnst zu spüren, wie sich Dein Wesen dieser Wärme öffnet – und sie einläßt – tiefer und tiefer – die wie ein Strom in Deinen Körper fließt und um Dich herum – die Dich heilt. Und Du weißt, daß alle Elemente Dich unterstützen – und während Du bereits weißt, daß alle Elemente auf Deiner Seite sind – kannst Du Dir vorstellen – daß dieser Teil von Dir auf einem Pfad zu Dir kommt – den Du gut kennst – der feinste Teil Deines Wesens – der Teil, der Dich total kennt und vollständig akzeptiert – Dein innerer Heiler – Dein bester Freund – Deine Heilerin – Deine beste Freundin. Er oder sie kommt an Deine Seite und legt beide Hände auf die Stelle Deines Körpers, die Dir einmal Schwierigkeiten machte – und dort entsteht ein Strom von Wohlgefühl, als ob sich dort Licht sammelt – und diese Stelle völlig durchsichtig wird – oder warm – und hier an dieser Stelle eine Quelle von Energie entsteht und Wohlgefühl – das durch den ganzen Körper fließt – das sich in alle Richtungen ausbreitet – bis in die Luft – und bis in die Erde hinein – so als ob alles hell wird – und aufleuchtet – und ganz leicht – Dein Körper, innen hell und innen heil – sehr viel frischer – und ausgeruht – um vieles gesünder und lebendiger – und wärmer – und jeder Teil geheilt – jede Zelle erneuert und verjüngt – und Dein innerer Heiler – Deine innere Heilerin zeigt Dir jetzt Dich selbst – wie in einem Spiegel – Dein Wesen, froh und neu – ein neuer Glanz in Deinen Augen – und ein Moment totaler Gesundheit – Deine Bewegungen frisch – und stark – und vital – und Du weißt, daß Du diesen Moment hüten kannst – wie einen Schatz und Dich dann daran erinnern wirst, wenn Du diese Energie brauchst.

Und mit diesem Gefühl – mit dieser Energie – und mit der Sicherheit, daß Du Dich erinnern wirst – und daß Du Dich immer wieder neu erschaffen kannst – komm wieder hierher zurück – und ich werde für Dich von zehn bis eins zählen, damit Du ganz hierher zurückkommen kannst – zehn – wacher werden nach neun – hierher kommen – nach acht – und frischer und ausgeruhter – nach sieben – wie nach einem erholsamen Schlaf – nach sechs – gelöst und frisch – nach fünf – wacher und wacher – nach vier – und voller Energie – nach drei – hellwach – nach zwei – und neugierig – nach eins – ganz hier – jetzt. Neugierig, was sich für Dich verändert hat – und neugierig, wie vital – wie wach Du jetzt wieder sein kannst – vielleicht ein Räkeln oder ein Strecken – um wieder energievoll – ganz wach hier zu sein – ausgeruht – wie nach einem langen Schlaf – voller Energie und Wachheit.

Wegweiser

Wertekatalog ☺☺ 233

Wertehierarchie ☺-☺ 236

Wertschätzung ☺ 240

Wertelied ☺☺☺ 243

Wertekatalog

Form: Übung: ☒   Spiel: ☐   Phantasiereise: ☐

Ziel:
Höchste Werte herausfinden

Weitere Anwendungsmöglichkeiten:
Höchste Werte spüren und ankern

Gruppengröße: ☺☺
Beginn als Einzelübung

Dauer:
60 Min.

Material:
Schreibzeug

Musikvorschlag:
– – –

Anleitung:

1. Nimm Dir ein Blatt Papier und schreibe auf, was Dir ganz wichtig ist in Deiner Arbeit, in Deiner Partnerschaft, in Deinen Beziehungen, mit Deinen Freunden, für Dich ganz alleine. Schreib all das auf, von dem Du glaubst, daß es sich lohnt, dafür etwas zu tun – daß es sich lohnt, dafür aktiv zu werden. Es sind nur Etiketten für Gefühle, aber schreib die Worte auf, die Dir einfallen, die Werte, von denen Du glaubst, daß es sich lohnt, dafür morgens aufzustehen.

2. Dann erinnere Dich mal an eine Zeit, wo Du aktiv aus einer Arbeitsstelle weggegangen bist und was da gefehlt hat. Laß die Erinnerung kommen, was da gefehlt hat für Dich, so daß Du von da weggegangen bist. Das, wo Du gedacht hast, das muß da sein, wo Du vielleicht sogar versucht hast, dies in dieser Arbeitsstelle herzustellen – mit den anderen gemeinsam – und wo Du weggegangen bist, weil es nicht da war.

Dann schließ das für Dich wieder ab und laß eine Idee, eine Erinnerung kommen an eine Beziehung, aus der Du weggegangen bist, weil etwas ganz Entscheidendes gefehlt hat. Laß die Worte kommen, die Idee, was es war, was da gefehlt hat – was war es, warum Du weggegangen bist, was nicht da war, und was konntest Du nicht hineinbringen. Dann schließ das wieder für Dich ab.

Und dann laß eine Situation kommen, wo in Deinem Leben etwas ganz Wesentliches gefehlt hat – wo Du Dich nicht wohlgefühlt hast und Du die Idee hattest, Du mußt jetzt irgend etwas unternehmen – was war das, was gefehlt hat, laß die Ideen kommen, was Dir ganz wichtig ist in Deinem Leben.

Dann schließ das ab und erinnere Dich an eine Situation, wo Du aus einer Freundschaft herausgegangen bist – eine Freundschaft aufgekündigt hast und was da gefehlt hat, was in der Situation nicht da war. Mach Dir Notizen dazu, was es war, was für Dich gefehlt hat in dieser Situation, was Dir ganz wichtig ist in Deinem Leben. Und dann schließ das für Dich ab und streck Dich, lauf einmal um den Stuhl herum, schau genau auf die Sitzfläche und setz Dich wieder hin.

3. Und dann laß eine Situation kommen von einer Arbeit, die Du wirklich gern gemacht hast, erinnere Dich an eine Situation, wo Du eine Arbeit wirklich gern gemacht hast mit anderen zusammen – und was da da war. Was war es, daß Du Dich so wohlgefühlt hast. Mach Dir Deine Stichpunkte und Notizen dazu. Laß jeweils die Situation wiederkommen, was war da. Schreib Dir auf, mit welchen Worten Du das benennst.

Und dann laß Situationen kommen aus Deiner Partnerschaft, wo Du Dich ganz wohlgefühlt hast mit Deinem Partner, es Dir richtig gut ging und was dann für Dich da war – was für Dich das Wichtige dabei ist. Laß all die Sinneseindrücke kommen, was Du sehen, hören, spüren, riechen und schmecken kannst. Was ist das ganz Wichtige für Dich, daß Du weißt, jetzt läuft es gut.

Und dann laß eine Situation kommen, wo Du Dich mit Dir ganz allein unglaublich wohlgefühlt hast – was dann da war. Laß die Erinnerung kommen, was es war, was ganz wichtig ist in Deinem Leben – so daß Du Dich so wohlgefühlt hast – so eins mit Dir selber. Dann laß Situationen kommen mit Freunden, wo Du Dich ganz selbstverständlich wohlfühlst, was dann da ist, das für Dich dazugehört – was Dein höchster Wert ist – in diesem Moment. Mach Dir Deine Notizen dazu.

Und dann laß Dich noch einmal treiben in all die Situationen, wo es wirklich gut gelaufen ist in Deinem Leben, wo es wirklich super war, ganz einmalig – und was dann da war – was das für ein Gefühl ist in Deinem Körper – und wo es in Deinem Körper beginnt. Laß Dich noch einmal da hineingleiten, was für Dich alles dazugehört und was Du glaubst, wofür es sich lohnt etwas zu tun – und was Du glaubst, wofür es sich lohnt aufzustehen – aktiv zu werden.

4. Mach Dir Deine Notizen und dann such Dir einen Partner – fangt an auszutauschen, einzugrenzen, herauszufinden, neugierig zu sein, was Eure höchsten Werte sind. Ihr könnt Euch gegenseitig darin unterstützen, wenn Ihr den anderen da hineinführt – sinnesspezifisch – Ausdrücke, Worte herausfindet für seine höchsten Werte – und wo dieses Gefühl in seinem Körper beginnt.

Anmerkungen:
- Während der Partner über seine höchsten Werte erzählt, wird er natürliche Anker zeigen, das heißt, Bewegungen, Körperhaltungen, die mit diesen höchsten Werten gekoppelt sind. Diese könnt Ihr Euch merken und später vielleicht nutzen, um ihn in einen guten Zustand zu führen.

RESSOURCEN   Höchste Werte

Wertehierarchie

Form: Übung: Spiel: ☐   Phantasiereise: ☐

Ziel:
Wertigkeit, Abstufung und Bedeutung der eigenen Motivatoren kennen

Weitere Anwendungsmöglichkeiten:
Verhalten anderer kennenlernen und verstehen (Wahrnehmung)

Gruppengröße: ☺-☺

Dauer:
35-50 Min. je Partner

Material:
Papier, Stift

Musikvorschlag:
– – –

Anleitung:

Such Dir mit Deinem Partner einen Platz, wo Ihr für 2 Stunden ungestört seid und wo es für Euch beide angenehm ist. Nehmt Rapport auf und achtet beide darauf, ihn während der Übung aufrecht zu erhalten, um die Atmosphäre von Vertrauen zu schaffen, in der Ihr beide Euch wohlfühlen und öffnen könnt. Dann wählt Euch ein Thema aus, über das Ihr Euch austauschen und zu dem Ihr Eure Wertehierarchie erkennen möchtet, wie etwa BEZIEHUNGEN, FAMILIE, ARBEIT/BERUF, LEBEN.

Wenn Ihr Euch für einen Bereich entschieden habt – wie: BEZIEHUNG – dann beginne, indem Du Dir jetzt die Zeit nimmst, um zu entscheiden, was Du Dir von einer BEZIEHUNG wünschst. Stelle eine Liste all der Dinge auf, die Dir in einer BEZIEHUNG am wichtigsten sind, wie etwa LIEBE, VERSTÄNDNIS, LEIDENSCHAFT, FREUDE,

EHRLICHKEIT. Du wirst dadurch ein viel tieferes Verständnis für Deine eigenen Bedürfnisse und auch eine bessere Wahrnehmung für die Bedürfnisse anderer entwickeln.

Wenn Du einmal alle Schritte vollzogen hast, wechselt die Rollen. Beginne nun, Deinen Partner in seine Wertehierarchie einzuführen und Dir seine Antworten auf Deine Fragen aufzuschreiben. Wenn Ihr beide fertig seid, könnt Ihr Euch über Eure Empfindungen austauschen. Was hast Du entdeckt? Wie fühlst Du Dich in bezug auf Deine Liste, die Du aufgestellt hast? Bist Du der Meinung, daß sie stimmt? Wenn nicht, dann stell Dir weitere Fragen oder stell weitere Vergleiche an, bis Du zufrieden bist.

Vielleicht bist Du überrascht, wenn Du Deine Werte entdeckst. Doch wenn Du Deine Wertehierarchie erst kennst, wirst Du auch verstehen, warum Du das tust, was Du tust! In Deinen Beziehungen, im Beruf, in der Familie und im Leben weißt Du nun, worauf es Dir ankommt und kannst es ausdrücken und so beginnen, Deine Energie einzusetzen, um Deine wirklichen Ziele auf Deine höchsten Werte einzustimmen und zu erreichen.

1. Schritt: Rahmen setzen

Zunächst benötigst Du einen Rahmen für die Werte, nach denen Du suchst; Du mußt sie in einen Zusammenhang stellen. Es gibt häufig verschiedene Werte in der Arbeit, in Beziehungen, in der Familie oder im Leben allgemein. Leg diesen Rahmen für Dich jetzt fest, bevor Du fortfährst.

2. Schritt: Werteliste erstellen

Wenn Du einen Rahmen gefunden hast, dann kannst Du nun beginnen, eine Liste Deiner Werte aufzustellen, indem Du die Antworten, die Dir kommen einfach aufschreibst oder, wenn Ihr diese Übung zu zweit macht, Dein Partner das Fragen und Aufschreiben für Deine Werte übernimmt.

Wenn Dein Partner beginnt, dann stell Du zuerst die Fragen, die ihn seine höchsten Werte erinnern und vergegenwärtigen lassen und unterstütze ihn bei seiner Suche, indem Du Deine Fragen immer weiter abstufst.

Frag als erstes: *„Was ist Dir in einer BEZIEHUNG am wichtigsten?"* Wenn Du als Antwort erhältst: „Das Gefühl, jemanden zu haben, der mich liebt", dann kannst Du weiter fragen: *„Was ist für Dich wichtig daran, jemanden zu haben, der Dich liebt?"*, und Du könntest hören: „Ich erfahre Verständnis." So erhältst Du einen weiteren Begriff und Du kannst weiter fragen: *„Was ist für Dich wichtig daran, Verständnis zu erfahren?"* und bekommst vielleicht als Antwort: „Es gibt mir ein Gefühl der Freude." Indem Du immer wieder fragst: *„Was ist das Wichtigste daran?"*, erhältst Du nach und nach eine Liste seiner Werte. Fahr auf diese Weise fort, bis Dein Partner glaubt, die meisten wichtigen Werte erfaßt zu haben, die für ihn in einer persönlichen Beziehung von Bedeutung sind.

Wenn Dein Partner schnell zum Ende kommt, kannst Du ihn auch fragen: „*Was könnte Dich dazu veranlassen, eine persönliche Beziehung zu beenden?*" und dies fortsetzen, bis Du herausgefunden hast, was für ihn erfüllt sein muß, damit er zufrieden ist und eine Beziehung aufrechterhält, und was ihn dazu veranlassen würde, eine Beziehung aufzugeben.

3. Schritt: Rangordnung erstellen

Um nun eine Rangordnung seiner Werte zu bekommen, brauchst Du jetzt nur die Begriffe auf Deiner Liste miteinander zu vergleichen.

Beginne mit den beiden ersten, die auf dieser Liste aufgeführt sind und frag Deinen Partner (Beispiel): „*Was ist wichtiger für Dich – jemanden zu haben, der Dich liebt oder Freude zu erleben?*" Wenn die Antwort lautet „Es ist mir wichtiger, daß mich jemand liebt.", dann steht das in der Hierarchie der Werte Deines Partners höher. Als nächstes kannst Du fragen: „*Was ist wichtiger für Dich – geliebt zu werden oder Verständnis zu erfahren?*" Wenn die Antwort lautet „geliebt zu werden", dann ist „LIEBE" unter diesen drei Werten der höchste. Geh diese Liste bis zum Ende durch und prüfe, ob für ihn etwas wichtiger ist als der Wert, mit dem er begonnen hat; wenn nicht, dann steht er an der Spitze der Rangordnung.

Nun geh zum nächsten Begriff auf seiner Liste, was bedeutet ihm mehr? Wenn Du fragst: „*Was ist wichtiger für Dich – Verständnis zu erfahren oder Freude zu erleben?*", könntest Du hören: „Freude zu erleben." Wird hier jetzt nichts wichtiger eingestuft als „Freude", dann kommt dieser Wert als Zweiter und Du weißt so, daß in seiner Hierarchie „LIEBE" vor „FREUDE" kommt und „VERSTÄNDNIS" den dritten Rang einnimmt.

Wenn er an irgendeiner Stelle einen anderen Wert (wie: „ENTWICKLUNG") dem zuerst genannten vorzieht, dann setze alle weiteren (!) Vergleiche mit diesem – für ihn wichtigeren – Begriff fort. Dabei brauchst Du diesen höheren Begriff („ENTWICKLUNG") nicht mehr mit denen zu vergleichen, die er als weniger wichtig eingestuft hat („VERSTÄNDNIS"), da Du auf die Weise erfahren hast, daß sie hinter dem zuerst genannten („FREUDE") rangieren. Um die Rangordnung zu vervollständigen, wiederhole das Ganze mit jedem, noch folgenden Begriff auf der Liste.

Das kannst Du mit jeder Liste seiner Werte tun, um aufzuschreiben und zu verstehen, was für Deinen Partner der wichtigste Wert ist und welches Gewicht die anderen haben. Wann immer Dein Partner eine Einordnung bejaht, dabei aber kein gutes Gefühl hat, solltest Du ihm durch Fragen weiterhelfen, so daß er wirklich eine vollständige Vorstellung von seiner Wertehierarchie gewinnt; hier können Dir die Fragen im 4. Schritt helfen.

Je umfangreicher seine Liste ist, umso wichtiger ist es, daß Ihr Euch Zeit nehmt und systematisch und gründlich vorgeht; so könnt Ihr die Klarheit schaffen, die Dein Partner für eine zutreffende Aufstellung seiner Wertehierarchie braucht.

4. Schritt: Feinunterscheidungen treffen

Hier kannst Du einzelne Begriffe noch präziser abgrenzen und Deinem Partner bei den genauen Einstufungen seiner Werte helfen. Wenn eine Entscheidung Deines Partners nicht klar ist, dann unterstütze ihn, indem Du noch präziser nachfragst; 3. und 4. Schritt gehen häufig Hand in Hand.

Du kannst fragen: *„Was ist wichtiger für Dich – ‚FREUDE' oder ‚ENTWICKLUNG'?"* und könntest hören: „Wenn ich eine Entwicklung wahrnehme, gibt mir das ein Gefühl der Freude." Dann müßtest Du fragen: *„Was bedeutet ‚FREUDE' für Dich? Und was ‚ENTWICKLUNG'?"*, oder: *„Woran erkennst Du, daß dies erfüllt ist?"* Wenn die Antwort lautet: „Freude ist für mich das Gefühl, eine innere Begeisterung zu spüren, mich leicht zu fühlen, und Entwicklung heißt, Hindernisse zu überwinden", dann kannst Du fragen: *„Was ist wichtiger, Hindernisse zu überwinden oder das Gefühl einer inneren Begeisterung zu spüren, Dich leicht zu fühlen?"* Das wird Deinem Partner die Entscheidung erleichtern.

Wenn die Unterschiede noch nicht klar sind, dann frag ihn, was passieren würde, wenn einer der beiden wegfiele. *„Wenn Du nie wieder Freude empfinden kannst, Dich dafür aber entwickeln könntest, wärst Du damit einverstanden? Oder wär's Dir lieber, Dich nicht mehr zu entwickeln, dafür aber Freude empfinden zu können?"* Auf diese Weise erhältst Du die nötigen Informationen, um zu entscheiden, welcher Wert wichtiger ist.

5. Schritt: Bedeutungen und Kriterien der Erfüllung erkennen

Oft reicht es nicht allein aus, eine Rangordnung zu finden. Die einzelnen Begriffe haben für Menschen unterschiedliche Bedeutungen. Nachdem Du nun also die Wertehierarchie Deines Partners kennst, nimm Dir etwas Zeit und frage ihn, was dies im einzelnen bedeuten. Wenn der höchste Wert für Deinen Partner in einer Beziehung „Liebe" ist, dann kannst Du fragen: *„Wann fühlst Du Dich geliebt?" „Was veranlaßt Dich, jemanden zu lieben?"* Oder: *„Woher weißt Du, wenn Du nicht geliebt wirst?"*

Analysiert die ersten 4-6 Werte auf der Liste mit Hilfe solcher Fragen genauer; es lohnt sich immer, die Bedeutung, die ein Wort für einen Menschen hat, zu erkennen. Wenn Du bewußt und sorgfältig vorgehst, wirst Du Deinem Partner helfen, mehr über sich selbst zu erfahren – was seine Bedürfnisse sind, was er wirklich will und auch, welche Beweise er benötigt um überzeugt zu sein, daß seine Wünsche tatsächlich erfüllt sind.

| RESSOURCEN | Höchste Werte |

Wertschätzung

Form: Übung: ☐   Spiel: ☐   Phantasiereise: ☒

Ziel:
Höchste Werte entdecken

Weitere Anwendungsmöglichkeiten:
Ressourcen; Entspannung; Motivation

Gruppengröße: ☺

Dauer:
20 Min.

Material:
Decke

Musikvorschlag:
Deuter: Land of enchantment

Anleitung:

Leg Dich bequem auf den Boden und spür, wo Du überall den Boden berührst. Laß Dich mitnehmen von der Musik in einen Zustand von Entspannung – von Losgelöstsein – von Loslassen. Laß Dich mitnehmen von der Musik in diesen Zustand, wo Du leicht Zugang zu Deiner eigenen Kreativität – zu all Deinen Fähigkeiten und Ressourcen hast. Laß Dich mitnehmen – hinübergleiten über die Schwelle – in den Zustand, wo Du Zugang hast zu all dem, was Du kannst – wo Du weißt, daß Du all das, was Du erreichen möchtest, erreichen oder lernen kannst. Während Dein Körper sich erinnert, wann Du das letzte Mal ganz losgelassen hast – Dich entspannt hast – ganz von allein – läßt Du Dich treiben – Dich lösen – und läßt Dich mitnehmen von der Musik – und von Deinem eigenen Rhythmus – von Deinem eigenen Atem schaukeln – in diesen Zustand hinein – wo alles weit wird und weich – und hell – oder was es für Dich ist – das diesen Zustand für Dich kennzeichnet – so – wie er für Dich beginnt – und wo Du weißt, daß Du loslassen kannst – Dich dem Boden anvertrauen kannst – und hineingleiten in diese

Ressource – wo Du Zugang hast zu all Deinen Fähigkeiten. Und dann erinnere Dich an eine Situation aus Deinem Arbeitsbereich, wo alles genau so gelaufen ist, wie es für Dich richtig war, wo alles ganz selbstverständlich so gelaufen ist, daß es gestimmt hat. Laß Dich mitnehmen von der Erinnerung an diese Situation und nimm wahr, was da alles für Dich da war. Welche Werte waren in dem Moment für Dich da? – In der Situation – laß die Erinnerung kommen mit all dem, was für Dich dazugehört – mit all den Personen – mit all den Farben – Formen – Tönen – Bewegungen – und Geräuschen – und Gerüchen – mit all dem, was für Dich dazugehört – und welche Werte für Dich dabeiwaren – vielleicht sogar Dein höchster Wert. Erinnere Dich. Dann laß die Erinnerung wieder gehen – und laß eine Erinnerung kommen, als in Deiner Beziehung alles genau so gelaufen ist, wie es für Dich richtig war – ganz genau so – daß Du gesagt hast, es ist gut, so stimmt's *für mich* – was dann für Dich da war in der Situation – was das Wichtigste für Dich war – laß die Worte kommen, die dieses Gefühl beschreiben. Und dann laß auch das wieder gehen, verabschiede Dich auf Deine Art von der Erinnerung – und laß Erinnerungen kommen, wo Du mit Freunden warst – ganz selbstverständlich angenommen – wo Du Dich wohlgefühlt hast – und wo es genau so war, wie Du es Dir wünschst – was in dem Moment für Dich da war – was für Dich wichtig war – welche Werte für Dich dabeiwaren – welches Dein höchster Wert war – was ganz selbstverständlich da war – und wo Du gespürt hast, daß es jetzt da ist. Laß es einfach deutlich für Dich werden – und was alles für Dich dazugehört – an Farben – Formen – Bewegungen – Tönen und Geräuschen – Geruch – ganz spezielles Licht – oder was es für Dich ist, was dieses Gefühl in Dir noch intensiver macht – noch vertieft. Laß all die Untereigenschaften dazu kommen, die dazugehören – vielleicht ein Strömen oder Fließen – oder ein Pulsieren – oder Vibrieren – oder was es für Dich ist – laß es intensiver werden – und Dein Wort, wie Du es bezeichnest, zu Dir kommen – nimm wahr, wo genau im Körper Du spüren kannst – daß es jetzt da ist. Und wie genau es sich in Deinem Körper ausbreitet – welche Richtung es nimmt – und wie es sich anfühlt. Wenn es eine ganz bestimmte Stelle in Deinem Körper gibt, von wo es ausgeht – dann kannst Du zur Unterstützung dahin Deine Hand legen – und spüren, wie es durch diese Berührung noch intensiver werden kann – noch stärker – noch mehr fließen oder strömen – noch mehr pulsieren kann – oder was passiert, wenn Du es heller machst – oder klarer – oder intensiver und den Ton dazu kommen läßt, der dazugehört – oder das Lachen – oder diesen ganz speziellen Geruch. Dann laß all die Werte kommen, die Dich darin unterstützen, daß Du weißt, daß es sich lohnt morgens aufzustehen – daß Du weißt, dafür lohnt es sich sich einzusetzen – wenn das nicht da ist, lohnt es sich etwas zu tun – dies in Deinem Leben zu erschaffen – in Deinem Leben mit anderen zu erreichen, daß das da ist – mehr und intensiver wird – jeden Tag. Laß all die Situationen kommen, die Dich darin unterstützen, daß Du weißt, daß das in Deinem Leben mehr und mehr werden kann – daß das Positive im Universum mehr und mehr werden kann – und Du Deinen Beitrag dazu leisten kannst, indem Du Deine Werte, Deinen höchsten Wert mehr und mehr mit anderen erlebst – jeden Tag – daß Du morgens weißt, wofür es sich lohnt aufzustehen – wofür es sich lohnt, etwas zu tun. Und dann nimm dieses Gefühl für Dich mit in den Tag, daß Du weißt, wenn das da ist, daß Du Deinen höchsten Wert lebst. Und wenn Du weißt, daß das nicht da ist – daß Du etwas tust, um Deine höchsten Werte in Dein Leben zu bringen. Nimm das Gefühl mit in Deinen Tag – damit Du es wiedererkennst – damit es Dich unterstützen kann – und dann komm hierher zurück, ganz wach und ausgeruht – und vielleicht schon ein kleines bißchen neugierig auf das, was die anderen gefunden haben. Komm mit Deiner Aufmerksamkeit hierher zurück in Deinen Körper und spür, welche Bewegung Dich darin unterstützen kann, Deinen höchsten Wert noch mehr zu erleben – ganz hierher zu bringen – in Bewegung umzusetzen. Dann laß Dich mitnehmen von der Musik – mitnehmen in die Bewegung hinein und laß kommen, was Deinen höchsten Wert in Bewegung ausdrückt – laß Dich mitnehmen von der Musik und beginne, Deinen höchsten Wert zu tanzen – in Bewegung umzusetzen – und Deine eigene einmalige Möglichkeit zu finden, wie Du Deinen höchsten Wert ausdrückst, lebst, tanzt. Wenn Du magst, mach Dir Aufzeichnungen, Notizen, was es für Dich ist, was Dich daran erinnern kann – jeden Tag – was Dein höchster Wert ist – und wie Du ihn in Deinem Leben mehr, öfter und mit anderen intensiver erleben kannst.

Höchste Werte — RESSOURCEN

Wertelied

Form: Übung: ☒   Spiel: ☐   Phantasiereise: ☐

Ziel:
Höchste Werte mitteilen

Weitere Anwendungsmöglichkeiten:
Energie und Schwingung in einer Gruppe spüren, Motivation

Gruppengröße: ☺☺☺

Dauer:
8-20 Min.

Material:
– – –

Musikvorschlag:
– – –

Anleitung:
Stellt Euch als Gruppe so zu einem Kreis zusammen, daß jeder jeden sehen kann und jeder seinen Raum hat und es wirklich rund ist. Wenn Du beginnen magst, dann wähle Dir zunächst einen Wert aus, den Du öffentlich machen und mit den anderen teilen willst, wie beispielsweise *Freude*. Du kannst nun ein Stück in den Kreis hineintreten und das Wertelied anstimmen; wenn Du magst, unterstütze Deinen Wert noch durch eine Gestik, einen natürlichen Anker.

„Da ist *Freude* in mir,
da ist *Freude* in Dir –
und die *Freude* in mir
liebt die *Freude* in Dir."

Nachdem Du die erste Fassung alleine vorgestellt hast, singen alle mit Dir zusammen das Lied noch einmal. Wenn die zweite Strophe ausgeklungen ist, könnt Ihr Euch einfach überraschen lassen, wer als Nächster ein Stück in den Kreis tritt und seinen Wert vorstellt, um Euch nun mitzunehmen und zu beschenken. Ihr könnt das Lied solange fortsetzen, bis jeder in der Runde einmal dran war. Zum Schluß laß das für Dich noch einen Moment nachschwingen, was Du alles für Geschenke bekommen hast.

Wegweiser

Quellbrance ☺ 245
Malen ☺☺☺ 249

Quelltrance

Form: Übung: ☐   Spiel: ☐   Phantasiereise: ☒

Ziel:
Größeren Sinnzusammenhang spüren

Weitere Anwendungsmöglichkeiten:
Separator; Ressourcen (Sinnhaftigkeit, Ruhe, Vertrauen)

Gruppengröße: ☺
In der Gruppe

Dauer:
35 Min.

Material:
Decken

Musikvorschlag:
Mark Jaszkiewicz: Quelle
oder Karunesh:
Sounds of the heart *oder*
Land of enchantment

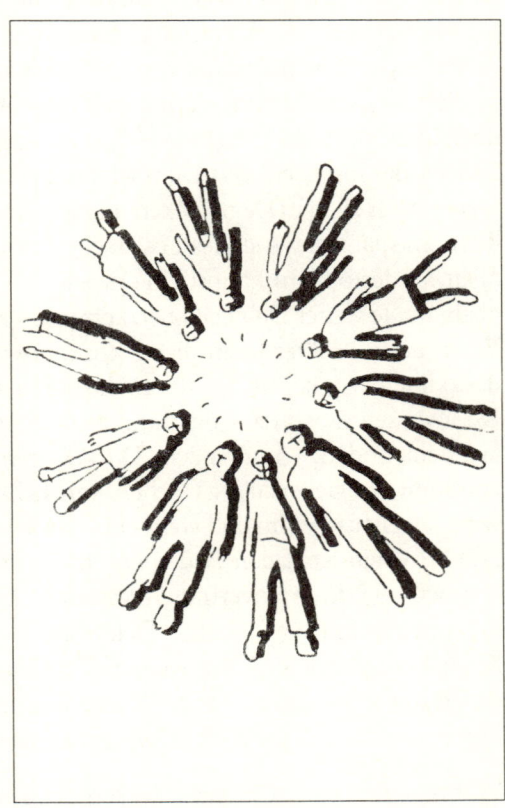

Beschreibung:

Such Dir Deinen Platz auf dem Boden und mach es Dir ganz bequem – so bequem, daß Du dort für einige Zeit liegenbleiben kannst. Spüre hinein in Deinen Körper, wie Du heute daliegst – und was Du noch alles verändern kannst, damit Du es wirklich bequem hast. Du hast die Entscheidung – jetzt und auch später – was Du tun willst – ob Du einfach daliegen und entspannen möchtest – oder Dich mitnehmen läßt von der Musik – oder ob Du meiner Stimme zuhörst und meinen Worten folgen magst. Spür hinein in Deinen Körper, wo überall Du den Boden berührst – und was Du alles jetzt an den Boden abgeben – loslassen kannst. Nimm wahr, auf welche Art Du die Schwerkraft spüren kannst – die Schwerkraft, die Dich mit der Erde verbindet – Deine Beziehung zur Erde – was alles Du jetzt an die Erde abgeben kannst – loslassen – lösen – das laß jetzt los. Während Du mit Deiner Aufmerksamkeit hinuntergehst in Deine Füße – spürst, wie sie da auf dem Boden liegen – kannst Du Dich daran erinnern, wann Du das letzte Mal vollständig losgelassen hast – Dich entspannt hast – und was alles Dich darin unterstützt hat, diesen angenehmen Zustand von Gelöstsein für Dich zu erleben. Du kannst wieder in diesen Zustand kommen, indem Du weiter mit Deiner Aufmerksamkeit nach oben in Deine Beine spürst – wie diese heute hier auf dem Boden liegen – und auch hier wieder loslassen, was Du noch an den Boden abgeben möchtest – indem Du weiter nach oben in Dein Becken spürst – wahrnimmst, wie sich das anfühlt – wie diese Entspannung – dieses Loslassen – dieses Gelöstsein weitergeht – ganz von alleine – desto mehr kannst Du erleben, wie Dein Körper dies für Dich ganz von allein tut. Je weiter Du nach oben kommst – reinspürst in Deine Schultern – Deine Brust, desto leichter kann dieser Zustand von Entspannung für Dich werden – desto intensiver kannst Du für Dich spüren, wie Du all das loslassen kannst, was Du loslassen möchtest – um dann beide Arme wahrzunehmen, wie sie da liegen auf dem Boden – und indem Du das spürst, kannst Du schon loslassen und entspannen – vielleicht sogar schon wahrnehmen, wie Dein ganzer Körper weicher wird – weiter – warm und weit – um dann weiter hineinzuspüren in Deinen Kopf und wo Dein Kopf den Boden berührt – und was Du auch hier an den Boden abgeben, der Erde anvertrauen kannst – loslassen kannst – indem Du weiter hineinspürst in Dein Gesicht – Deine Stirn – wie sie weicher wird, weiter – Deine Augenbrauen, wie sie leicht werden – die Muskeln um Augen loslassen können – weich werden – und die ganze Wangenmuskulatur ganz weit und weich – um die Lippen rum – und Dein Kinn, wie es loslassen – sich entspannen kann.

Während dies ganz von allein weitergeht, kannst Du Deine Zunge wahrnehmen, wie sie da in Deinem Mund liegt – und auch hier breiter wird – weicher. All das kann Dein Körper ganz von allein für Dich tun, während Du hier liegst – und Deinen Atemrhythmus wahrnehmen kannst – Deinen eigenen Rhythmus wahrnehmen – und wie Dein Atem Dich atmet. Und um diesen Zustand von Entspannung – von Loslassen – von Gelöstsein noch mehr zu genießen, kannst Du Dich einen Moment von Deinem Atem schaukeln lassen – schaukeln lassen von Deinem eigenen Atemrhythmus – wie eine Welle – einatmen – und wieder ausatmen – und einatmen – und mit jedem Ausatmen ein kleines bißchen mehr loslassen – ein kleines bißchen tiefer in Deine Decke kuscheln – ein kleines bißchen mehr loslassen – dem Boden anvertrauen. Während Du Dich von Deinem Atem schaukeln läßt – und Deine Gedanken kommen und gehen können, wie eine Welle – geh in

Gedanken an einen Ort der Ruhe in der Natur – einen Ort in der Natur, an dem Du schon Ruhe und Frieden in Dir erlebt hast. Erinnere Dich. Laß all die Erinnerungen kommen, an den Ort in der Natur – wo Du schon Ruhe und Frieden in Dir erlebt hast – wo Du ganz selbstverständlich Teil der Natur warst – ganz selbstverständlich Du – wo Du ganz selbstverständlich dazugehört hast – ein Teil des Ganzen warst – und dann sei in Gedanken ganz da und nimm wahr – was es an diesem Ort alles für Dich zu entdecken gibt – was für Dich dazugehört – was es an diesem Ort für Farben gibt und Formen – was für ein ganz spezielles Licht – welche Pflanzen – vielleicht auch Tiere – welche Elemente da sind – welche Bewegungen – welche Töne und Geräusche – Geräusche der Natur oder ein Lachen – oder vielleicht eine ganz bestimmte Art von Stille – oder wie Du den Luftzug wahrnehmen kannst – die Temperatur – oder wie sich der Boden anfühlt, der Dich trägt – oder vielleicht eine ganz bestimmte Berührung. Nimm wahr, was an diesem Ort für ein ganz bestimmter Geruch ist – oder ein ganz bestimmter Geschmack, der für Dich zu diesem Ort gehört. Nimm all das wahr, was an diesem Ort der Ruhe und des Friedens für Dich vorhanden ist – was es alles hier für Dich gibt. Du kennst diesen Ort schon sehr genau – bist schon oft hiergewesen und hast die Ruhe und den Frieden hier erlebt – ganz Teil dieser Natur – ganz Teil in diesem Ganzen – eins mit den Elementen – mit all dem, was Dich umgibt – und dann schau Dich noch einmal um – und laß Dich von einem Baum anziehen, von dem Du weißt, daß er Verbindung bis ganz tief in die Erde hat – daß er Mittler ist zwischen Himmel und Erde – das heilige Lebensrad, das Licht zu Leben spinnt.

Laß Dich von Deinem Baum anziehen – indem Du Dich diesem Baum näherst auf Deine Art, kannst Du entdecken, daß es an diesem Baum einen Eingang nach innen in die Erde gibt – und neugierig Dich anziehen lassen, von diesem Eingang – ganz hinein ins Innere – tief ins Innere der Erde, ganz innen – nach innen zu Dir, um neugierig zu entdecken, wie Du durch diesen Eingang nach innen und nach tief unten kommen kannst – tiefer und tiefer hinunter – indem Du entweder eine Treppe hinabsteigst – Stufe um Stufe – tiefer und tiefer – oder einfach nur weiter nach unten schweben kannst – gleiten kannst – und Dich sanft tiefer und tiefer nach unten begeben kannst – bis Du ganz unten an einem großen, weiten Platz ankommst, von dem ein Gang abgeht – weit und breit genug, daß Du Platz hast – und an dessen Ende Du ein Licht wahrnehmen kannst, das Dich anzieht – ein Licht in einer ganz speziellen Farbe – in Deiner Farbe – das Dich neugierig macht – und auf das Du zugehst – näher und näher – von dem Du mehr und mehr entdecken kannst, je näher Du kommst – eine ganz spezielle Farbe, die Dir wichtig ist – die Dich anzieht. Ganz am Ende dieses Ganges, da, wo Du in dieses Licht hineintauchen kannst, kommst Du in *Deinen Raum* – und während Du in dieses Licht hineintauchst nimm wahr, was in Deinem Raum alles für Dich da ist – was hier für Farben sind – welches Licht – welche Formen – welche Bewegungen – wie die Architektur des Raumes ist – die Höhe – die Weite – und wie der Klang ist – die Akustik – und ob es in Deinem Raum laut oder leise ist – oder ob es eine Melodie gibt – oder Deinen Rhythmus – oder vielleicht eine ganz besondere Art von Stille – was in Deinem Raum alles für Dich da ist – ob es eher fest ist oder weich – was Du da berühren kannst – was Dich berührt – und welcher Geruch für Dich dazugehört. Du hast die Möglichkeit, all dies hier zu verändern, wenn Du magst – Deinen Raum für Dich so zu gestalten, wie er für Dich stimmt, all das, was Du hier nicht mehr haben willst, hinauszuschaffen – oder all das, was Du hier haben möchtest, für Dich hierher zu stellen – zu kreieren – zu erschaffen. Nimm dir eine Minute Zeit, Deinen Raum für Dich so zu verändern – und laß Dich dabei überraschen, wie kreativ Du sein kannst – so daß es Dir genau so gefällt, wie es jetzt ist – all das so umzuändern, daß es Dir gefällt – daß es für Dich stimmt – richtig ist – dann mach es Dir in Deinem Raum ganz bequem an einem Platz, wo Du es besonders gern hast – und Du kannst auch hier noch einmal loslassen – Dich entspannen – tiefer und tiefer in diesen angenehmen Zustand von Entspannung – von Gelöstsein gehen – dahintreiben in diesen Zustand von Kreativität – wo alles möglich ist – über die Schwelle Deiner eigenen Begrenzung hinaus all Deine Ressourcen wahrnehmen – und Du kannst all das nutzen, was Du jetzt für Dich nutzen möchtest. Und dann laß für Dich Deine eigene Metapher kommen, was Du glaubst, in welchen größeren Zusammenhang Du eingebettet bist – laß für Dich Deine Vorstellung kommen, in welchem größeren Sinnzusammenhang Du stehst. Vielleicht als Symbol – vielleicht als Wort oder als Melodie – vielleicht als Bild oder Film – oder als ein Gefühl – was zuerst da ist. Laß Deine eigene Metapher kommen – Deine eigene Verbindung kommen, daß Du spüren kannst, was für Dich alles dazugehört – mit all den Farben, die Dich einhüllen können – mit diesem ganz speziellen Licht, was für Dich dazugehört – und all den Bewegungen – sanft oder etwas dynamischer – mit all dem, was dazugehört an Tönen und Geräuschen – vielleicht Melodien oder ein Lachen – oder Stille in Dir – was es ist für eine Bewegung – eine Berührung – ob es ein Pulsieren ist oder ein Fließen – ein Strömen oder ein Prickeln – oder ein ganz bestimmter Geruch oder Geschmack.

Laß Dich einhüllen in diesen Zusammenhang – laß Dich hineingleiten in diese Quelle – in Deine Metapher – Dein Bild oder Deine Melodie – laß Dich hineingleiten in dieses Gefühl und ganz hiervon umhüllen – und auf Deine Art fließen oder strömen – und was unterstützt Dich darin, daß es noch intensiver werden kann – ob es das Licht ist oder die Farben – oder die Töne – oder der Geruch oder der Geschmack – oder die Bewegung – oder die Berührung – laß es mehr werden und intensiver. Nimm wahr, von wo in Deinem Körper dieses Gefühl ausgeht – und bis wohin es sich ausbreitet, wenn Du Dich dahineingibst und losläßt – wenn Du Dich ganz hingibst und diese Verbindung wahrnimmst. Und mit dem Wissen, auf welche Art Du diese Verbindung herstellen und Kontakt aufnehmen kannst – indem Du einfach nur an Dein Bild – an Dein Symbol oder Deinen Ton denkst – oder Deine Melodie hören kannst – Deine Farbe siehst – oder diesen Geruch riechen kannst – oder diese Bewegung spüren – oder eine bestimmte Bewegung machen kannst – mit diesem Wissen, wie Du Verbindung für Dich spüren und aufnehmen kannst – verabschiede Dich von Deinem Raum – indem Du dieses Gefühl mitnehmen kannst – und wissen kannst, daß Du jederzeit Deinen Raum verändern und gestalten kannst, so, daß er für Dich richtig ist – verabschiede Dich von Deinem Raum und begib Dich wieder auf den Weg durch den Tunnel – den breiten Gang bis zum Platz, wo Du Stufe um Stufe höher steigen kannst – weiter und weiter nach oben – zurück zu Deinem Ort der Ruhe – zu dem Baum, wo Du den Eingang gefunden hast – höher und höher – bis hinaus an Deinen Ort der Ruhe und des Friedens – und dann schau Dich hier noch einmal um, was an Deinem Ort der Ruhe alles da ist – und ob sich was für Dich verändert hat, von vorhin zu jetzt. Verabschiede Dich auch hier wieder mit dem Wissen, daß Du jederzeit Verbindung hast – indem Du einfach nur daran denken kannst – an diesen Ort in der Natur. Verabschiede Dich und komm ganz hierher zurück in diesen Raum – mit all Deiner Aufmerksamkeit in Deinen Körper – und laß Deinen Körper eine Bewegung finden, die Dich ganz wach macht – es kann ein Langmachen – ein Recken und ein Strecken sein – und beginne, Handflächen und Flußflächen aneinander zu reiben – und lang und tief zu atmen – und dann umfaß die Knie – schaukel hin und her auf Deinem Rücken und spüre, wie durch diese Bewegung mehr und mehr Energie in Dich hineinströmen kann – und Du ganz wach werden kannst – und hierher zurückkommen – voller Energie, wach und neugierig.

Variation:

☺ ☺ ☺ **Malen** (15-30 Min.; A-4 und A-3-Papier, Farbstifte, Wasserfarben) Wenn Du wieder ganz hier angekommen bist, kannst Du Dir ein Blatt Papier nehmen und dazu „Deine" Farben auswählen. Laß Dich dann von Deiner Intuition leiten, indem Du die Bilder und Gefühle festhältst, die Dir jetzt gerade einfallen und an die Du Dich erinnern möchtest.

Anmerkungen:

- Dann such Dir einen Partner, mit dem Du Dich darüber austauschst über das, was Du jetzt erlebt hast. Sprecht bitte in der Gegenwart, als wenn Ihr es jetzt gerade noch einmal erleben würdet. Tauscht Euch darüber aus, was für Euch das Wichtige war.

Separator

Aktivierende Übungen 253

Regulierende Übungen 279

Einstimmung

Als SEPARATOR wird im NLP eine Aktion oder Maßnahme bezeichnet, die einen momentanen Zustand unterbricht und verändert. Sinnvoll ist es, einen SEPARATOR zu setzen, wenn man sich in einer Situation schlecht oder nicht ressourcevoll fühlt. Dies kann Aufstehen, Herumlaufen, an irgend etwas anderes Denken, etwas essen, lachen, einen Witz erzählen oder sonst irgend etwas sein.

Manche Menschen setzen ganz bewußt einen SEPARATOR ein, um den Tag für sich zu unterteilen und eindeutige energetische Zustände zu kreieren, beispielsweise durch:

- Rituale,
- Meditation,
- Stille Stunden,
- Pausen,
- positive Motivatoren.

Oft kann man sich dabei auf die eigene Körperweisheit verlassen, indem der Körper einfach aufsteht, wenn man eine Zustandsänderung braucht.
Dem SEPARATOR kommt eine sehr hohe Bedeutung zu, weil er oftmals Situationen erst veränderungsfähig macht und bestimmte energetische Zustände verändert. Der SEPARATOR stellt eine Grundlage her, um eine Veränderung und zielorientiertes Vorgehen möglich zu machen, indem er von einem ressourcearmen über einen neutralen hin zu einem ressourcevollen Zustand führt.

Wir haben in diesem Kapitel zwei Unterteilungen vorgenommen. Zum einen die Zustandsänderung durch „aktivierende Übungen", also aus einem eher energiearmen Zustand durch aktivierende Übung aufzuwachen und wieder Energie zu spüren – wie beispielsweise in Form einer Bewegungspause während eines Seminars oder Workshops – und zweitens, von einem erregten Zustand durch „regulierende Übung" zu entspannen und loszulassen. Beide Teile bieten Dir Möglichkeiten, wieder in Balance zu kommen, um von da mit einer neuen Grundlage, mit neuer Kraft zu schauen, was Deine Ziele sind. Wie Du darüber hinaus alle Übungen in diesem Kapitel auch nutzen kannst, um andere Ziele – wie RAPPORT, Wahrnehmung, RESSOURCEN – zu unterstützen, erfährst Du aus der Spalte „Weitere Anwendungsmöglichkeiten".

Wegweiser

Waschanlage ☺☺☺ 255

Atom und Molekül ☺☺☺ 256
Zusammenhänge herstellen ☺☺☺ 257
Bleib bei mir ☺☺☺ 257
Gefrorene Schuhe ☺☺☺ 257
Gemeinsam frieren ☺☺☺ 257

Anne Kaffekanne ☺ 258

Gewitter ☺☺☺ 260
Es liegt was in der Luft ☺☺ 260
Chaos ☺☺☺ 261
Vorhang auf – Vorhang zu ☺☺☺ 261

Palme und Elefant ☺☺☺ 262
Hey-Ho ☺☺☺ 263
Zing-Zang-Klatsch ☺☺☺ 263
Gedächtnisball ☺☺☺ 264
Blinzeln ☺☺☺ 264
Buddha ☺☺ 264
Rück-Sicht ☺☺☺ 265
Pyramide ☺☺☺ 265

Flaggenalphabet ☺☺ 266
Wie ich dich finde ☺☺ 267
ABC-Tanz ☺☺ 267
Uhrwerk ☺☺ 268
Stillstand ☺☺ 268
Bildhauer ☺☺☺ 268
Skulptur ☺☺☺ 268
Zöpfe flechten ☺☺☺ 269

| SEPARATOR | Aktivierende Übungen |

Feueratem ☺ 270
Atemlos ☺ 271
Tönende Vokale ☺ 271

Schnelles Sofa ☺☺☺ 272
Wortball ☺☺☺ 273
Spontane Kiste ☺☺☺ 273
Nachbartausch ☺☺☺ 273
Phantasien wecken ☺☺☺ 273
Flinker Griffel ☺☺☺ 274
Schlagfertig ☺☺ 274
Masken ☺☺☺ 274

Elektrozaun ☺☺☺ 275

Aufhellung ☺ 276
Meditation ☺ 277
Guten Morgen ☺ 278

Aktivierende Übungen SEPARATOR

Waschanlage

Form: Übung: ☐   Spiel: ☒   Phantasiereise: ☐

Ziel:
Energieniveau anheben

Weitere Anwendungsmöglichkeiten:
Spaß; Partnerarbeit

Gruppengröße: ☺☺☺
Mindestens 5 Partner

Dauer:
4-8 Min. je Partner

Material:
- - -

Musikvorschlag:
- - -

Beschreibung:
Bildet zwei Reihen, die sich so gegenüber sitzen, daß sich Eure Finger in der Mitte berühren können, die Gesichter einander zugewandt. Diese Reihen bilden nun eine „Waschanlage". Der erste aus der Reihe stellt sich auf allen Vieren auf und benennt ein Auto und dessen Farbe, Marke und Zustand, falls pflegliche oder eine starke Behandlung gewünscht wird, vielleicht auch Unterbodenschutz – laßt Eurer Phantasie freien Lauf. Dann fährt das Auto langsam in die Waschstraße und bewegt sich im eigenen Tempo hindurch. Hierbei wird es von den vorhandenen Bürsten, Lappen, Düsen, der Seife, dem Unterbodenschutz pfleglichst behandelt. Jeder kann einmal durch die Waschstraße fahren, um sich aktivieren zu lassen.

Anmerkungen:
- Achtet dabei auf die Gespräche und Worte, dies sollten Geschenke sein für denjenigen, denn er ist in einer Trance, weil er von vielen verschiedenen Energien berührt wird.

SEPARATOR　　　　　　　　　　　　　　　　Aktivierende Übungen

Atom und Molekül

Form: Übung: ☐　　Spiel: ☒　　Phantasiereise: ☐

Ziel:
Bewegungserfahrungen sammeln; Abschalten

Weitere Anwendungsmöglichkeiten:
Gruppenarbeit (Resonanz); Einstimmung; Körperwahrnehmung

Gruppengröße: ☺☺☺

Dauer:
6-15 Min.

Material:
- - -

Musikvorschlag:
RPO: Non stop classics

Anleitung:

Beweg Dich zur Musik frei wie ein „Atom" durch den ganzen Raum. In kurzen Zeitabständen wirst Du Aufgaben erhalten, die Du gemeinsam mit den anderen als „Molekül" umsetzen kannst. Wenn Du eigene Ideen hast, welche Aufgaben Du gerne in der Gruppe lösen möchtest, dann gib dem Gruppenleiter ein Zeichen; so weiß er, daß Du die nächste Aufgabe einleiten wirst. Beispiele für einige Bewegungs-/Kontaktaufgaben:
- Erfragt die Namen der Gruppenmitglieder;
- interviewt die anderen zu bestimmten Themen;
- macht pantomimische Aussagen über Euch (beispielsweise Name, Hobby, Beruf) und laßt die anderen raten;
- stellt gemeinsam eine Zahl/einen Buchstaben dar;
- bewegt Euch als Gruppe gemeinsam im Raum;
- welche Gruppe nimmt den kleinsten/den größten Raum ein;

- stellt dar: „Buch + Einlage" oder „Kerze + Flamme" oder „Ski + Schuh";
- bildet eine Brücke; könnt Ihr einem Mitspieler über die Brücke helfen?
- stellt ein Zimmer dar; bildet mit allen Zimmern ein Haus;
- ahmt eine Welle nach;

und viele weitere eigene Ideen und Variationen. Alles, was Euch gemeinsam Spaß macht, kann als Aufgabenstellung herhalten.

Variationen:

☺ ☺ ☺ **Zusammenhänge herstellen** (8-15 Min.; Zettel)
Schreibt bekannte Sprichwörter, in einzelne Worte zerlegt auf Zettel, legt sie in einen Behälter und mischt sie; Beispiele: „Wer-rastet-der-rostet", „Neue-Besen-kehren-gut", „Wer-zuletzt-lacht-lacht-am-besten". Die Zahl der Zettel stimmt mit der Anzahl der Mitspieler überein. Jeder zieht nun 1 Blatt und versucht, im Raum umhergehend, seine „Zusammenhänge herzustellen". Achtet darauf, daß die verwandten Sprichwörter allgemein bekannt sind.

☺ ☺ ☺ **Bleib bei mir** (6-10 Min.)
Alle Gruppenmitglieder bewegen sich frei zur Musik durch den ganzen Raum mit geschlossenen Augen. Berühren sich zwei Mitspieler, so sollen sie genau an dieser Stelle zusammenkleben. Setzt dieses Spiel solange fort, bis die ganze Gruppe zusammenklebt. „Bleib bei mir" eignet sich sehr gut zum Abschluß einer Spielreihe oder einer Übungseinheit.

☺ ☺ ☺ **Gefrorene Schuhe** (6-12 Min.; Schuhe)
Alle Gruppenmitglieder bewegen sich zur Musik durch den ganzen Raum. Jeder trägt einen Schuh frei (!) auf dem Kopf, den er versucht, bei allen Bewegungen auszubalancieren und zu behalten. Wer seinen Schuh verliert, bleibt wie erfroren stehen und muß auf einen liebevollen Mitspieler warten, mit dem er Kontakt aufnimmt, damit er seinen „gefrorenen Schuh" aufgesetzt bekommt. Verliert dieser bei der Hilfe auch seinen Schuh, so müssen beide nun ausharren und warten.

☺ ☺ ☺ **Gemeinsam frieren** (8-12 Min.; Schuhe)
Nun schließt Euch jeweils mit zwei bis drei Partnern zusammen und bewegt Euch gemeinsam. Fällt auch nur einem der Schuh vom Kopf, friert die gesamte Gruppe ein und eine andere Gruppe muß sie gemeinsam auftauen. Um diese Rettung zu vollziehen, hockt sich die gesamte Helfergruppe hin, nimmt den gefallenen Schuh auf und gibt ihn seinem Besitzer wieder. Fällt der Schuh eines Helfers dabei zu Boden, sind beide Gruppen gefroren.

SEPARATOR   Aktivierende Übungen

Anne Kaffeekanne

Form: Übung: ☐   Spiel: ☒   Phantasiereise: ☐

Ziel:
Aktivieren, aufwachen,
die Batterien anstellen

**Weitere Anwendungs-
möglichkeiten:**
Körperkoordinierung;
Gehirn aufwecken

Gruppengröße: ☺
In der Gruppe

Dauer:
7-8 Min.

Material:
- - -

Musikvorschlag:
Frederick Vahle: Anne Kaffekanne

Beschreibung:
Stell Dich bequem hin und achte darauf, daß Du genug Platz hast, um Dich zu bewegen. Soviel, wie Du brauchst, damit Du Arme und Beine frei bewegen kannst. Spür einen Moment in Dich hinein, daß die nächsten 5 Minuten ganz Dir gehören, und Du sie für Dich nutzen kannst.

1) Beginne dann mit der linken Hand Deinen Bauchnabel zu reiben – sanft und behutsam – und mit der rechten Hand mit Zeige- und Mittelfinger an Deinen Lippen entlangzustreichen. Während Du dies tust, mit den Augen – ohne den Kopf zu bewegen – nach oben und unten schauen. Wenn der Musikrhythmus wechselt, dann abwechselnd mit der linken Hand aufs rechte Knie und mit der rechten Hand aufs linke Knie tippen und den Rhythmus finden, um dabei zu hüpfen.

2) Wieder, wenn die Musik wechselt, mit der linken Hand den Bauchnabel streichen – und mit der rechten Hand direkt unter dem Schlüsselbein die zwei kleinen Vertiefungen finden und reiben – dabei mit den Augen nach rechts und

nach links schauen – Kopf ruhig. Wenn der Rhythmus wechselt wieder hüpfen – und abwechselnd mit der linken Hand den rechten Fuß – und mit der rechten Hand den linken Fuß in der Mitte treffen – solange, bis die Musik sich ändert.

3) Dann wieder mit der linken Hand den Bauchnabel ausstreichen – und mit der rechten Hand hinten auf dem Steißbein reiben. Bei dem schnelleren Part der Musik dann mit dem Ellenbogen des rechten Armes zum linken Knie – und mit dem Ellenbogen des linken Armes zum rechten Knie, abwechselnd hüpfen, im Rhythmus der Musik.

4) Dann wieder mit der linken Hand den Bauchnabel streichen – und mit der rechten Hand hinter dem linken Ohr reiben. Ungefähr nach 20 Sekunden wechseln, mit der rechten Hand den Bauchnabel streichen – und mit der linken Hand hinter dem rechten Ohr reiben. Rhythmuswechsel. Dann wieder hüpfen, und zwar *hinten* den linken Fuß und die rechte Hand überkreuzen – und den rechten Fuß und die linke Hand.

5) Dann bei Musikrhythmuswechsel mit beiden Händen die Ohren ausstreichen, an der Ohrmuschel behutsam und sanft – ein klitzekleines bißchen dran ziehen – und dann bei der schnelleren rhythmischen Musik mit dem rechten Arm eine halbe Kreisbewegung vor dem Körper machen – und gleichzeitig mit dem linken Bein vor dem Körper eine halbe Kreisbewegung machen, dabei hüpfen. Anschließend mit dem linken Arm und dem rechten Bein gleichzeitig eine Kreisbewegung vor dem Körper machen und dabei hüpfen.

6) Dann, wenn der Rhythmus wechselt, eine liegende Acht vor dem Gesichtsfeld ziehen – mit der rechten Hand – und mit den Augen folgen. Dabei beachten, daß die Acht genau in der Mitte – ungefähr in Nasenhöhe – das Kreuz hat – und daß die Acht dabei nach oben gezogen wird – und die Augen dieser Acht folgen. Dann, zum letzten Mal, sämtliche Bewegungen überkreuzen – hintereinander – jeder nach seiner Facon. Alle Bewegungen noch einmal machen, hüpfen und zum Schluß laut ausatmen.

Anmerkungen:
- Diese Übung dient der Koordination und regt die Aktivität des Gehirns an. Wenn Du Lust hast und es in die Gruppe paßt, dann kannst Du eine Geschichte erzählen, daß diese Übung dazu bestimmt ist, die Batterien anzuschalten – und man dies erkennt, wenn man in den Spiegel schaut. Und wenn die Augen noch nicht blitzen und glänzen, kann man diese Übung dazu benutzen, die Batterien wieder aufzuladen, um sich für den Tag zu koordinieren. Danach wird man feststellen, wie die Augen glänzen, strahlen oder leuchten.

SEPARATOR   Aktivierende Übungen

Gewitter

Form: Übung: ☐   Spiel: ☒   Phantasiereise: ☐

Ziel:
Entladen von Energien; Loslassen (Reinigung)

Weitere Anwendungsmöglichkeiten:
Kontakt erhalten (Rapport); Resonanz

Gruppengröße: ☺☺☺

Dauer:
8-15 Min.

Material:
– – –

Musikvorschlag:
Jean-Michel Jarre: Equinox

Anleitung:
Überlegt Euch, wie Ihr gemeinsam ein „Gewitter" darstellen könnt. Regen durch Trommeln auf dem Tisch, Donnergrollen etwa durch Scharren mit den Füßen, einzelne Donnerschläge durch lautes Trampeln, Wind durch heulende Geräusche, Wetterleuchten durch kleine spitze Schreie, Blitze durch laute Schreie. Dann verteilt die einzelnen Elemente des Gewitters untereinander und ernennt einen zu „Petrus". Er löst das Gewitter aus und bestimmt den Verlauf: Aus der Ferne aufziehend, wird es immer heftiger, bis es wieder in der Ferne verklingt, nach und nach leiser werdend.

Variationen:

☺☺ Es liegt was in der Luft (6-12 Min.)
Hierbei hat nur ein Spieler eine führende Rolle; sein Partner spürt, „es liegt was in der Luft" und entwickelt gemeinsam mit ihm eine Dramaturgie, beide machen Wetter. Ein Spieler stellt den Wind dar; der pfeift erst ganz langsam und sanft, dann steigert sich das Pfeifen, wird lauter

und lauter, schließlich läßt es nach, steigert sich ganz plötzlich erneut, aus dem Wind entwickelt sich ein lauter Sturm. Der Partner hat keine festgelegte Rolle und greift frei in das Geschehen mit ein, als Regen, Blitz, Donner oder Wolke, als windbeeinflußter Baum, als schutzsuchender Spaziergänger.

☺☺ Ein solches „Wetter" läßt sich auch hervorragend gestalten, wenn Ihr Zeitungsblätter zuhilfe nehmt, um Geräusche zu erzeugen.

☺☺☺ **Chaos** (6-12 Min.; Schreibzeug)
Alle Paare stehen im Raum verteilt; die Partner befinden sich möglichst weit voneinander entfernt. Nun rufen alle jeweils ihrem Partner eine Botschaft, bestehend aus einem langen Satz so zu, daß dieser sie auf einer Karte festhalten kann. Hier geht es darum, die Aufgabe als erstes Paar, also möglichst schnell zu bewältigen.
Zum Abschluß könnt Ihr Euch über Eure Vorgehensweise austauschen und ob sich die gewonnenen Erfahrungen auf den Alltag übertragen lassen. Achtung: Das Spiel kann laut werden!

☺☺☺ **Vorhang auf – Vorhang zu** (15-45 Min.)
Der Spielleiter erklärt, daß er ein Stück aufführen möchte, zu dem er die Mithilfe aller Anwesenden braucht; an der Stelle kann die Geschichte frei geschmückt werden (Schauspieler krank). Er bittet zunächst ein Gruppenmitglied, die Rolle des Vorhangs zu übernehmen. Die Rolle wird ausprobiert: „Vorhang auf" – der Spieler läuft mit dem entsprechenden Geräusch über die Bühne; „Vorhang zu" – Lauf in die andere Richtung. Jetzt beginnt er, aus Teilnehmern die Kulisse zu bauen: Bäume, die im Wind wiegen; aufgehender Mond; wachsende Pilze; ... Jedesmal wird alles probiert; Beispiel: „Vorhang auf; Bäume bewegen sich im Wind; der Mond geht auf; Vorhang zu." Dann werden die Rollen verteilt und probiert: „Vorhang auf, Bäume wiegen im Wind – Piraten schleichen durch den Wald ... – Old Shatterhand liegt im Sterben ... – Försterchor singt ‚Heilige Nacht' ... – zwei Hasen hoppeln am Strand entlang ... – Königstochter hat sich in den Fliegenpilz verliebt und betet ihn an ... – ..." Je origineller die Ideen, desto mehr Spaß bringt das Spiel. Die Zuschauer können gleich am Anfang Aufgaben bekommen wie: Klatschen, Buh-Rufe, weinen. Auch Vorhängen kann Unerwartetes widerfahren: Klemmen, unverhofft zurückschwingen, ... Das Spiel kann enden, wenn alle Zuschauer aktive Rollen übernommen haben.
Die Regieführung sollte sehr aktiv und originell gestaltet werden.

Palme und Elefant

Form: Übung: ☐ Spiel: ☒ Phantasiereise: ☐

Ziel:
Aktivierung; Abschalten

Weitere Anwendungsmöglichkeiten:
Schnell wahrnehmen und reagieren können; Kontakt erhalten (Rapport)

Gruppengröße: ☺☺☺

Dauer:
8-15 Min.

Material:
- - -

Musikvorschlag:
- - -

Beschreibung:

Alle stehen in einem Kreis; der Spielleiter in der Mitte erklärt die Phasen oder Stufen des Spiels und macht sie vor. Immer wenn er auf einen Spieler zeigt und eine Bezeichnung angibt, sollen der Betreffende und seine beiden Nachbarn diese Figur darstellen. Anfangs kann das Spiel mit einer Figur und allmählich sich steigernder Geschwindigkeit gespielt werden, bis nach und nach immer neue hinzukommen und der Spielleiter immer schneller auf einen anderen Spieler zeigt. Wer dabei nicht aufpaßt, wird neuer Spielleiter und darf in die Mitte. Mögliche Figuren sind:
- *Elefant:* Der mittlere Spieler formt einen Rüssel, indem er eine Hand an die Nase führt und den anderen Arm durch den so entstandenen Kreis hindurchsteckt. Sein rechter und linker Nachbar bilden mit beiden Armen seine großen Elefantenohren.
- *Palme:* Der Mittlere streckt sich mit beiden Armen nach oben. Seine beiden Nachbarn formen sich zu zwei kleinen eingekugelten Kokosnüssen.
- *Ente:* Der Mittlere klappt vor seinem Mund beide Hände als Schnabel auf und zu. Seine beiden Nachbarn wackeln wie Enten mit dem Po.

- *Hase:* Der mittlere Spieler macht Hasenohren, indem er beide Daumen an seine Ohren legt und die anderen Finger wackelnd nach oben streckt. Seine beiden Nachbarn beugen sich dicht zu ihm, spitzen jeweils ihren Mund und machen mit der Zunge ein helles „schnalzendes" Geräusch.
- *Affe:* Ein Affe sieht nichts (Hände vor die Augen), einer hört nichts (Hände an die Ohren), einer sagt nichts (Hände auf den Mund).
- Und viele weitere exotische oder einheimische Tiere oder Pflanzen.

Variationen:

☺ ☺ ☺ Noch spannender wird es, wenn sich nach einiger Zeit in der Kreismitte *zwei* Spielleiter einfinden, die unabhängig voneinander ihre Aufgaben stellen. Das erfordert eine wirklich gute Reaktion und regt alle Mitspieler zu spontanen Handlungen an; so lassen sich schnelle Rollenwechsel vollziehen.

☺ ☺ ☺ Ein gute Portion Aufmerksamkeit braucht die ganze Gruppe, wenn der Kreis nach einigen anfänglichen „Proberunden" aufgelöst wird und sich alle frei im Raum bewegen. Zeigt nun der Spielleiter auf einen Mitspieler, müssen alle anderen genau aufpassen, ob sie selbst einer der beiden ehemaligen Nachbarn sind. Die drei zugehörigen Gruppenmitglieder finden sich dann schnell zu der aufgeforderten Figur zusammen und stellen sie dar.

☺ ☺ ☺ Hey-Ho (6-12 Min.; Stühle)

Alle Mitspieler sitzen im Kreis auf Stühlen, bis auf den Spieler in der Mitte, für den kein Stuhl mehr übrig ist. Er geht willkürlich vom einen zum anderen und ruft jeweils kurz und spontan „hey" oder „ho". Bei „hey" soll der Angesprochene den Namen seines linken, bei „ho" den seines rechten Nachbarn nennen. Wer dabei durcheinandergerät, übernimmt die Ausruferrolle. Bei dem Signal „hey-ho" wechseln alle schnell ihre Plätze; ist dies geschehen, ergeben sich neue nachbarliche Beziehungen, die berücksichtigt werden müssen. Auch bei diesem Platzwechsel ergibt sich für den Spieler in der Mitte die Möglichkeit, seine Ausruferrolle abzugeben, indem er einen der freiwerdenden Plätz besetzt.

☺ ☺ ☺ Zing-Zang-Klatsch (6-15 Min.)

Alle Gruppenmitglieder sitzen in einem engen Kreis zusammen. Ein Spieler beginnt, indem er in die Hände klatscht und gleichzeitig auf jemanden im Kreis zeigt und dessen Namen ruft. Der so Angesprochene hält nun eine Hand flach über seinen Kopf und ruft *Zing*; dabei gibt die

Richtung der Hand den nächsten Mitspieler an, nämlich einen seiner beiden Nachbarn. Dieser hält eine Hand flach unters Kinn und ruft *Zang*, wobei wieder die Fingerrichtung den nächsten (Nachbarn) bestimmt. Dieser Dritte *klatscht* in die Hände und zeigt auf einen beliebigen Mitspieler im Kreis, der den folgenden Durchgang eröffnet.

Nach einigen Proberunden könnt Ihr allmählich die Schnelligkeit steigern. Diejenigen, die ihren Einsatz verschlafen oder etwa ein falsches Wort oder Zeichen benutzen, müssen dann aus dem Kreis. Sie können nun Ihrerseits von außen – allerdings ohne Körperkontakt oder Sichtbehinderungen – die Inneren ablenken; ein überzeugendes *Zong* hat schon so manches bewirkt. Die letzten drei schließlich, die übrigbleiben, können sich über Ihre gute Wahrnehmungsfähigkeit und Reaktion freuen.

☺ ☺ ☺ **Gedächtnisball** (6-12 Min.; unterschiedliche Wurfgegenstände)
Stellt Euch als Gruppe in einen Kreis und spielt Euch unterschiedliche Wurfgegenstände zu, die Ihr zuerst mit einer bestimmten, festgelegten Wurfart verbunden habt. Nimm dazu vorher Blickkontakt zu dem Mitspieler auf, der „Deinen" Gegenstand erhalten soll. Später könnt Ihr auch mit bestimmten Wurfgegenständen einen Platzwechsel verbinden oder sogar den Kreis auflösen und Euch frei durch den Raum bewegen.

☺ ☺ ☺ **Blinzeln** (ungerade Anzahl; 8-12 Min.; Stühle)
Die Hälfte der Gruppe sitzt auf Stühlen im Kreis; ein Stuhl bleibt leer. Hinter jedem Stuhl steht ein Mitspieler, die Hände auf dem Rücken. Der Spieler hinter dem leeren Stuhl „blinzelt" nun einem der Sitzenden zu. Dieser versucht aufzuspringen und sich auf den leeren Stuhl zu setzen. Wenn sein hinterer Partner das Signal wahrnimmt und ihn rechtzeitig am Weglaufen hindert, bleibt er bei ihm. Sitzende und Stehende wechseln sich nach einer Zeit ab.

Sind keine Stühle vorhanden, so könnt Ihr das Spiel auch in einem Doppelkreis, hintereinander stehend, durchführen.

☺ ☺ **Buddha** (8-15 Min.; Stühle/Sessel, Decken)
Ein Spieler sitzt bequem auf einem Sessel und wird so mit einer Decke oder einem Mantel zugedeckt, daß nur noch die Arme zu sehen sind. Ein zweiter sitzt auf seinen Knien und erzählt eine kurze Geschichte. Der Hintere greift unter den Armen des Vorderen hindurch und mimt zu der Geschichte die Gestik. Besonders aktivierend wirkt es, wenn er nicht nur gestenreich die Geschichte selbst sondern auch seinen Partner unter-

stützt; Beispiele: das Taschentuch aus der Jacke ziehen, dem Vorderen den Schweiß von der Stirne wischen, ihm die Brille putzen, usw..

☺ ☺ ☺ **Rück-Sicht** (8-15 Min.; vorbereitete Zettel)
Jeweils zwei Gruppenmitglieder bilden ein Paar. Beiden wird jeweils ein Zettel mit einer anderen Farbe oder ausgeschnittenen Form (z.B. Herz) auf den Rücken geheftet. Bei Musikbeginn stehen sie einander gegenüber und beginnen sich zu bewegen; dabei gibt die Musik den Rhythmus und die Geschwindigkeit aller Bewegungen vor. Während der Musikbewegung versuchen nun beide immer wieder herauszufinden, was der andere auf seinem Rücken hat, ohne dabei die Sicht auf den eigenen freizugeben. Alle Paare bewegen sich gleichzeitig auf der Tanzfläche.

☺ ☺ ☺ **Pyramide** (6-12 Min.; weicher Untergrund)
Alle Gruppenmitglieder sollen gemeinsam so schnell und so effizient wie möglich eine symmetrische „Pyramide" bilden (4-3-2-1, oder entsprechend der Teilnehmerzahl abgewandelt). Stell die Aufgabe so wörtlich und laß Dich von der Initiative der Gruppe überraschen; auch eine bodenständige Pyramide kann dabei herauskommen. Alles ist freigestellt.

SEPARATOR   Aktivierende Übungen

Flaggenalphabet

Form: Übung: ☐   Spiel: ☒   Phantasiereise: ☐

Ziel:
Körperkoordination

Weitere Anwendungsmöglichkeiten:
Rapport; Wahrnehmungssensibilisierung

Gruppengröße: ☺☺

Dauer:
4-6 Min. je Partner

Material:
– – –

Musikvorschlag:
– – –

Anleitung:

Stell Dich einmal Deinem Partner vor, indem Du Deinen Namen verbal und zugleich mit Körperhaltungen darstellst. Zum Buchstabieren nimmst Du aber nicht das normale Alphabet (Anton, Berta, Cäsar), sondern ein erfundenes; Beispiele: Abendrot, Bettenburg, Cocktail. Gleichzeitig mit dem spontanen Buchstabieren zeigst Du alle Vokale durch ein Heben der Arme auf Schulterhöhe an, Konsonanten unterstützt Du durch ein gleichzeitiges Strecken beider Arme über den Kopf. Bist Du sicher geworden, findest Du bestimmt eigene Bewegungen, die die Herausforderung dieses „Flaggenalphabetes" für Dich weiter erhöhen.

Schwerer? Na gut. Versuche doch einmal, beim Buchstabieren nur Verben oder sogar das „Alphabet seltsamer Beschäftigungen" zu benutzen, wie: A für „Angeln verbiegen", B für „Beuteltiere entbinden", C für „Champions entstauben"; zugleich kannst Du beide Arme nach- und gegeneinander kreisen lassen. Die Übung dient dazu, das Gehirn anzuregen und die Koordination zwischen den verschiedenen Gehirnarealen zu verbessern.

Variationen:

☺ ☺ **Wie ich Dich finde** (6-12 Min.)
Wenn Du eine Möglichkeit suchst, Deinen Partner in einen guten Zustand zu versetzen: hier ist sie. Die Aufgabenstellung ist die gleiche wie beim „Flaggenalphabet", also eine Verbindung aus spontanen Gedankenkreationen mit Körperbewegungen, wobei Du diesmal den Namen *Deines Partners* buchstabieren sollst. Zum Buchstabieren wähle jetzt nur *positive Eigenschaftswörter*, wie beispielsweise: attraktiv, charmant, genial, innovativ, liebenswert, originell, sanft, vorbildlich. Neben der gleichzeitigen Bewegung kannst Du dabei auch durch Deine Mimik zum Ausdruck bringen, daß Du Deinem Partner ein Geschenk machen möchtest. Bedankt Euch dann beieinander und tauscht Eure Rollen.
Tausch Dich abschließend mit Deinem Partner noch für einen Moment darüber aus, *in welchen Situationen Deines Alltags* und *wem* Du ein solches Geschenk vielleicht „überreichen" könntest.

☺ ☺ Ganz neue Kombinationen ergeben sich, wenn Ihr Eure eigenen Bewegungen findet und sie pantomimisch an den Sinn des jeweils ausgerufenen Wortes angleicht. So entstehen ganze Bewegungsgeschichten.

☺ ☺ **ABC-Tanz** (6-10 Min. je Partner; 1 Tafel)
Der Spieler, der beginnt, stellt sich vor einem Plakat auf, auf dem Ihr vorab das Alphabet aufgezeichnet und wahllos unter jeden Buchstaben ein L, ein R oder ein Z geschrieben habt. Achtet darauf, daß unter dem „richtigen L, R, Z" jeweils ein anderer Buchstabe steht. Die Übung soll die Gehirnhälften koordinieren. Der Partner achtet darauf, daß die Übung spielerisch und mit Leichtigkeit ausgeführt wird. Beginne nun damit, indem Du den ersten Buchstaben vorliest und dazu, wenn darunter ein R ist, den rechten Arm und den rechten Fuß hebst. Dann lies den nächsten Buchstaben vor, ist darunter ein L, dann hebe den linken Arm und linken Fuß. Lies dann laut den dritten Buchstaben vor; hebe gleichzeitig beide Arme und hüpfe hoch, wenn darunter ein Z ist. So könnt Ihr zu diesem Alphabet einen spielerischen „ABC-Tanz" aufführen, indem Ihr bei lautem Vorlesen rechts und links und zusammen Arme und Beine hebt. Wenn dies schon gut geht, könnt Ihr als Variation das Alphabet rückwärts machen. Also mit Z anfangen, bis das auch leicht und flüssig geht.

☺☺ **Uhrwerk** (4-6 Min. je Partner)
Zwei Mitspieler stehen sich gegenüber. Einer gibt seinem Partner eine beliebige Bewegung durch Vormachen, Vorgabe, Berührung vor; der Partner führt die Bewegung wie ein „Uhrwerk" ständig aus. Zu dieser ersten Vorgabe ergänzen sich nach und nach weitere Bewegungen; Hände, Arme, Kopf, Körper, Beine und Füße stehen für die unterschiedlichsten Bewegungsmöglichkeiten zur Verfügung. Gleich einem Uhrwerk werden die zuvor erworbenen Bewegungen beibehalten, so daß je nach Grad der Körperkoordination nach und nach bis zu 5, 6 oder mehr unterschiedliche Bewegungen gleichzeitig ausgeführt werden.

☺☺ **Stillstand** (6-8 Min. je Partner)
Einer von Euch beiden stellt eine Maschine dar und zwar so, daß möglichst viele Körperteile in Bewegung sind. Nun stellt der andere schrittweise die Maschine ab. Dazu stoppt Ihr einzelne Bewegungen, wobei die Maschine die berührten Körperteile stillhält und mit den noch „laufenden" Teilen weitermacht, bis sie allmählich vollends zum „Stillstand" gekommen ist. Ihr könnt das gleiche auch umgekehrt machen, also Eure Maschine wieder aus dem Stillstand schrittweise in Betrieb nehmen; die Reihenfolge bleibt dabei Euch überlassen.

☺☺☺ **Bildhauer** (6-12 Min.)
Wähle Dir einen Partner aus und legt fest, wer beginnen möchte. Wenn Du beginnst, dann kannst Du nun wie ein „Bildhauer" an Deinem Partner Körperhaltungen und -stellungen formen, die er nach Deiner Vorgabe einnimmt und beibehält. Wenn Du mit Deinem „Werk" zufrieden bist, dann wechsle zum Nächsten weiter und nimm wahr, was Du hier verändern könntest. Erst wenn Du schließlich bei vielen Hand angelegt hast, kannst Du die Rollen tauschen, indem Du einen Partner sanft ins Leben zurückholst, so daß er jetzt aus Dir etwas formen kann. Wenn ihr beide Rollen genossen habt, könnt Ihr Euch darüber austauschen, was es für Euch bedeutet hat, zu gestalten und gestaltet zu werden.

☺☺☺ **Skulptur** (6-12 Min.)
Baut einmal als Gruppe eine „Skulptur" aus und mit Euren Körpern, wie: ein Haus, einen Baum, ... Dabei könnt Ihr einen zum „Künstler" bestimmen, der die Gestaltung übernimmt. Spannender wird es allerdings, wenn jeder aus der Gruppe das Kunstwerk mitentwickeln und gestalten darf, gleichzeitig aber seinen einmal eingenommenen Platz und

seine Körperhaltung beibehalten muß. Nur die Gruppe gemeinsam kann eine Orts- und Lageveränderung festlegen.

Später könnt Ihr dann auch Bewegungen oder Geräusche einbauen und so der ganzen Szenerie Leben einhauchen.

☺ ☺ ☺ **Zöpfe flechten** (6-12 Min.; 3 Seile oder Springseilchen)
In einer Vierergruppe hält Einer die Enden von 3 Seilen mit seinen Händen fest. Alle drei Partner halten jeweils 1 Seilende auf der Gegenseite. Nun sollen die vier durch koordinierte Bewegungen aus den Seilen einen gut gespannten „Zopf flechten", wobei jeder sein Ende ständig angefaßt hält.

SEPARATOR   Aktivierende Übungen

Feueratem

Form: Übung: ☒   Spiel: ☐   Phantasiereise: ☐

Ziel:
Energieniveau anheben

Weitere Anwendungsmöglichkeiten:
Ressourcen
(Kraft, Selbstwert)

Gruppengröße: ☺

Dauer:
6-8 Min.

Material:
- - -

Musikvorschlag:
- - -

Anleitung:

Setz Dich bequem hin, so daß Du etwa 7 Minuten ruhig sitzenbleiben kannst – entweder im Schneidersitz oder im Fersensitz – oder auch auf einem Stuhl – so daß Du Deine Wirbelsäule gerade halten kannst. Atme einige Male tief ein und aus – und komm mit Deiner Aufmerksamkeit ganz hierher – in dem Bewußtsein, daß die nächsten Minuten ganz Dir allein gehören. Leg dann Deine linke Hand auf Deinen Nabelbereich und beginne mit dem „Feueratem", indem Du durch die Nase ein- und ausatmest – und mit jedem Ausatmen Deinen Nabel in Richtung Wirbelsäule ziehst – beim Ausatmen kräftig Deinen Nabel in Richtung Wirbelsäule ziehen und dann ganz von allein wieder durch die Nase einatmen. Beim Einatmen bewegt sich Dein Nabel wieder nach vorn – finde Deinen eigenen Rhythmus – indem Du *schnell* ein- und ausatmest ohne Pause – nach etwa 3 Minuten atme tief ein – halte dann einen Moment den Atem an – und laß ihn wieder sanft und weich hinausströmen. Laß die Übung einen kurzen Moment nachschwingen.

Man kann die Übung auch im Stehen, Liegen oder in verschiedenen Yogapositionen machen. Wichtig dabei ist es, ohne Pausen durchzuatmen und Deinen eigenen, schnellen Rhythmus zu finden.

Variationen:

☺ **Atemlos** (6-10 Min.)

Bewegt Euch frei verteilt durch den ganzen Raum; dabei das Gewicht der Arme und Hände spüren. Immer schneller werden; das Tempo schließlich bis zur Atemlosigkeit steigern.

Dann hinlegen und nachspüren, wo der Atem im Körper hingeht. So lange den Atem wahrnehmen, bis er sich wieder beruhigt hat. Dann ganz weich und langsam über die Körperseite aufstehen.

☺ **Tönende Vokale** (6-12 Min.)

Vokale wirken lockernd, sowie durchblutend und regenerierend auf die inneren „Räume" und Organe, in denen sie schwingen. Gleichzeitig wird die Atmung trainiert. Atme tief und auf die „Vokale", die vom Teamer vorgegeben werden aus, während Du den entsprechenden Vokal laut und lange „tönst".

- Auf „I" langsam ausatmen und tönen: spricht den Kopf und die Nerven an und wirkt erfrischend.
- Auf „E" langsam ausatmen und tönen (bei Schilddrüsen-Überfunktion bitte unterlassen): spricht den Hals und die Kehle an.
- Auf „A" langsam ausatmen und tönen: spricht den Brustkorb und die Leber an und sorgt dadurch für die Blutreinigung.
- Auf „O" langsam ausatmen und tönen: spricht das Herz sowie das Sonnengeflecht an, wodurch das vegetative Nervensystem günstig beeinflußt wird.
- Auf „OOOMMM" langsam ausatmen und tönen: wirkt beruhigend auf den ganzen Körper.
- Auf „U" langsam ausatmen und tönen: wirkt durchblutungsfördernd und entspannend auf den gesamten Beckenbereich.

Anmerkungen:

- Während Menstruation und Schwangerschaft bitte Feueratem unterlassen! Liebevoll mit dem eigenen Bauch umgehen.

SEPARATOR   Aktivierende Übungen

Schnelles Sofa

Form: Übung: ☐   Spiel: ☒   Phantasiereise: ☐

Ziel:
Aufwachen, Energie ankurbeln

Weitere Anwendungsmöglichkeiten:
Schnelles Assoziieren; Kreativität

Gruppengröße: ☺☺☺

Dauer:
6-12 Min.

Material:
Stühle oder Sofa

Musikvorschlag:
– – –

Beschreibung:

Ein Gruppenmitglied sitzt auf einem von 3 Stühlen in der Mitte, nennt einen Begriff und sagt dazu: „Ich bin der *Ball*, wer paßt zu mir?" Die jeweils Umstehenden können sich neben ihn setzen, indem sie eine Assoziation sagen: „Ich bin das *Netz*", „Ich bin das *Kind*". Der Spieler in der Mitte kann entscheiden, wer von beiden jetzt weitermachen und sich nun in die Mitte setzen darf; zum Beispiel: das *Kind* sitzt dann in der Mitte und sagt dann: „Ich bin das *Kind*, wer paßt zu mir?" Die anderen antworten dann vielleicht mit *Kinderwagen* oder *Kindergarten*. Dann rutscht der *Kindergarten* in die Mitte: „Ich bin der *Kindergarten*, wer paßt zu mir?" Derjenige in der Mitte kann jeweils entscheiden, welche Assoziation ihm gefällt und der Betreffende macht dann weiter. Dieses Spiel sollte möglichst schnell gespielt werden, laßt Euch überraschen, was Euch so alles einfällt.

Variationen:

☺ ☺ ☺ **Wortball** (6-12 Min.; 1 Ball)
Alle stehen im Kreis. Wirf einem beliebigen Mitspieler aus der Gruppe einen Ball zu und gleichzeitig spontan und sehr schnell auch ein Wort, wie etwa *„Vertrauen"*. Der Nächste wirft den Ball schnell weiter und gleichzeitig auch eine Assoziation, die er zu Deinem Wort hat; Beispiele: *„Vertrauen"* heißt *„vertrauensvoll loslassen"*, *„vertrauensvoll loslassen"* heißt *„wohlfühlen"*, *„wohlfühlen"* heißt *„baden"*. Laßt den „Wortball" schnell wandern, um möglichst schnelle Assoziationen zu erhalten.

☺ ☺ ☺ Mit dem Ball wird ein Doppel-Begriff weitergegeben, wie: Schrank-Wand. Der Nächste nimmt jeweils das letzte Wort und ergänzt es sinnvoll, wie: Wand-Teppich. So verändert sich der Begriff laufend weiter.

☺ ☺ ☺ **Spontane Kiste** (15-45 Min.; Kartons/Kisten, Utensilien)
Alle Mitspieler verteilen sich in Dreier- bis Fünfer-Gruppen. Jede Gruppe legt in eine Kiste 3 beliebige Gegenstände und in eine andere (!) 1 Zettel mit einem Stichwort. Anschließend wählt jede blind einen Karton. Mit Hilfe der Kiste, der 3 Gegenstände und des Stichworts soll nun jede Gruppe eine Situation als kurzes improvisiertes Rollenspiel oder Theaterstück darstellen. Fortgeschrittene können eine Pantomime vereinbaren.

☺ ☺ ☺ **Nachbartausch** (6-12Min.)
Bis auf ein Gruppenmitglied sitzen alle im Kreis. Der freie Spieler spricht aus der Kreismitte heraus einen im Kreis an und fragt ihn: „Wen hättest Du gerne als Nachbarn?" Der Angesprochene nennt schnell und kurz die unverwechselbaren Eigenschaften zweier Mitspieler, die mit seinen beiden Nachbarn die Plätze tauschen. Dabei versucht der in der Mitte sitzende Spieler, einen der frei werdenden Plätze zu besetzen. Wer keinen Platz während des „Nachbartausches" bekommen hat, bleibt in der Mitte.

☺ ☺ ☺ **Phantasien wecken** (10-20 Min.; Zettel, Stifte)
Jeder Mitspieler schreibt auf 2 Zettel je ein nicht zusammengesetztes Hauptwort, das „Phantasien weckt", mit denen sich ein konkretes Sinneserlebnis verbinden läßt; Beispiele: Regen, Geige, Garten. Die Zettel werden gemischt; dann nimmt sich jeder 2 Zettel. Die Wörter, die er findet, soll er verbinden und aus dem Stegreif ausführlich schildern, welche Phantasien das neue Wort in ihm weckt; Beispiel: Auto-Wald wird zu Autowald. Die Mitspieler können und sollen auch ihre Phantasien dazu mitteilen. Wird die Reihenfolge der Begriffe umgedreht

(Waldauto), so ergibt sich meist ein ganz anderer Eindruck, den der Betreffende nun anschließen soll.

☺ ☺ ☺ **Flinker Griffel** (10-20 Min.; Tische, Papierbögen, Stifte)
Je vier bis sechs Mitspieler stehen mit Papier und Stiften um einen Tisch, in deutlichem Abstand zu den anderen Gruppen. Der Spielleiter hat vorher eine feste Reihenfolge von 10-15 Begriffen aufgestellt, die aus zusammengesetzten Hauptwörtern bestehen; Beispiele: Blumenvase, Hundeleine, Geisterbahn, Scheinehe. Je einem Vertreter nennt er nun im Nebenraum den ersten Begriff, den diese wortlos, ebenso schnell wie eindeutig ihren Gruppen aufzeichnen sollen. Die Gruppen sprechen ihre wechselnden Vermutungen dauernd und leise aus; der Zeichner darf jedoch nur die richtige Antwort nickend bestätigen. Hat ein Gruppenmitglied die Lösung, kann sich der Zweite rasch das nächste Wort holen.

☺ ☺ **Schlagfertig** (10-20 Min.)
Ein Spieler nennt drei ebenso kreative wie zusammenhanglose Wörter. Sein Partner soll nun „schlagfertig" und aus dem Stegreif einen kleinen Vortrag halten, in dem diese drei Begriffe vorkommen und sinnvoll (!) miteinander verbunden sind. Beispiele: Kaiser-Mondrakete-Calvados; Demokratie-Turban-Schlagsahne, ...

☺ ☺ ☺ **Masken** (6-12 Min.)
Alle Mitspieler sitzen in einem Kreis. Ein Gruppenmitglied (A) beginnt, indem er eine Grimasse schneidet und an seinen linken Nachbarn (B) in den Kreis weitergibt; dabei soll er diese „Maske" nur solange beibehalten, bis B sie übernommen hat. B hält den übernommenen Ausdruck nur mit den Gesichtsmuskeln fest und wendet seinen Kopf rasch weiter; noch im Wenden aber setzt er eine andere und neue „Maske" auf. Plant nicht, was für einen Ausdruck Ihr erschaffen wollt sondern dreht nur den Kopf nach links und nehmt wahr, was geschieht. So geht es weiter im Kreis, wortlos, einige Minuten lang. Nun nimm das Erlebte noch einmal in Dir auf. Erinnere Dich an die „Masken", die Du kreiert hast. Waren sie unter sich verschieden? Haben sie dieselben Gefühle und Verhaltensweisen ausgedrückt? Welche Bedeutungen haben diese Wahrnehmungen für Dich? Sagen die Masken etwas über Dich aus? Denk nun an die Masken der anderen Mitspieler. Wie sahen deren Masken aus, woran kannst Du Dich noch erinnern? Nimm auch die Feinheiten wahr, wie sie entstanden, wie sie weitergegeben wurden? Tauscht Euch zum Abschluß gemeinsam über Eure Eindrücke und Empfindungen aus.

Aktivierende Übungen — SEPARATOR

Elektrozaun

Form: Übung: ☐   Spiel: ☒   Phantasiereise: ☐

Ziel:
Zusammenarbeit; Situationen im Team lösen

Weitere Anwendungsmöglichkeiten:
Kontakte ausbauen; Herausforderungen gemeinsam angehen

Gruppengröße: ☺☺☺

Dauer:
15-30 Min.

Material:
1 langes Seil oder Nylonschnur

Musikvorschlag:
– – –

Beschreibung:

Ihr spannt ein etwa 5m langes Seil oder eine Schnur etwa 1,50 m über dem Boden. Nun soll die gesamte Gruppe diesen „Elektrozaun" überwinden, ohne ihn zu berühren. Jeder Teilnehmer, der den Zaun berührt, muß wieder zurück; das gleiche gilt auch für alle anderen Personen, die den Teilnehmer zu diesem Zeitpunkt berührt haben, gleich, auf welcher Seite er oder sie sich befanden. Der Raum unter dem Seil sowie die beiden Befestigungsmöglichkeiten stehen ebenfalls „unter Strom".

Anstelle eines Neubeginns können den „Elektrisierten" Sonderaufgaben zugedacht werden; Beispiele: das Spiel mit verbundenen Augen fortsetzen, eine oder beide Hände in der Tasche behalten, einen Gegenstand mit über den Zaun nehmen.

Aufhellung

Form: Übung: ☒   Spiel: ☐   Phantasiereise: ☐

Ziel:
Energie in Fluß bringen;
Anti-Depressionsübung

Weitere Anwendungsmöglichkeiten:
Anfangsübung für ein Yogaset, das die Energie in Fluß bringt; Vorübung für eine Meditation

Gruppengröße: ☺

Dauer:
20 Min.

Material:
Decke, bequeme Kleidung

Musikvorschlag:
– – –

Anleitung:

Dies ist eine Übung aus dem Kundalini-Yoga. Beginne die Übung, indem Du Dich einstimmst auf eine Zeit, die Du ganz Dir widmest oder indem Du das Mantra *Ong na mo guru dev namo* singst.

1. Geh dann in die Hocke, die Hacken zusammen, etwas vom Boden ab, die Knie weit auseinander und stütz Dich zwischen den Beinen mit den Fingerspitzen ab. Atme einige Minuten lang und tief – halte dann den Atem für 5 Sekunden an und laß ihn wieder fließen. Dann geh in die Froschposition, die Hacken zusammen und auf dem Boden. Deine Arme sind an der Innenseite der Knie, und Du stützt Dich mit den Fingerspitzen am Boden ab. Wenn Du einatmest, strecke die Knie gerade und laß Deinen Kopf hängen. Wenn Du ausatmest, geh wieder in die Hocke und nimm den Kopf nach hinten. Wiederhol dies 26 mal.

2. Direkt aus dieser Haltung setz Dich auf Deine Hacken, indem Du die Unterschenkel auf den Boden legst und den Po auf die Hacken senkst (Diamantsitz). Strecke Deine Arme nach oben an Deinen Ohren vorbei und verschränke Deine Finger miteinander bis auf die Zeigefinger, die beide aneinandergelehnt gestreckt nach oben zeigen. Beim Ausatmen zieh den Nabel zu Deiner Wirbelsäule, beim Einatmen laß den Bauch nach vorne kommen. Beim Ausatmen Nabel zur Wirbelsäule, beim Einatmen Bauch ausdehnen, etwa 1 1/2 Minuten – schnelles Tempo.
   Während Schwangerschaft und Menstruation bitte diese Übung auslassen.
3. Jetzt leg Dich auf den Rücken, ruh Dich einen kleinen Moment aus – und mit dem Einatmen nimm die Beine und den Rücken nach oben in einen Winkel von etwa 60° und hebe die Arme parallel zum Boden, dabei halte den Atem an. Während Du den Atem anhältst, presse die Zunge mit der Spitze nach hinten in Richtung Zäpfchen gegen Deinen Gaumen. Beim Ausatmen entspann Dich und leg alles wieder auf dem Boden ab. Wiederhole diese Übung so oft Du magst, mindestens 3 mal. Dann ruh Dich einen Moment auf dem Boden liegend aus.
4. Sitz im Schneidersitz aufrecht, Zeigefinger und Daumen zusammen, die anderen Finger ausgestreckt, Deine Arme parallel zum Boden, die Ellenbogen gebeugt, als wenn Du mit Deinen Händen Brillengläser formen möchtest vor Deinen Augen. Beim Einatmen zieh Deine Ellenbogen parallel zurück, beim Ausatmen beweg die Hände wieder vor die Augen – beim Einatmen die Ellenbogen zurück, als ob die Schulterblätter zusammengeschoben würden und Du die Augengläser aufmachst – beim Ausatmen wieder in die Originalposition zurück, also die Hände vor die Augen. Mach diese Übung 2-3 Minuten, werde dann in der letzten Minute etwas schneller, ungefähr doppelt so schnell wie vorher. Einatmen – Ellenbogen nach hinten – Ausatmen – wieder nach vorne. Dann laß die Hände in Deinem Schoß ruhen, Arme und Schultern entspannt, schließe Deine Augen und spür der Übung nach. Bleib so 1-2 Minuten sitzen und laß sie so ausklingen.

Variationen:

☺ **Meditation** (11 Min.; Spezialmeditation gegen Depression)
Setz Dich bequem im Schneidersitz hin und bring die Wirbelsäule in eine gerade Position. Deine Ellenbogen sind gebeugt, die Handrücken sind aneinandergepreßt und Deine Arme parallel zum Boden. Die Hände befinden sich ungefähr in Höhe zwischen dem Herzchakra und dem Kehlchakra. Die Fingerspitzen zeigen nach vorne, die Daumen nach unten. Deine Augen sind ein Zehntel offen und blicken direkt auf die Nasenspitze. Atme ein – und singe das Mantra *Waheguru* ungefähr

16 mal. Einatmen – und singen Waheguru – 16 mal pro Atemzug – genau 11 Minuten lang. Du kannst es, wenn Du magst, ausweiten auf 31 Minuten und 32 mal Waheguru für einen Atemzug.

☺ **Guten Morgen** (5-10 Min.)

Nimm Dir morgens ein paar Minuten für Dich als Einstimmung für den Tag und such Dir einen Platz, wo Du Dich bequem setzen oder legen und wo Du ruhig und gelassen und entspannt sein kannst. Und während Du Deinen Atem tief und ruhig fließen läßt, lasse Dir nacheinander die sechs folgenden Fragen für den Tag kommen, mit all den Erinnerungen, all den Assoziationen, die für Dich dazugehören, mit all Deinen Sinnen die Fragen beantworten. Laß Dir Deine Antworten schenken und dann laß die einzelnen Fragen jeweils ausklingen, bevor Du Dir die nächste stellst.

1. *Worauf kannst Du in Deinem Leben stolz sein? Was ist es, worauf Du mit Genuß schaust, was Du geschaffen hast?*
2. *Wofür in Deinem Leben kannst Du dankbar sein und wem?*
3. *Was in Deinem Leben macht Dich glücklich?*
4. *Wen und was gibt es in Deinem Leben, den/das Du liebst?*
5. *Wen gibt es, der Dich lieben darf? Und wer liebt Dich? Wer ist froh, daß es Dich gibt, daß Du in seinem Leben bist?*

Und dann laß ausschwingen und spür einfach Deine Ressourcen; das, was Dich glücklich macht, wofür Du dankbar bist und was Dich stolz und froh macht, was Du liebst und daß Du geliebt wirst. Und dann stell Dir für Deinen Tag heute die Frage:

6. *Was kannst Du heute tun, um Deinem Ziel näherzukommen, um Dein Ziel zu erreichen; um das ein Stück mehr zu verwirklichen, was Du in Deinem Leben verwirklichen möchtest?*

☺ Nimm Dir auch, wenn Du magst, abends die Zeit, um ein Resumee zu ziehen, was Dir der Tag für Antworten gegeben hat. *Was war neu – was war gut – was möchtest Du vielleicht noch verbessern – was hast Du heute erlebt – was hat Dich bereichert – was hat Dir Freude, Spaß gemacht? Was war es, wo Du noch Ziele machen möchtest – was oder wovon möchtest Du mehr, intensiver oder länger erleben? Und mit wem?*

Und in dem Bewußtsein, daß Du diese Zeit ganz für Dich alleine hast und nutzen kannst, bestimmt das, was Du fragst, den Focus dessen, was „hochkommt". Du hast alle Freiheit, „Deine" Fragen kommen zu lassen und Deinen Focus, Deine „Richtung" zu lenken, um Dich so für den Tag oder die Nacht einzustimmen.

Wegweiser

Schnecke ☺☺ 280
Whirlpool ☺☺☺ 281
Regentropfen ☺☺☺ 281
Wasserbett ☺☺-☺ 281
Förderband ☺☺☺ 281
Walze ☺☺☺ 282
Wellenreiten ☺☺☺ 282
Genußmarkt ☺☺☺ 282
Genußkarussell ☺☺☺ 282

Schutzanzug für den Drachenkampf ☺ 283

Aura ☺☺ 286
Gruppen-Aura ☺☺☺ 287
Stille Post ☺☺☺ 287
Was hat Dich berührt ☺☺☺ 287
Blindes Geleit ☺☺☺ 287
Was uns verbindet ☺☺ 287
Windhauch ☺☺ 288
Rhythmische Führung ☺☺ 288
Zauberwald ☺☺☺ 288
Schau, was ich für Dich habe ☺☺☺ 288
Marionette ☺☺ 288

Tennisball ☺☺ 289

Ra Ma Da Sa ☺ 290

Lichtkreis ☺ 292

Progressive Muskelrelaxation ☺ 293

| SEPARATOR | Regulierende Übungen |

Schnecke

Form: Übung: ☐   Spiel: ☒   Phantasiereise: ☐

Ziel:
Entspannung; Regulation

**Weitere Anwendungs-
möglichkeiten:**
Kontaktarbeit; Resonanz

Gruppengröße: ☺☺☺
Mindestens 5 Partner

Dauer:
10-20 Min. je Partner

Material:
– – –

Musikvorschlag:
Andreas Vollenweider:
Behind the gardens

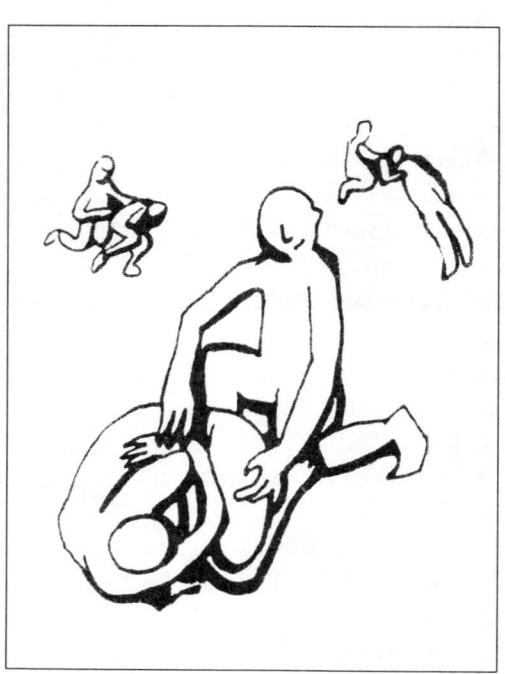

Anleitung:

Leg Dich auf einer weichen Unterlage auf den Boden und roll Dich – so klein wie möglich – zusammen, wie eine „Schnecke". Nimm wahr, wie Du Dich in dieser Stellung befindest und wie Du Dich in ihr fühlst. Dein Partner entrollt und entfaltet nun behutsam und liebevoll die Schnecke, indem er Deinen Körper sanft dehnt, entspannt, lockert und bewegt, bis er ganz ausgebreitet auf dem Rücken liegt. Nimm Dein Gefühl wahr, wenn er das tut, und vertrau Dich ganz seiner Führung an; nimm wahr, was es bedeutet, sanft bewegt zu werden. Auch der Partner, der Dich entrollt, soll wahrnehmen, wie Dir dabei zumute ist. Nach der größten „Entfaltung" dann rollt er Dich wieder zusammen. Dann wechselt Eure Rollen.

Wenn Du magst, kannst Du Dir dabei auch eine Blüte vorstellen, die sanft und allmählich auseinandergefaltet, für die Umwelt geöffnet wird.

Variationen:

☺ ☺ ☺ **Whirlpool** (6-10 Min. je Partner)
Ein Gruppenmitglied liegt bäuchlings auf dem Boden, alle Partner der Kleingruppe knien darum herum. Wie in einem „Whirlpool" darf sich nun der Liegende von allen Partnern und allen Seiten verwöhnen lassen.

☺ ☺ ☺ **Regentropfen** (6-12 Min. je Kreisrichtung)
Alle Gruppenmitglieder bilden einen Kreis, wobei jeder seine Hände sanft auf den Schultern seines Vordermannes ruhen läßt. Wenn nun der Regen schwach zu fallen beginnt, trommelst Du mit Deinen Fingern sehr sanft auf die Schultern, während Ihr dabei „leicht" und langsam im Kreis geht. Sobald es stärker regnet, verstärkt sich auf angenehme Art das Fingerprasseln. Du kannst für Dich weitere Variationen – beispielsweise Schauer, Donner, usw. – hinzufügen. Läßt der Regen nach und hört auf, streichst Du mit Deinen Händen von den Schultern an abwärts den Rücken Deines Partners aus, wie die letzten „Regentropfen", die herunterrinnen; dabei gehst Du allmählich langsamer, bis schließlich der gesamte Kreis zum Stillstand gekommen ist. Nun macht der gesamte Kreis kehrt, so daß Du Deinen vorherigen Wohltäter entspannen darfst.

☺ ☺ ☺ **Wasserbett** (6-12 Min. je Partner)
Eine ganze Kleingruppe befindet sich nebeneinander in einer Bankstellung. Ein Partner legt sich auf das „Wasserbett" und schließt die Augen. Das Bett pendelt sanft hin und her.

☺ ☺ Normalgewichtige Mitspieler können dieses Spiel auch mit einem Partner durchführen. Hierbei kniet sich ein Spieler auf allen Vieren auf den Boden („Bank"), sein Partner legt sich – Rücken an Rücken – behutsam auf ihn drauf. Nun kann der untere den oberen sanft hin- und herbewegen, schaukeln oder nach eigenen Ideen verwöhnen.

☺ ☺ ☺ **Förderband** (4-8 Min. je Partner)
Alle Gruppenmitglieder liegen auf dem Boden. Sie ordnen sich paarweise in zwei parallelen, reißverschlußartig versetzten Reihen so an, daß sie mit den Köpfen zur Mitte der Reihe hin liegen; dabei heben sie die Arme hoch. Auf das so entstandene „Förderband" wird mit Hilfe des Spielleiters ein Teilnehmer gelegt. Wenn er den Körper anspannt, wird er für Euch ganz leicht und kann über die Köpfe hinweg transportiert werden. Immer neue Hände nehmen nun Kontakt auf und transportieren ihn

nun mit sanften Bewegungen weiter, lassen ihn leicht werden, bis ihn der Spielleiter am Ende wieder in Empfang nimmt und beim Absteigen hilft.

☺ ☺ ☺ **Walze** (4-8 Min. je Partner)
Legt Euch mit gleicher Blickrichtung auf den Bauch und mit etwas Abstand nebeneinander. Ein Mitspieler legt sich behutsam so auf Euch drauf, daß er quer zu den Liegenden schaut. Nun schließt er die Augen und spannt seinen Körper an. Wenn Ihr Euch nun langsam und gleichmäßig in eine Richtung rollt, wird der obere wie auf einer „Walze" sanft schaukelnd fortbewegt. Die frei werdenden Spieler können aufstehen und die Walze vorne wieder verlängern.

☺ ☺ ☺ **Wellenreiten** (4-8 Min. je Partner)
Legt Euch mit gleicher Blickrichtung auf den Bauch und so eng wie möglich (!) nebeneinander. Ein Mitspieler legt sich in gleicher Richtung behutsam auf Euch drauf. Nun spannt sich der obere an und dreht sich sanft um seine eigene Achse. Dadurch bewegt er sich fort, über Wellenberge und durch Wellentäler. Wenn Ihr die Strecke des „Wellenreitens" verlängern wollt, können sich jeweils die schon Überrollten wieder vorne anschließen.

☺ ☺ ☺ **Genußmarkt** (12-20 Min. je Gruppenhälfte)
Die Hälfte der Gruppe sitzt im Schneidersitz oder liegt auf dem Boden und wird von den anderen „entspannt". Wie auf einem „Markt" gehen sie umher und massieren, lockern und beschenken die Liegenden, um ihnen so ein angenehmes Erlebnis zukommen zu lassen. Dabei gibt es schöne Möglichkeiten, wie: den Partner mit leichten Kreis- und Pendelbewegungen schaukeln, rollen und ausschütteln oder mit den Händen klopfen, reiben, streichen und vieles mehr, was Euch gut tut.

☺ ☺ ☺ **Genußkarussell** (8-15 Min.)
Alle Gruppenmitglieder sitzen im Kreis. Der rechte Fuß wird zwischen die gegrätschten Beine des rechten Partners gestellt. Dieser darf die Waden und Oberschenkel des Partners lockern durch schüttelnde und streichende Bewegungen. Danach erfolgt ein Wechsel der Beine.

Anmerkungen:
- Achte als Helfer auf Deine eigene, gesunde – wirbelsäulenschonende – Körperhaltung, um auch für Dich dieses Spiel so angenehm wie möglich zu gestalten.

Regulierende Übungen SEPARATOR

Schutzanzug für den Drachenkampf

Form: Übung: ☐   Spiel: ☒   Phantasiereise: ☐

Ziel:
Energie harmonisieren

Weitere Anwendungs-möglichkeiten:
Körperwahrnehmung sensibilisieren

Gruppengröße: ☺
In der Gruppe

Dauer:
10 Min.

Material:
– – –

Musikvorschlag:
– – –

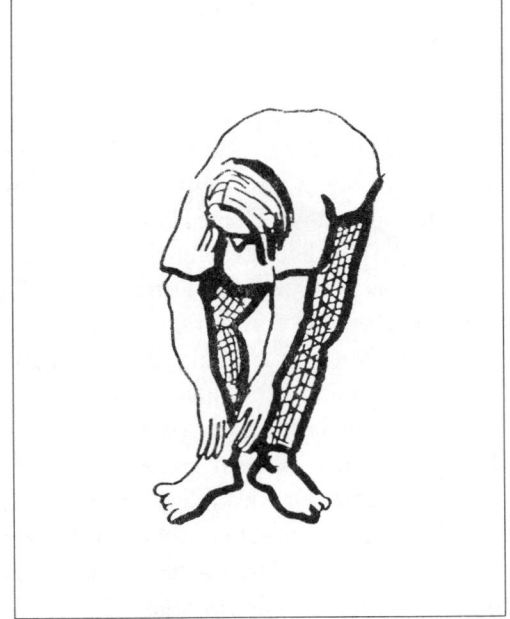

Anleitung:
Stell Dir vor, daß Du Dir einen Schutzanzug anziehst für den Drachenkampf oder für Deine Entdeckungsreise im Weltall – oder Deine Schutzhaut für irgendeine Situation, in der Du sie brauchen kannst. Beginne bei den Füßen, indem Du mit beiden Händen an den Füßen entlangstreichst und Dir vorstellst, daß dieses wunderbare weiche strapazierfähige Material sich ganz sanft und angenehm um Deine Haut legt – beginne mit den Händen, dieses Material an den Füßen festzustreichen und die Beine hinauf – den Bauch, bis zur Brust. Stell Dir vor, wie Du Dir Deinen Schutzanzug anziehst, der im ersten Teil aus einer Latzhose besteht – erst am linken Bein hinauf – und dann am rechten. Wenn Du dann Deine Latzhose anhast, dann beginne vom Latz aus mit der rechten Hand am unteren

Teil des Armes – unter der Achsel hindurch – den Arm anzusetzen und anzudrücken – unter dem linken Arm an der Innenseite hinunter bis zu den Fingerspitzen – wo Du den integrierten Handschuh ganz um die Hand schließt – feststreichst – vielleicht noch einmal nachprüfst, ob die Finger wirklich passen – und dann an der Oberseite wieder zurück – indem Du streichst und ein klein wenig Druck ausübst – an der Oberseite wieder zurück über die Schulter bis zu den Ohren hoch. Wenn Du auch den rechten Arm eingesetzt hast – beginne dann den Helm aufzusetzen – indem Du vom Nacken aus noch einmal genau überprüfst, ob das Material hier wirklich sicher anliegt – indem Du den Nacken knetest und sanft angenehm den Hals hoch bis zum Haaransatz noch einmal nachstreichst – am Haaransatz mit beiden Daumen, sanft und behutsam den Helm festdrückst – und durch sanftes Hin- und Herschieben der Kopfhaut prüfst, ob er hinten am Hinter- und Oberkopf festsitzt und Dich schützt. Dieser Helm geht nach vorne bis über die Stirn – die Du sanft mit den Fingerspitzen ausstreichen kannst – über die Augenbrauen – spüren wie Deine Hände ihren Weg finden – das Visier hinunter – ganz sanft, die Augenlider zart hin- und herbewegen – die Nase – und die Wangenknochen bis zur Oberlippe. Der vordere Teil des Helmes, der dazugehört, fängt am Latz an – beginne dort am Latz anzusetzen – sanft und behutsam und doch mit ein wenig Druck – vorsichtig an der Schilddrüse – ganz behutsam den Hals hinauf bis zum Kinn und zur Unterkieferlinie bis zur Unterlippe. Dann mit den Händen am Rücken hinaufstreichen, soweit, wie Du kommst – und dann von oben mit den Händen auf den Rücken greifen und in Richtung Schulter entlangstreichen – Deinen eigenen Druck finden, wie es Dir angenehm ist. Wenn Du nun diesen Drachenanzug anhast, kannst Du die Nähte verstärken – indem Du Dir vorstellst, daß Du Raglanärmel hast – vom Schlüsselbein bis zur Achsel mit den Fäusten hin- und herreiben und Dir vorstellen, daß Du dort die Nähte verstärkst – rechts und links. Dann direkt unter dem Schlüsselbein, da wo der Latz zuende ist, mit beiden Fäusten die Naht verstärken – indem Du über diese Stelle, über diese Nahtstelle am Latz vorne streichst. Dann mit beiden Fäusten rechts und links neben der Luft- und Speiseröhre hinunter – als wenn Du vorne einen Reißverschluß hättest – vorne hinunter bis zum Solar Plexus – dann den Rippenbogen ausstreichen, als hättest Du dort eine Ziernaht. Mit beiden Fäusten über dem Schambein reiben. Wenn Du Deinen Drachenanzug bis hierher angezogen hast, ist es angenehm, wenn Du zu zweit weitermachen kannst. Halte dabei Deinen Partner von hinten liebevoll am Haaransatz und überprüfe noch einmal genau, ob sein Schutzanzug hinten auch wirklich anliegt, paßt und schützt. Liebevoll am Haaransatz den Helm andrücken – sanft und behutsam – und dann mit den Daumen den Nacken hinunter wandern – in die Schulterpartie – oben auf den Schultern – und den Rücken hinunter. Mit den Fäusten oder Fingerspitzen reiben – festdrücken – sanft und doch behutsam mit einem ganz angenehmen Druck – spüren, was für den anderen jetzt angenehm ist – die Wirbelsäule entlang bis zum Steißbein – und mit der flachen Hand auf dem Steißbein reiben. Mit all Deinen Sinnen, all Deiner Aufmerksamkeit in Deinen Händen sein – den Weg finden – unterstützen, so daß der Schutzanzug für den Drachenkampf vollständig schützt.

Anmerkungen:
- Besonders Kinder können diese Übung gut gebrauchen vor Besuchen beim Zahnarzt oder Klassenarbeiten oder sonstigen Drachenkämpfen.

SEPARATOR   Regulierende Übungen

Aura

Form: Übung: ☐   Spiel: ☒   Phantasiereise: ☐

Ziel:
Regulierende Kontaktübung

**Weitere Anwendungs-
möglichkeiten:**
Kinästhetische Wahr-
nehmung verfeinern

Gruppengröße: ☺☺

Dauer:
6-10 Min.

Material:
– – –

Musikvorschlag:
– – –

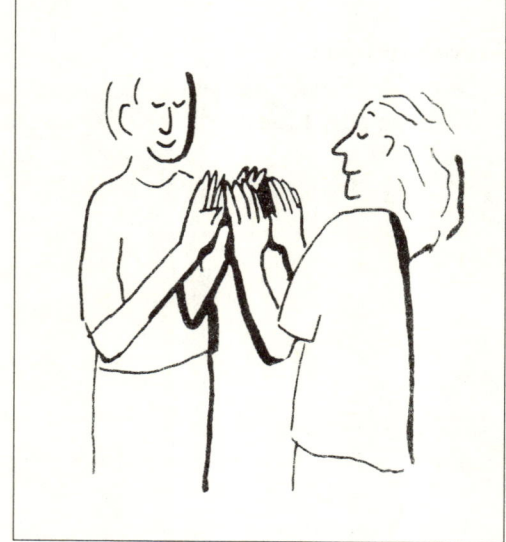

Anleitung:
Stell Dich Deinem Partner gegenüber und streckt Eure Arme nach vorne, bis sich die Handflächen berühren. Schließt nun die Augen und versucht, die Energie zwischen Euren Händen zu spüren. Dann laßt Eure Arme sinken und erspürt mit geschlossenen Augen und leicht gebeugten Armen behutsam die Hände des Partners, um den Kontakt wiederzufinden.

Variationen:

☺☺ Schwerer wird es, wenn Ihr Euch nach dem Lösen Eurer Hände dreimal um die eigene Achse dreht und dann erst wieder Kontakt mit den Händen aufzunehmen versucht. Oder kannst Du sogar zwei große Schritte nach hinten treten, dann erst dreimal drehen und über diese größere Distanz die Energien Deines Partners wieder aufnehmen.

☺☺☺ **Gruppen-Aura** (6-12 Min.)
Alle Mitspieler bilden einen Kreis und geben beiden Nachbarn rechts und links die Hände. Danach schließen alle die Augen und lassen sich allmählich wieder los. Jeder für sich geht nun drei Schritte zurück und dreht sich dreimal um die eigene Achse. Nun versucht behutsam, Euren Kontakt wiederherzustellen.

☺☺☺ **Stille Post** (8-16 Min.)
Alle Spieler stehen so im Kreis, daß jeder seinen Nachbarn leicht berühren kann und sie schließen die Augen. Der Spielleiter gibt nun eine beliebige Berührung herum: einen Händedruck, ein Klopfen auf die Schulter, ein Streicheln der Wangen. Ist die Berührung bei ihm zurück, löst er eine neue aus. Später kann er Berührungen zu beiden Seiten zugleich geben, jedoch nur so schnell folgend, daß alle Zeit haben, die Berührung zu empfinden und zu genießen.

☺☺☺ **Was hat Dich berührt** (8-16 Min.; Augenbinden)
Alle sitzen in einem Kreis und schließen die Augen; 3-5 Spieler bewegen sich in der Kreismitte. Jeder von ihnen berührt nun einen oder mehrere der Sitzenden mit der Hand; Beispiele: über das Haar streichen, an der Schulter anfassen, sanft in die Wange kneifen. Danach gehen sie in die Mitte zurück. Die im Kreis Sitzenden öffnen die Augen und versuchen nun – wenn sie etwas gespürt haben – herauszufinden, wer sie mit seiner Hand berührt hat. Wenn sie einen bestimmten „Verdacht" haben, dürfen sie den Betreffenden bitten, sie nach ihrer Anweisung zu berühren.

☺☺☺ **Blindes Geleit** (8-15 Min.; Augenbinden)
Alle bilden einen engen Kreis. Je nach Anzahl stellen sich ein oder zwei Spieler mit verbundenen Augen hinein. Nun werden diese blinden Partner behutsam an Schulter, Arm, Hüfte und auch Kopf von einem Mitspieler zum anderen geleitet. Dabei wechseln die Äußeren leise und behutsam ihre Positionen. Nach einiger Zeit werden die Blinden wieder sehend und können über ihre Wahrnehmungen und Erlebnisse berichten, welche Unterschiede sie erlebt, was sie gehört und gefühlt haben.

☺☺ **Was uns verbindet** (8-12 Min. je Partner; Augenbinden)
Jedes Paar bekommt einen Gegenstand, den beide Partner halten; Beispiele: ein Luftballon, ein Bleistift, ... Der „blinde" Partner wird nun mit Hilfe des Gegenstandes frei im Raum geführt.
☺☺ Der Gegenstand wird nur mit Gegendruck der Finger „gehalten", während ein Spieler den Partner führt. Anfangs könnt Ihr mit helfenden

Ansagen arbeiten, später dann stumm. Fortgeschrittene bauen ohne Dinge den Druck zwischen den Handflächen auf.

☺☺ **Windhauch** (8-15 Min. je Partner; Augenbinden)
Ein Spieler ist blind. Sein Partner pustet ihn regelmäßig an und führt ihn so über die Spielfläche, an Spielern und Hindernissen sanft vorbei. Der blinde Spieler folgt immer dem „Windhauch".

☺☺ **Rhythmische Führung** (8-12 Min. je Partner; Augenbinden)
Ein Sehender führt seinen blinden Partner nur durch akustische Signale (Stimme, Summton, ...) frei im Raum und bewahrt ihn vor Zusammenstößen. Während dieser „Führung" verändert er ständig Stimmlage und -ausdruck. Dies versucht der Blinde sanft und behutsam in Bewegungen und neuen Formen umzusetzen. Das gemeinsame Finden, Probieren und Erleben von Möglichkeiten bewirkt, daß der Blinde seine Sinne öffnen und neue, verborgene Eindrücke wahrnehmen kann.

☺☺☺ **Zauberwald** (8-15 Min.; Augenbinden; Scott: Zen-Meditation)
„In finsterer Nacht geraten zwei bis drei Wanderer (Spieler mit verbundenen Augen) in einen ‚Zauberwald' (im Raum verteilte Mitspieler). In der Dunkelheit würden sie anstoßen, aber zu ihrem Erstaunen hören sie, daß sich die Bäume durch Wispern, sanftes Flüstern oder leises Pfeifen bemerkbar machen können. Die Bäume können sich aber auch bewegen und einem Wanderer in den Weg stellen, warnen ihn aber sanft vor Zusammenstößen; oder sie bilden eine Mauer, an welcher sich die Wanderer entlangtasten, um einen Durchgang zu finden." So entsteht allmählich ein Verantwortungs-Vertrauens-Verhältnis in der Gruppe, in dem sich die blinden Wanderer der Dunkelheit hingeben können.

☺☺☺ **Schau, was ich für Dich habe** (8-12 Min.)
In einem Sitzkreis werden schweigend „gedachte" Gegenstände pantomimisch weitergegeben, wie beispielsweise: ein heißer Topf, eine Stange, ein Stein, ein nasser Schwamm, eine Eistüte. Tauscht Euch anfangs nach jedem Durchgang über die Gegenstände aus, die Ihr weitergegeben habt. Später können auch mehrere Gegenstände zur gleichen Zeit herumgereicht werden.

☺☺ **Marionette** (6-12 Min. je Partner)
Ein Spieler sitzt oder liegt auf dem Boden und kann als „Marionette" nur durch den Partner bewegt werden. Dieser führt sanft und behutsam die unsichtbaren „Fäden" und kann so die Bewegungen aller Körperteile hervorrufen und beeinflussen.

Regulierende Übungen   SEPARATOR

Tennisball

Form: Übung: Spiel: ☐   Phantasiereise: ☐

Ziel:
Entspannung; Regulation

Weitere Anwendungsmöglichkeiten:
Körperwahrnehmung; Partnerarbeit (Resonanz)

Gruppengröße: ☺☺

Dauer:
10-20 Min. je Partner

Material:
2 Tennisbälle je Paar

Musikvorschlag:
Flights of fantasy

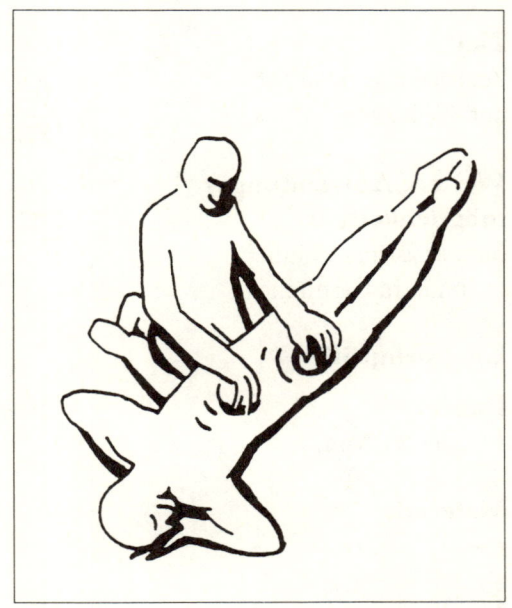

Beschreibung:

Ein Teilnehmer nimmt die Lage ein, die ihm am angenehmsten ist (Stand, Sitz oder Bauchlage). Den Körper entspannt halten; gleichmäßig und ruhig atmen. Der Partner legt die Tennisbälle jeweils unter seine linke und rechte Hand auf den Rücken des Entspannten. Nun beginnt er von der Halswirbelsäule an langsam auf- und abwärtsrollende Bewegungen bis unten zur Lendenwirbelsäule; dabei liegt die Wirbelsäule anfangs immer zwischen den beiden Tennisbällen. Schön langsam und sanft. Mit sanftem Druck wieder hochrollen und dann neben der Wirbelsäule alle Rückenbereiche nach Wunsch des Entspannten abrollen; Rücken, Schultern, Seiten, Gesäß und auch der Einbezug von Armen und Beinen (in der Bauchlage) ist möglich. Auf die Wünsche des Partners eingehen (kräftiger, sanfter, rechts, links), damit er sich wohlfühlen kann. Dann tauscht die Rollen aus. Zum Abschluß (oder als eigenständige Übung) können im Sitzen die bloßen Füße mit den Tennisbällen massiert werden.
Als Ersatz können auch „Igel-", Massage- oder Gymnastikbälle dienen.

| SEPARATOR | Regulierende Übungen |

Ra Ma Da Sa

Form: Übung: ☒   Spiel: ☐   Phantasiereise: ☐

Ziel:
Zentrieren von Gemüt und Gedanken

Weitere Anwendungsmöglichkeiten:
Innerer Zustand (Ruhe); Heilmantra Gesundheit

Gruppengröße: ☺

Dauer:
11 oder 31 Min.

Material:
- - -

Musikvorschlag:
- - -

Beschreibung:

Ra Ma Da Sa ist ein indisches Heilmantra, das ein sehr wirkungsvolles Korrektiv in negative und einengende, begrenzende Überzeugungen, Gedanken und Gefühle darstellt. Mantren sind Klangmuster, die verschiedene Nervenzentren im Körper und den Schädelbereich in Resonanz bringen und die eine bioelektrisch-chemische Veränderung des gesamten Nervensystems mit sich bringen. Lautes Singen aus voller Lunge und vollem Herzen verändern den jeweiligen energetischen Zustand.

Setz Dich bequem hin, so daß Du Deine Wirbelsäule gerade aufrichten kannst und beginne, indem Du das Mantra *Ong Namo Guru Dev Namo* singst. Durch dreimalige Wiederholung kannst Du Dich mit diesem Mantra in ein höheres Bewußtsein einstimmen. Es wird oftmals benutzt, um eine Yogaübung einzuleiten oder ein anderes Mantra vorzubereiten. Du kannst es nutzen vor einer Prüfung oder einer wichtigen

Besprechung – wann immer Du Dich auf ein höheres Bewußtsein einstimmen möchtest. Es bringt Dich mit dem reinen, weißen, inneren Licht in Berührung.

Danach nimm Deine Hände so, daß die rechte Hand in der linken liegt, der Handrücken in der Handfläche – leg den linken Daumen in die rechte Handfläche und den rechten Daumen über den linken und beginne zu singen. *Ra Ma Da Sa – Sa Se So Hong.* Wiederhole das nun 11 Minuten lang und atme dann zum Schluß tief ein, halte einen kurzen Moment den Atem an und laß ihn dann wieder langsam hinausströmen. Spüre dieser Übung 1 Minute nach.

Variationen:
11, 31 oder 62 Minuten, je nach Zeit und Lust; täglich; 40 Tage hintereinander (Routine).

Anmerkungen:
- *Ra* – die Sonne   *Ma* – der Mond   *Da* – die Erde   *Sa* – die Unendlichkeit
  Se – Deine ganze Unendlichkeit   *So Hong* – Wir sind eins

Lichtkreis

Form: Übung: ☒ Spiel: ☐ Phantasiereise: ☐

Ziel:
Entspannung; innere Ruhe

Weitere Anwendungsmöglichkeiten:
Ressourcen

Gruppengröße: ☺

Dauer:
5-7 Min.

Material:
– – –

Musikvorschlag:
– – –

Anleitung:

Setz Dich bequem hin, im Schneider- oder Fersensitz, wie Du für Dich 5 Minuten bequem sitzen kannst, ruhig, ohne Dich zu bewegen. Atme einige Male tief und lang und konzentriere Dich, da, wo Du jetzt gerade sitzt. Während Du das nachfolgende Mantra singst, stell Dir vor, wie Du um Dich herum einen „Lichtkreis" ziehst – in Deiner Farbe. Einen Lichtkreis, der Dich schützt – in dem Du sicher und geborgen bist und an dem alle negativen Einflüsse von außen vorbeiziehen können. Beginne dann das Mantra zu singen. *At Gure Name Yogat Gure Name Sat Gure Name Siri Guru Devename.* Wiederhole dieses Mantra mindestens 3 Mal – oder so lange, bis Du Dir um Dich herum vollständig Deinen Lichtkreis in Deiner Farbe visualisiert hast. Ein Lichtkreis oder ein Lichtei, das Dich vollständig einhüllt – schützt – in dem Du geborgen bist. Laß diese Übung einige Minuten in Dir nachwirken – spüre nach, und nimm diesen Schutz mit in Deinen Alltag.

Regulierende Übungen   SEPARATOR

Progressive Muskelrelaxation

Form: Übung: Spiel: ☐   Phantasiereise: ☐

Ziel:
Entspannung; Regulation

**Weitere Anwendungs-
möglichkeiten:**
Sensibilisierung der
Körperwahrnehmung

Gruppengröße: ☺
In der Gruppe

Dauer:
20-40 Min.

Material:
Warme, bequeme Unterlage

Musikvorschlag:
Tony Scott: Zen-Meditation

Anleitung:

Bei dieser Entspannungstechnik nach JACOBSON wird in den Muskeln durch Anspannung ein Reiz gesetzt. Bestimmte Muskelgruppen werden angespannt und diese Spannung eine Zeitlang angehalten. Danach erfolgt eine intensive Entspannungsphase, bevor die gleichen Muskeln noch einmal angespannt werden. Das führt zu einer zentralen Entspannung, durch die auch innere Spannungs- und Erregungszustände abgebaut werden können. Ein Beispiel für eines von vielen möglichen Programmen:

»Mach es Dir auf Deiner Unterlage so bequem, wie Du es gerne hast. Leg Dich in einer Position hin, die Du als angenehm empfindest und sei Dir bewußt, daß Du diese Lage jederzeit wieder verändern kannst; so, wie es für Dich stimmt und wie es für Dich richtig ist. Schließ allmählich Deine Augen und hör einen Augenblick in Dich hinein. Nimm wahr, wie Du auf dem Boden liegst und Deinen Atem spürst.

Vielleicht spürst Du auch, wie Dein Herz schlägt und das Blut durch die Adern transportiert. Nimm all das wahr und auch, wie Du dabei immer mehr zur Ruhe kommst; zu Deiner Ruhe und zu Deiner Mitte findest.

Balle nun Deine rechte Hand zu einer Faust und spann sie fest an. Versuche die Spannung zu spüren, wie sie wächst und wie der Druck über den Unterarm und den Oberarm bis in die Schulter geht und ganz intensiv wird. Und jetzt entspann Dich. Nimm wahr, wie Deine Hand sich öffnet – und entspannt. Und während Deine Hand und Dein Arm sich entspannen, spürst Du vielleicht eine angenehme Wärme. Nimm sie wahr, und auch, wie ruhig und entspannt Du hier auf dem Boden liegen kannst. Und dann wiederholen – anspannen – und entspannen.

Nun balle Deine linke Hand zu einer Faust und spann sie fest an. Spüre die Spannung, wie sie in Deinen Unterarm und Deinen Oberarm bis in Deine Schulter geht und immer noch ansteigt – während Du ruhig und gleichmäßig atmest. Und jetzt entspann Dich. Nimm wahr, wie auch diese Hand sich öffnet und sich entspannt. Und während Deine Hand und Dein Arm sich entspannen, spürst Du vielleicht wieder diese angenehme Wärme. Nimm auch sie wahr, und wiederhole dann diese Bewegungen für Dich, anspannen – und entspannen. Balle jetzt beide Hände zu Fäusten und verstärke diese Spannung wieder, bis sie über Deine Unterarme und Oberarme in Deine Schulter geht und intensiver wird. Und nun entspann Dich, laß einfach los und spüre, wie Du hier auf dem Boden liegst und alle Anspannung von Dir weicht und Du tief und gleichmäßig atmest.

Zieh jetzt Deine Schultern hoch in Richtung Deiner Ohren, zieh sie weiter hoch, ganz intensiv, während Du ruhig weiteratmest, und nun entspann Dich wieder. Laß Deine Schultern locker fallen und spüre, wie Dein ganzer Nacken sich entspannen kann. Wiederhol auch diese Übung für Dich, anspannen – und wieder entspannen.

Nun konzentrier Dich auf Deine Gesichtsmuskeln und spann nacheinander alle Deine Muskeln im Gesicht an – Stirn, Augenbrauen, Kopfhaut, rümpfe die Nase, kneif die Augen zusammen, beiß die Zähne aufeinander und drück die Zunge gegen den Gaumen, preß die Lippen zusammen, während Du tief und ruhig atmest. Und jetzt entspann Dich und spür in Deinen Körper hinein, wie Du bequem und entspannt auf dem Boden liegst und den gleichmäßigen Rhythmus wahrnimmst, wie Du atmest und wie sich Dein Körper sanft dazu bewegt. Wiederhol auch diese Übung für Dich, anspannen – und wieder entspannen.

Jetzt spann Deine Brustmuskeln an und verstärke die Spannung, bis Du sie im ganzen Rumpf spüren kannst, in der Brust und an den Seiten und im Bauch. Steigere die Spannung, bis Dein ganzer Rumpf sich fest anfühlt und atme dabei tief und ruhig weiter – und jetzt entspann Dich. Atme tief ein und aus und spüre, wie die

Anspannung verschwindet und Du ein Gefühl der Wärme, einer angenehmen Wärme und Ruhe spürst. Noch einmal wiederholen, anspannen – und loslassen, wieder entspannen.

Stell jetzt Deine Füße auf und führe Deine Beine an Deinen Körper und winkel Deine Knie leicht an. Nun drück Deinen Lendenbereich in den Boden hinein, drück mit aller Kraft gegen den Boden und spann jetzt auch den Po an, ganz intensiv anspannen und stärker gegen den Boden drücken – und dann entspann Dich wieder, laß Deine Beine wieder langsam sich ausstrecken, laß einfach los und nimm wahr, wie Du auf Deiner Unterlage liegst und atmest, ruhig und gleichmäßig, tief und entspannt. Noch einmal wiederholen, anspannen – und loslassen, wieder entspannen.

Nun beginne, Dein ausgestrecktes rechtes Bein anzuspannen. Zieh Deine Fußspitze so weit Du kannst nach oben zu Deinem Körper hin und verstärke die Spannung, bis Du den Druck in der Wade und im Oberschenkel fühlst, ganz intensiv wahrnimmst – und dann laß diese Spannung einfach los und nimm wahr, wie Dein Bein wieder entspannt und leicht wird und wie Du auf dem Boden liegst und entspannt und ruhig atmest. Jetzt spann Dein linkes Bein an, zieh die Fußspitze hoch zum Körper, bis die Wade fest wird und Du die Spannung in der Wade und im Oberschenkel spürst – und dann laß wieder los und spüre, wie Du auf dem Boden liegst und genieß diese Entspannung und diese Wärme, die Du spürst. Noch einmal wiederholen, intensiv anspannen – und entspannen, tief und ruhig atmen. Und nun spann beide Beine an, indem Du die Füße aufstellst und die Spannung in Waden und Oberschenkeln kommen läßt und diese Spannung verstärkst, intensiver werden läßt – und Dich wieder entspannst und wahrnimmst, wie Dein Atem immer tiefer und ruhiger wird und Du Dich immer mehr entspannen kannst und Dich wohlfühlst, wie Du so auf Deiner weichen Unterlage liegst. Jetzt preß Dein rechtes Bein ganz in den Boden, drück das ganze Bein fest in den Boden hinein, ganz fest, ganz intensiv – und wieder entspannen, und atmen, tief und gleichmäßig. Jetzt preß Dein linkes Bein ganz lang und ganz fest gegen den Boden und verstärke diese Spannung – und laß wieder los und spür, wie die Anspannung von Deinem Bein abfällt und Du Dich entspannen kannst. Noch einmal wiederholen, intensiv anspannen – und wieder entspannen, tief und ruhig atmen. Und nun preß noch einmal beide Beine ganz fest gegen den Boden, ganz gestreckt und ganz fest und ganz intensiv – und dann entspann Dich und spür, wie gleichmäßig Dein Herz schlägt und wie ruhig Du atmest und entspannt Du auf Deiner Unterlage liegst.

Zum Abschluß geh noch einmal durch Deinen Körper durch und nimm dabei wahr, wie sich Dein Körper für Dich anfühlt, wie es für Dich stimmt. Hände und Arme anspannen – und entspann Dich wieder, nimm wahr, wie Du angenehm tief und ruhig atmen kannst. Schultern hochziehen und den Nacken anspannen –

und wieder loslassen, entspannen. Das Gesicht noch einmal anspannen, alle Gesichtsmuskeln – und wieder entspannen, tief und ruhig atmen. Brust, Bauch und Seite anspannen – und loslassen. Beine aufstellen und Rücken und Gesäß anspannen – und wieder entspannt und tief atmen. Bein „nach oben" anspannen – und entspannen. Und die Beine gegen den Boden drücken – und wieder entspannen und zur Ruhe kommen. Und nun spür noch einen Moment Deinen Körper nach, wie Du hier auf dem Boden liegst, ruhig und entspannt, und wie angenehm dieses Gefühl für Dich sein kann. Und dann, ganz allmählich, so wie es für Dich stimmt, beginn Dich ein kleines bißchen zu räkeln, zu strecken und mit einer Bewegung wieder ganz hierhin, in diesen Raum zurückzukommen.«

Variationen:

☺ Eine Kurzfassung beinhaltet mindestens folgende Phasen:
1. Passive Grundhaltung (abschalten), eigenen Atem spüren;
2. Tiefmuskelentspannung durch eine „paradoxe Reaktion" (Anspannung – Entspannung);
3. Entspannung und Rückkehr in die Gegenwart.

Zwischen den Übungen soll jeweils eine Entspannungsphase eingelegt werden. Während der gesamten Folge ruhig und gleichmäßig atmen; besonders das Ausatmen betonen. Anfangs kann Dich die Wahl eines ruhigen Ortes und der gleichen Tageszeit in der Entspannung sehr unterstützen.

„Leg Dich entspannt hin und schließ Deine Augen – erst rechte, dann linke Hand zur Faust ballen – erst rechtes, dann linkes Bein anspannen – Kopf-, Hals- und Gesichtsmuskulatur anspannen – Erleben der Körperwärme und der Entspannung – Wanderung durch den Körper: Arme – Schultern – Rumpf – Hüfte/Po – Beine – und dort jeweils weiter anspannen – Entspannung genießen – Auflösen, Augen aufmachen, räkeln."

Anmerkungen:
- Achte darauf, daß Du bequem liegst und angezogen bist, genügend Platz hast, das Licht angenehm und der Raum warm genug ist. Es ist sinnvoll, vorher alle körperlichen Bedürfnisse zu befriedigen.
- Nimm Dir noch einige Minuten Zeit, um Dich in kleinen Gruppen auszutauschen über das, was Du erlebt hast.
- Beginne mit kurzen Einheiten und Gesamtanspannungen und steigere Dich langsam über längere Einheiten mit Teilkörperanspannungen bis hin zur differenzierten Anspannung kleiner Muskelgruppen.

Future-Pace

Wegweiser

Medizinrad „Ja, Leben" ☺☺☺ 299

Abschlußspaziergang ☺ 302

Abschluß-Energiekreis ☺☺☺ 304

Integrations-Trance ☺ 306

May the long time ☺☺☺ 310

Evas NLP-Geschichten ☺ 311

Einstimmung

Der FUTURE-PACE stellt sicher, daß das Gelernte, Geübte, Ausprobierte, Erreichte in das Leben integriert wird, um in der Zukunft angewendet zu werden. Er stellt einen Transfer, eine Brücke dar zwischen dem geschützten Raum, in dem das Neue eingeübt wird, und dem Alltag, in dem das Neue angewendet werden soll. Der FUTURE-PACE gehört zu jeder klassischen NLP-Übung und -Sitzung um sicherzustellen, daß man nicht nur irgend etwas übt, sondern daß dies tatsächlich in die Gesamtpersönlichkeit integriert werden kann und seinen Platz ökologisch abgesichert im Lebensplan oder Lebenskonzept findet.

Die in diesem Buch vorgestellten Basisfertigkeiten dienen als Grundlage für viele NLP-Interventionen, die Veränderungen möglich machen. Wenn Du Lust hast eine Brücke zu bauen, hin zu einem spielerisch leichten Umgang mit Veränderungen, kannst Du in unserem zweiten Buch viele neue Übungen, kreative Spiele und wunderbare Phantasiereisen finden.

Integration   FUTURE-PACE

Medizinrad „Ja, Leben"

Form: Übung: ☐   Spiel: ☒   Phantasiereise: ☐

Ziel:
Integration; Future-Pace

Weitere Anwendungsmöglichkeiten:
Energie anheben; Separator

Gruppengröße: ☺☺☺

Dauer:
15 Min.

Material:
– – –

Musikvorschlag:
– – –

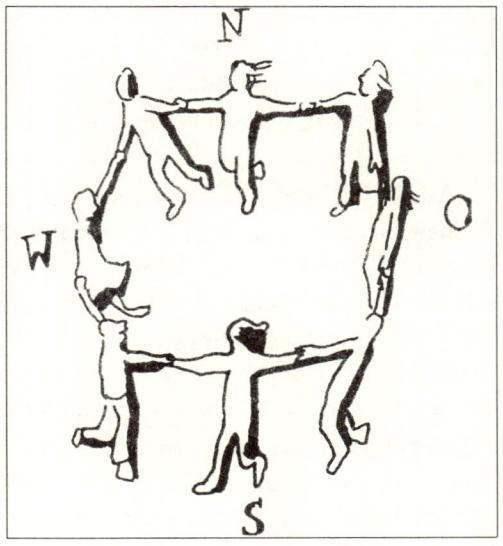

Anleitung:

Kommt zum Kreis zusammen, faßt Euch an den Händen und bildet dann ein Quadrat, das Ihr nach *Norden, Osten, Süden, Westen* ausrichtet, so daß jeweils eine Seite des Quadrates mit den Rücken in eine Himmelsrichtung zeigt. Dies ist ein Ritual, um die gemachten Erfahrungen zu integrieren – wie die Indianer sagen, in einem Medizinrad – was man im Laufe seines Lebens vollständig durchlaufen muß, um alles zu integrieren. Man beginnt in der Regel mit der Geburt an einer bestimmten Stelle – mit bestimmten Qualitäten und bestimmten Aufgaben für das Leben. Wenn Du jetzt im *Süden* stehst, dann ist dies der Platz der kleinen grünen Maus – die die Intimität kennt – genau über ihre Familie, ihre Behaglichkeit Bescheid weiß – aber nicht über ihren Nestrand zu schauen vermag – und der Platz des Kojoten – des Tricksers, der alle Tricks kennt – wenn er einmal über die Mauer gekommen ist, gehört er dazu und darf dableiben – und keiner fragt mehr, wie er sich da hineingetrickst hat. Hier im Süden wohnt das Feuer und der Herzenswunsch – die Idee, was Du verwirklichen möchtest – das, was ganz tief in Dir da ist – was Du für Dich haben möchtest, kreieren, in Deinem Leben darstellen oder umsetzen möchtest. Wenn Du an dieser Stelle bist, dann ruft Ihr zusammen: *„Ja, Herzenswunsch."*

Wenn Du im *Westen* stehst, ist das der Platz des großen braunen Bären – der Platz des Wassers und der Träume – wo all das, was Du Dir vorher gewünscht hast, zu Träumen, Visionen, Vorstellungen verarbeitet wird. Wie der Volksmund sagt: „Das fällt mir nicht im Traume ein." Träume gehören dazu, damit wir etwas umsetzen und ausprobieren können, damit es sich in unserem Leben realisiert. Dies ist der Platz im Westen, wo die tiefen Träume wohnen – wo die Visionen ruhen – die Kreationen, was Du gerne in Deinem Leben umsetzen möchtest – und das Wie. Wenn Du hier an dieser Stelle bist, dann rufen wir gemeinsam: *„Ja, Träumen."*

Im *Norden* wohnen der weiße Büffel und die Erde – und die Weisheit und die Freiheit, all das zu tun, was Du gerne machen möchtest – die Unabhängigkeit von Besitz und Anerkennung. All das, was Du loslassen kannst – was Dich noch gehindert hat, auf Dein Ziel, auf Deinen Herzenswunsch zuzusteuern – kannst Du hier im Norden hinter Dir lassen – loslassen – abgeben. Frei sein – um genau das zu kreieren in Deinem Leben, was Du kreieren möchtest. Wenn Du hier im Norden bist, dann rufen wir gemeinsam: *„Ja, Freisein."*

Wenn Du dann hier im *Osten* bist, ist dies der Platz der Luft und des Adlers. Der Adler, der sein ganzes Leben lang in einer Paarbeziehung lebt und der seinen Kindern beibringt zu fliegen, indem er unter Ihnen Flügelbewegungen macht und sie trägt – so lange, bis er merkt, daß sie diese Bewegung kennen und dann unter ihnen wegtaucht – sie alleine fliegen läßt und sie dann wieder auffängt, wenn sie müde werden. Der Adler, der vor jedem Sturm den Aufwind paced und immer vor dem Sturm mit nach oben geht – und über jedem Sturm ist, weil er mit der Natur schwingt. An dieser Stelle heißt es: *„Ja, Leben."* Umsetzen all dessen, was Du für Dich möchtest – was Dein Herzenswunsch ist – wie Du ihn geträumt – und Deine Vision gefunden hast – und frei bist dafür, ihn umzusetzen, in Dein Leben zu integrieren und jeden Tag ein kleines bißchen mehr zu entdecken. Dann laßt uns ausprobieren – jede Reihe für sich: „Ja, Herzenswunsch", „Ja, Träumen", „Ja, Freisein", „Ja, Leben". Das Medizinrad durchläuft man, indem man anfängt sich zu bewegen. Beweg Dich von Deiner Sicht aus nach links weiter – vom Süden zum Westen – zum Norden – zum Osten. Nimm wahr, wo Du jeweils stehst und beginne mit dem, wo Du gerade bist. Ruf mit den anderen, das, was gerade für Dich stimmt – und an jeder Ecke wechselt es, wenn Du in eine andere Himmelsrichtung kommst. Beginnt alle gleichzeitig: „Ja, Herzenswunsch", „Ja, Träumen", „Ja, Freisein", „Ja, Leben" – ungefähr eine bis anderthalb Minuten. Dann kommt in Eurem Quadrat zur Ruhe. Nimm wahr, wo Du jetzt stehst – von wo Du losgegangen bist und wo Du jetzt stehst – ob sich etwas verändert hat – und was es für Dich bedeutet,

Deinen Herzenswunsch zu kennen – und eine Vision zu haben, wie Du ihn für Dich verwirklichen kannst – und was Du loslassen kannst, um ihn ganz umzusetzen in Deinem Leben – und was Du hier gefunden hast – was Dich darin unterstützen kann und was Du mitnehmen kannst in Deinen Alltag, um es dort auszuprobieren und einfach nur zu genießen.

Anmerkungen:
- Es ist sinnvoll, vorher festzulegen, wo Süden, Norden, Osten und Westen sind. Sucht Euch einen Platz, wo Ihr ungehindert laut sein und schreien könnt oder macht Euch vorher darauf gefaßt, daß Euch vielleicht Leute anschauen werden.

FUTURE-PACE   Integration

Abschlußspaziergang

Form: Übung: ☒   Spiel: ☐   Phantasiereise: ☐

Ziel:
Integration und Abschluß

Weitere Anwendungsmöglichkeiten:
Zur Ruhe kommen; Entspannung (Regulation)

Gruppengröße: ☺

Dauer:
40 Min.

Material:
– – –

Musikvorschlag:
– – –

Anleitung:

Nimm Dir für Dich die nächste halbe Stunde Zeit, um das, was Du hier erfahren und erlebt hast, vollständig abzuschließen. Geh hinaus in die Natur und laß Dich einfach treiben. Laß Dich mit der Frage treiben: Was Du hier für Dich entdeckt hast – was war hier neu – was hast Du wiederentdeckt – was hast Du mit den anderen erlebt – was war wichtig für Dich – was hat Dir gut gefallen? Laß Dich in der Natur treiben mit dem Wissen, daß Du hier Unterstützung finden und Deine Fragen stellen kannst – daß Du vielleicht in der Natur eine Antwort finden oder zur Ruhe kommen kannst. Starte an dem Platz, wo Du Lust hast loszugehen, und geh durch alle Himmelsrichtungen – mit all den Elementen – im Süden mit dem Feuer – im Westen mit dem Wasser – im Norden mit der Erde – und im Osten mit der Luft. Laß Dich überall von den Elementen beschenken – laß Dich unterstützen und nimm Dir die Zeit für Dich – zur Ruhe zu kommen, um all das hier abzuschließen, was Du gerne abschließen möchtest – um das loszulassen und hierzulassen, was Du gerne hierlassen möchtest – und um das mitzunehmen in Deinen Alltag, was Du gerne mitnehmen möchtest – was Du mit anderen ausprobieren, variieren, neu- oder wiederentdecken möchtest – oder für Dich ganz alleine in Dein Leben integrieren möchtest. Laß Dich treiben in der Natur mit Deinen Fragen und laß Dich anziehen, finden von einem Geschenk – einem Geschenk für Dich oder für jemand anderen hier in der Gruppe – das Du mitbringen kannst – mit dem wir uns dann in einer halben Stunde hier wieder treffen.

Nun kannst Du Dein Geschenk mit in den Kreis legen, so daß die anderen sehen können, was Du geschenkt bekommen hast, auch wenn es für jemand anderen ist – zeig Deine Schätze. Dann laßt uns noch einmal zusammenkommen zum Abschluß in einen Kreis – in einen Kreis, wo jeder jeden sieht – und abschließend noch einmal an den Händen fassen – so daß Du noch einmal die Energie rechts und links spüren kannst – und wie Du mit dem ganzen Kreis verbunden bist. Die Indianer sagen: *„Ein einmal geschlossener Kreis bleibt immer bestehen.“* Spüren, wie Du die anderen und die Verbindung wahrnehmen kannst – in Kontakt sein kannst über die Berührung oder die Energie. Verabschiede Dich auf Deine Art, und dann kannst Du Deine Geschenke verschenken oder mitnehmen – und spüren, wie Du diesen Kreis für Dich mit nach Hause nehmen kannst als eine Möglichkeit in Deinem Leben, Verbindung herzustellen.

FUTURE-PACE   Integration

Abschluß-Energiekreis

Form: Übung: ☐   Spiel: ☐   Phantasiereise: ☒

Ziel:
Einen Tag, eine Übung, eine Gruppe abschließen und sich verabschieden

Weitere Anwendungsmöglichkeiten:
Energie in einer Gruppe spüren; Rapport erleben

Gruppengröße: ☺☺☺

Dauer:
15-20 Min.

Material:
- - -

Musikvorschlag:
Karunesh: Sounds of the heart

Anleitung:

Zum Abschluß zum Kreis zusammenkommen – zum Kreis als Metapher für das, was wir hier miteinander gemacht haben – ein Kreis, wo jeder jeden sieht und jeder wichtig ist – und wo jeder gleich wichtig ist. Dann faß noch einmal die Hände von Deinen Nachbarn rechts und links, um den Kreis zu schließen – indem Du mit der rechten Handfläche nach oben zeigst um zu nehmen – und mit der linken nach unten, so daß die Energie in diesem Kreis frei fließen kann – wie beim Sufitanz – sich von oben beschenken lassen und weiterleiten – so daß es auch in diesem Kreis einfach fließen und weiterströmen kann. Spür, wie Du auf dem Boden stehst – Kontakt zur Erde hast – und wie die unterschiedlichen Energien rechts und links sich anfühlen – wie Du Kontakt zu den Anderen hast und Kontakt zur Gruppe. Spür, wie die Energie in Dir fließen kann – und in der Gruppe fließen kann – laß all die Gedanken kommen, die Dir jetzt noch kommen, über das, was Du hier erlebt hast – laß all die Gedanken kommen – Erinnerungen – was für Dich wichtig war in dieser Zeit, die wir gemeinsam verbracht haben. Erinnere Dich, was Du neu entdeckt hast oder wiederentdeckt hast – und was Du mitnehmen möchtest nach Hause, um es in Deinem Alltag mehr und mehr zu entdecken – und zu integrieren. Laß noch einmal genau die Situationen entstehen, wo Du etwas für Dich Wichtiges gefunden hast – und mit wem zu Hause möchtest Du davon mehr entdecken – öfter und intensiver, genau das erleben. Laß die Erinnerungen kommen an diese gemeinsame Zeit hier – wo Du Qualitäten in Dir – und mit Anderen entdeckt hast – vielleicht sogar ein bißchen überrascht warst, genau diese Qualitäten in Dir zu entdecken – oder festzustellen, daß diese Qualitäten auch in Resonanz mit Anderen sind. Was hast Du für Dich gefunden, von dem Du mehr – öfter – und intensiver in Deinem Leben erleben möchtest – und mit wem – und wo – und ab wann. Laß Dir ein Symbol – eine Erinnerung – oder eine Idee schenken, wie Du das für Dich in dem Moment erinnern kannst – wenn Du wieder in Deinem Alltag bist und genau diese Qualitäten gebrauchen kannst. Laß Dir eine Möglichkeit schenken, wie Du sicherstellst, daß Du Dich dann genau daran erinnern wirst – wenn es jetzt noch nicht ganz klar ist, so weißt Du doch, daß es im Laufe des Tages für Dich klarer werden kann – vielleicht auch in der Nacht, wenn Du die Möglichkeit hast, davon zu träumen – und es in Deine Gesamtpersönlichkeit zu integrieren – so daß es ganz selbstverständlich für Dich weitergeht daß Du diese Qualitäten mehr und mehr entdeckst. Dann verabschiede Dich innerlich von der Gruppe, mit der Du diese Erfahrungen machen konntest. Laß noch einmal all die wichtigen Situationen kommen – mit wem in der Gruppe Du für Dich Wichtiges lösen konntest – für Dich wichtige Erfahrungen machen konntest – und bedank Dich innerlich auf Deine Art – indem Du die Hände rechts und links spüren kannst – die Verbindung mit der Gruppe – die Verbindung mit dem Kreis – wo jeder jeden sieht und jeder wichtig ist – wo Du wichtig bist – und jeder andere genauso wichtig. Spür noch einmal die Hände rechts und links – und dann schließe auch das für Dich ab, indem Du Dich auf Deine Art verabschiedest – Ihr die Hände wieder lösen könnt – und Du noch einen Moment stehenbleibst – nachspüren kannst, wie Du diese Energie – diese Verbindung mit dem Kreis – diese Verbindung mit den Anderen für Dich weiterhin spüren kannst – mitnehmen kannst in Deinen Alltag – mitnehmen kannst überall dahin, wo Du diese Unterstützung, die Du hier gehabt hast, gut gebrauchen kannst. Dann laß es nachschwingen – und nachklingen – und komm in Deinem Tempo hierher zurück.

Integrations-Trance

Form: Übung: ☐   Spiel: ☐   Phantasiereise: ☒

Ziel:
Integration, Abschluß

Weitere Anwendungsmöglichkeiten:
Gruppe beenden;
Neues lernen; Entspannung

Gruppengröße: ☺
In der Gruppe

Dauer:
25 Min.

Material:
Decken

Musikvorschlag:
Karunesh: Colours of lights

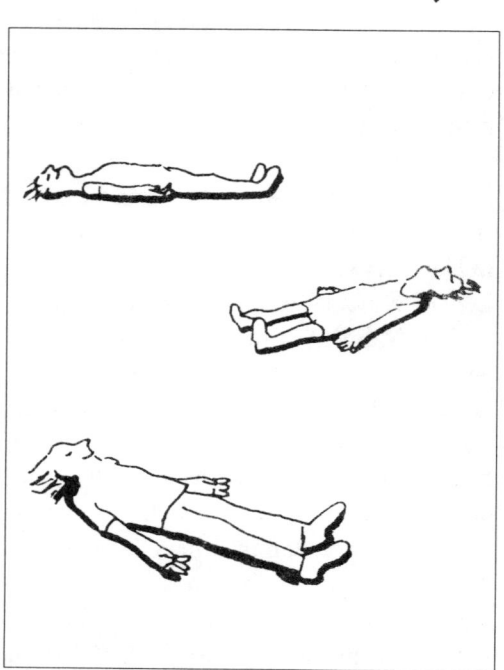

Beschreibung:

Such Dir einen Platz auf dem Boden und mach es Dir dort ganz bequem – so bequem, daß Du etwa 25 Minuten hier so liegenbleiben kannst. Spür noch einmal, wie Dein Körper heute daliegt – was alles Du jetzt schon loslassen – dem Boden anvertrauen kannst – einfach abgeben – loslassen – und was Du machen kannst, um es Dir noch bequemer zu machen, so, daß Du für die nächsten 25 Minuten hier ruhig liegenbleiben kannst – und für Dich entscheiden kannst, ob Du nur so daliegst und Dich ausruhst – und diesen Zustand von Entspannung – von Loslassen – von Gelöstsein genießt – ob Du Dich mitnehmen läßt von der Musik in einen Zustand von Leichtigkeit und Gelöstheit – oder ob Du Dich von meiner Stimme leiten läßt – und all die Erinnerungen dazukommen läßt zu diesen Anregungen, die ich Dir jetzt im Laufe der Zeit geben werde. Spür noch einmal hinein, wo überall Du den Boden berührst – und geh mit Deiner Aufmerksamkeit hinunter in Deine

Füße – rechts und links – wo sie den Boden berühren – und mach Dir eine Vorstellung davon, wie sie daliegen – und sag Dir innerlich – Füße, ihr könnt jetzt loslassen – während Du mit Deiner Aufmerksamkeit höher hinaufgehst in Deine Beine – reinspürst, wie sie daliegen – Dir ein Bild davon machst, wie sie wohl aussehen – um ihnen dann zu sagen: ihr Beine, ihr könnt jetzt loslassen – während Du mit Deiner Aufmerksamkeit hineingehst in Dein Becken – spürst, wie es auf dem Boden aufliegt – rechts und links – Dir wieder ein Bild davon machst – und dem Becken erlaubst: Du kannst jetzt loslassen und Dich dem Boden anvertrauen – um dann mit Deiner Aufmerksamkeit reinzuspüren in Deinen Rücken – wahrnehmen, was Du hier noch lösen kannst – indem Du Dir eine Vorstellung davon machst und Dir innerlich sagst: Rücken, Du kannst jetzt loslassen – und indem Du in Deine Arme hineinspürst – wie sie da auf der Unterlage liegen – Dir ein Bild davon machst – und Dir innerlich die Anweisung gibst: ihr Arme könnt jetzt loslassen – kann Dein Körper mehr und mehr für Dich entspannen – in diesen angenehmen Zustand von Gelöstheit gehen – während Du mit Deiner Aufmerksamkeit hinaufgehst in Deinen Kopf – spürst, wo Du überall die Unterlage berührst – und wahrnimmst, was alles Du hier loslassen kannst – während Du Dir eine Vorstellung davon machst – wie Dein Kopf daliegt und aufliegt – kannst Du Dir innerlich die Erlaubnis geben, alles das, was Du jetzt nicht brauchst, dem Boden anzuvertrauen – loszulassen – um dann für Dich Deinen eigenen Atemrhythmus wahrzunehmen – und Dich von Deinem Atem schaukeln zu lassen – in Deinem Rhythmus – wie eine Welle. Während das von ganz allein für Dich weitergehen kann – und Du auf Deine Art diesen angenehmen Zustand von Entspannung – von Ausruhen – von Loslassen genießen kannst – und Dein Körper ganz weich werden kann – ganz weit – sich lösen kann – und Du Dich an den Boden hingeben kannst – laß noch einmal all die Erinnerung kommen an die Zeit, die wir hier gemeinsam verbracht haben – all das, was für Dich besonders wichtig war. Geh noch einmal zurück in Gedanken zu dem Zeitpunkt, als Du hierher gekommen bist – mit welchen Wünschen – mit welchen Vorstellungen – und was hast Du Dir für Dich erwartet – erhofft – was hattest Du Dir vorgenommen – und dann laß den Film – diesen Tonfilm weiterlaufen in Deiner Geschwindigkeit – in Deinem Tempo – wie einen Zeitraffer – so daß Du all die wesentlichen Momente findest – kurz wiedererlebst – jetzt – all das, was Du hier wiederentdeckt hast – neu entdeckt hast – was Du hier erlebt hast mit anderen und mit Dir – was Dir ganz besonders wichtig war. Laß zu all den Stichpunkten, die ich jetzt nennen werde, für Dich Assoziationen kommen – Ideen kommen – was bei diesen Sachen für Dich wichtig war – was Dir dazu einfällt, zum *Rapport* – was zum *Kontaktaufnehmen* – was für Dich neu war – oder Du vielleicht wiederentdeckt hast – oder

Kontakt aufrechterhalten – was es war was Dir besonders wichtig war – oder was Dir dazu einfällt zum *Kontakt beenden*. Was fällt Dir ein, wenn Du an **Wahrnehmung** denkst – Du kannst Deine Gedanken kommen und gehen lassen – und es ist nicht wichtig, daß Du alles weißt, was passiert ist in dieser Zeit – sondern, daß Du für Dich das Wichtige auswählst – was Du behalten möchtest – was Dir einfällt zur *Selbstwahrnehmung* – und *Sinne schärfen*. Was sagt Dir der Begriff *Kalibrieren* – und was *Wahrnehmung versus Interpretation?* Was fällt Dir ein zu *Zielen* – was war es für Dich, was auf der *bewußten* Ebene neu war – oder was Du wiederentdeckt hast – oder von Deinem *Unbewußtem* erfahren hast? Vielleicht Deine persönlichen Ziele – die kleinen oder die großen – und Deine **Ressourcen** – welche *Ressourcen* Du *spüren* kannst, ganz natürlich – oder wie Du *Ressourcen wachrufen* kannst – oder vielleicht für Dich ganz wichtig – *höchste Werte* – oder *Quelle*, eingebettet sein in einen höheren Sinnzusammenhang. Laß die Assoziationen, die Ideen kommen – all das, was für Dich dazugehört zu **Separator** – zu *aktivierend* und *regulierend* – oder was es für Dich bedeutet, den **Future-Pace**, den Brückenschlag in die Zukunft zu machen – den Transfer in Deinen Alltag. Laß den Tonfilm weiterlaufen mit all dem, was Du erlebt hast an Qualitäten – an Möglichkeiten – an Fähigkeiten wiederentdeckt hast an Dir – mit anderen. All die Qualitäten, von denen Du Lust hast, mehr – öfter – und intensiver zu erleben – allein und mit Anderen. Laß all die Momente kommen, wo Du Dich ganz Du gefühlt hast – sicher und geborgen – in einem Rahmen hier etwas Neues ausprobieren konntest, was Du mitnehmen kannst in Deinen Alltag – und dann laß alle die Ideen kommen – die Personen kommen – wann Du das ausprobieren möchtest – und mit wem – und auf welche Art und Weise Du die hier gemachten Erfahrungen in Deinen Alltag integrieren kannst – und Dich erinnern kannst, wann immer Du es brauchst. Laß Dir ein Symbol schenken – oder eine Farbe – was es für Dich ist, was Dich im Alltag daran erinnern wird – wenn Du es brauchst. Erinnere Dich an die Qualitäten, die Du hier entdeckt hast – die Du hier erlebt hast – und dann verabschiede Dich innerlich von all den Leuten hier, mit denen Du Erfahrungen gemacht hast – auf Deine Art und bedank Dich, daß Du das mit diesen Leuten ausprobieren konntest. Bedank Dich auch bei Dir, daß Du Dich getraut hast – daß Du Dich hineingegeben hast in die Gruppe – daß Du Dir erlaubt hast, dabei zu sein und mitzumachen. Dann schließ das innerlich für Dich ab in dem Wissen, daß Du Dich jederzeit erinnern kannst, wenn Du es brauchst – und daß Du auf Deine Art den Zugang dazu hast – zu all diesen Fähigkeiten – Möglichkeiten – und Qualitäten. Komm wieder ganz hierher zurück mit Deiner Aufmerksamkeit in diesen Raum – und in Deinen Körper – und spür mal, wie Du daliegst – und wo Du überall den Boden berührst. Komm in Deinem Tempo zurück – und laß

Deinen Körper eine Bewegung finden, die Dich ganz hierher zurückbringt – das kann ein Räkeln sein – ein Strecken – ein ganz Langmachen – oder daß Du Hände und Füße aneinander reibst – Handflächen und Fußflächen – oder die Knie umfaßt und Deinen Rücken massierst, indem Du auf einer weichen Unterlage auf- und abschaukelst. Laß eine Bewegung kommen, die Dich ganz hierher zurückbringt – vollständig wach und ausgeruht in Deinem Körper – frisch – um Dich von den Anderen zu verabschieden.

Anmerkungen:
- Anstelle der kursiv gedruckten Begriffe sind natürlich jeweils die Stichwörter einzufügen, die für dieses betreffende Erlebnis oder die gemeinsame Zeit wichtig sind.

May the long time

Form: Übung: ☐   Spiel: ☒   Phantasiereise: ☐

Ziel:
Abschied

Weitere Anwendungsmöglichkeiten:
Separator; Energie in einer Gruppe spüren

Gruppengröße: ☺☺☺

Dauer:
5 Min.

Material:
- - -

Musikvorschlag:
- - -

Beschreibung:
Laßt uns zum Abschied zusammenkommen und den Text singen:

„*May the long time sun shine upon you,
all love surround you
and the pure light within you
guide your way on.*"

Tschüßi!

Integration   FUTURE-PACE

Evas NLP-Geschichten

Form: Übung: ☐   Spiel: ☐   Phantasiereise: ☒

Ziel:
Kennenlernen von NLP

**Weitere Anwendungs-
möglichkeiten:**
Separator

Gruppengröße: ☺
In der Gruppe

Dauer:
30 Min.

Material:
- - -

Musikvorschlag:
- - -

Beschreibung:
NLP und was das so ist (Übersetzung für fränkische Frauen)
Also, weil Ihr mich immer fragt, will ich Euch das mal erklären. Zwar nicht alles, aber doch einen Teil davon. Als ich NLP gelernt habe, da habe ich viel erfahren über'n Körper, und das erzähl ich Euch jetzt mal. Dein Körper macht, daß Du laufen kannst und rennen und tanzen. Dann macht er noch, daß Du mit Deinen Händen essen und Dich am Po kratzen kannst und in den Ohren bohren, wenn zuviel Schmalz drin ist. Außerdem kannst Du aus Deinen Augen rausgucken und alles anschauen, was da so rundrum ist an Farben und Zeugs und Gegend und andere Leut. Aber, Du kannst auch hören, was andere so sagen und wie einer singt oder Musik spielt. Du kannst schmecken und riechen, wie Omas Rote Grütze ist, und das alles macht Dein Körper für Dich. Ganz schön viel, nich? So, und nun stell Dir mal vor, Dein Körper wär'n Radiowecker, der Dein Lied immer so schön vor sich hinlüdelt, weißte, so 'ne richtig schöne Melodie mit hohen und tiefen

Tönen, mal 'n bißchen lauter, mal 'n bißchen leiser, grad so schön dahin. Und dann stell Dir vor, da kommt einer daher und sagt zu Dir, Du sollst Dich nicht mehr am Po kratzen, weil, das tut man nicht. Und weil Du den so gern hast und ihm gefallen möchtest, läßte das dann eben bleiben. Aber nu juckt das und Dir wird ganz flau im Magen. Jetzt guckt der aber immer hin und Du willst Dich deshalb nicht kratzen. Tja, mit der Zeit gewöhnst Du Dich ans Jucken, und ans flaue Gefühl im Magen. Das ist dann so'n bißchen wie einschlafen. Siehste. Und da fängt Dein Radiowecker zu Deinem Lied ganz leise an zu summen, weil er will Dich halt wieder aufwecken. Nu isses aber so, der Typ guckt immer noch und Du willst Dich eben nicht kratzen. Also gut, gewöhnste Dich eben an Dein Lied mit 'm kleinen Summton drin. Nach 'ner Weile sagt der zu Dir, Du sollst nicht immer so viel rumgucken sondern Deine Augen immer so'n bißchen niederschlagen, das täte Dir so gut stehen und würde Dich so hübsch keusch aussehen lassen. Keusch sagt der. Naja, denkste, was das wohl sein mag. Aber gut, weil Du willst, daß der Dich hübsch findet, schlägste die Augen halt nieder. Nu sind aber rundrum die Farben und die Leute und das ganze Zeug und Du kannst das gar nicht mehr richtig sehen. Da kriegste 'nen Klumpen im Magen. Kein flaues Gefühl mehr. Und das sagste dem Typen denn auch. Aber der meint, also wenn Du das nicht kannst, dann mag er nicht mehr bei Dir sein. Na gut denkste, ich werd mich schon dran gewöhnen und schlägst die Augen so nieder, daß es ganz doll keusch aussieht. Das ist dann so, wie noch 'n bißchen mehr einschlafen. Nun summt Dein Radiowecker lauter, weil er Dich ja sonst nicht wachkriegt. Du kannst Dein Lied schon fast nicht mehr hören vor lauter summen. Da drückste Dich denn ganz eng an den Typen, weil, Du kriegst 'n bißchen Angst vor dem Gesumme. Jetzt biste ganz nah an ihm dran und kannst mit dem Augenniederschlagen auch nicht mehr mogeln, denn das würde der gleich merken. Nach 'ner Weile kommt der wieder mit 'ner Idee. Du sollst nicht mehr so rumspringen und Dich nicht mehr so verrenken beim Tanzen, weil, das schickt sich nicht für so 'ne keusche Frau wie Dich. Damit willste nun aber überhaupt nicht aufhören und das sagste ihm auch. Gut sacht er, dann geh ich eben und laß Dich allein hier hocken. Das willste nun überhaupt nicht und denkst Dir, naja, so schlimm wirds schon nicht werden, also hüpfste nicht mehr und tanzt nicht mehr, sondern übst schöne gemessene Schritte. Siehste, sagt der, jetzt biste schon 'ne richtig moderne Frau, mit der man sich sehen lassen kann. Da freuste Dich denn doch. Nun haste zwar 'ne Magenschleimhautentzündung, aber dafür biste 'ne moderne Frau. Dein Lied hörste auch nicht mehr, weil Dein Radiowecker inzwischen schrillt, weil er Dich ja nicht wachkriegen kann. Aber Du hast Dich ja inzwischen so ans Schlafen gewöhnt, daß Du gar nicht mehr wachwerden willst. Mit der Zeit vergißte, daß Du überhaupt mal 'n Lied hattest und denkst, das Geschrille bist Du. Nur manchmal in der Nacht oder wenn Du mal alleine bist und 'n bißchen Zeit hast, da hörste tief in Dir drin so 'ne richtig schöne Melodie mit hohen und tiefen Tönen, mal 'n bißchen lauter, mal 'n bißchen leiser, grad so schön dahin. Und da mußte heulen. Und wenn Du Dich dann entschließt, das Geschrille in Deinem Radiowecker wieder abzustellen und zu hüpfen und zu tanzen und zu gucken und Dich am Po zu kratzen, dann gehste zu jemandem, der was von NLP versteht und was Ihr dann macht, damit das klappt, und wenn das dann klappt, dann war das NLP, was Ihr gemacht habt.

NLP und was das so ist (Übersetzung für fränkische Männer)

Weil ich den Frauen schon gesagt hab, was NLP ist, will ich's Euch auch sagen. Ich hab viel gelernt über NLP in den letzten Jahren, und eins der wichtigsten Dinge war, wie das so ist mit dem Körper. Dein Körper hat Hände, mit denen Du essen kannst und Beine zum laufen. Du kannst mit Deinen Augen durch die Gegend gucken und den Girls hinterher und Du kannst weinen mit ihnen. Mit dem Mund kannst Du schmecken, wie 'n Bier schmeckt und Sauerbraten und den kannste dann sogar noch riechen. Mit den Ohren kannst Du hören, wie's am Klo blubbert und wie jemand singt und Musik macht. Das alles macht Dein Körper für Dich. Ganz schön viel, nich? Und nun stell Dir vor, Dein Körper wär 'n Feuerwehrauto, schön rot mit 'ner Leiter drauf und Schläuchen dran zum Spritzen. Mit Blaulicht und 'ner Tröte, mit fein geölten Rädern und 'nem Lenkrad, mit dem Du überall hinfahren kannst. Und nun stell Dir vor, eines Tages wird Dir Dein Lieblingsschlüpfer geklaut. Der mit den blauen Streifen, wo immer alles so schön verpackt war und so 'n bißchen nicht verpackt war, grad so schön zum Hinschauen. Mensch, da mußte heulen. Und wie Du so heulst, da kommt doch eine dazu und sagt zu Dir, damit mußte sofort aufhören, denn sowas tut man(n) nicht. Weil die Dir so gut gefällt und Du willst, daß sie mit Dir zufrieden ist, hörste halt auf damit. Nu ist der Schlüpfer aber weg und Du mußt die alten Dinger wieder anziehen, die gar nicht so schön zum Hinschauen sind, und Dir ist noch mehr zum Heulen. Jetzt guckt die aber immer, wie Du die alten Schlüpfer anziehst und Du traust Dich nicht. Das ist dann so, als tätste mit Deinem Feuerwehrauto gleichzeitig Gas geben und bremsen. Nu weißte ja, wie das ist, wennde in 'nem Auto gleichzeitig Gas gibst und bremst. Das wird dann viel langsamer und der Bremsbelag fängt an zu stinken. So ist das dann auch mit Deinem Feuerwehrauto. Da fängt Dein Herz an, wohl 'n bißchen schneller zu klopfen vor lauter Verwirrung. 'n ander Mal gehste spazieren und Du guckst Dir die Gegend an und die Girls und da sacht die doch, Du sollst nich immer so rumgucken nach Gegend und Girls, sondern Du sollst mal so'n stahlharten Blick machen und immer nur geradeaus gucken, das tät Dir so gut stehen und würd Dich aussehen lassen, wie einer von den stahlharten Typen. Stahlharter Typ sagt die, was das wohl sein mag, denkste Dir. Also gut, weil sie das nun unbedingt will und Dir keine Ruhe damit läßt, machste das eben. Nu sind da aber noch die Gegend und die Girls, und die kannste gar nicht mehr richtig sehen, weil Du immer nur stahlhart geradeaus guckst. Das ist dann so, als tätste die Schläuche von Deinem Feuerwehrauto ausrollen aber vergessen zu löschen. Naja, da schleifste dann die ausgerollten Schläuche an Deinem Auto hinterher, aber weils ja eh nicht mehr so schnell fährt, merkste das kaum. Nun klopft Dein Herz noch'n bißchen schneller. Denn 'n bißchen Angst, daß Du Dich in den

Schläuchen verhedderst, haste schon. Nach 'ner Weile kommt die mit 'ner neuen Idee. Du sollst auf der Arbeit mal 'n bißchen schneller machen, damit Dein Chef hübsch zufrieden ist mit Dir und er Dir mehr Geld gibt. Das willste nu aber wirklich nicht und das sachste ihr auch, denn so, wie's jetzt ist, macht Dir Deine Arbeit viel Spaß. Gut, sachtse, dann geh ich eben, kannste Dir 'ne andere suchen. Das willste nu ganz und gar nicht. Also gut, fängste auf der Arbeit an zu rennen und zu flitzen, damit Dein Chef Dir mehr Geld gibt. Das ist dann so, als tätste hinten an Deinem Feuerwehrauto schieben, damit es wieder schneller fährt. Nun tut das Ding aber schon gasgeben und bremsen gleichzeitig, und die Bremsen sind auch ganz schön abgenutzt. Weil die Schläuche hinterherschleifen, verhedderste Dich beim Schieben dauernd drin und nu haste Herzrhythmusstörungen. Dein Doktor sagt, wenn de nich damit aufhörst, kriegste 'n Herzinfarkt. Quatsch, denkste, denn Du hast Dich an Dein defektes Feuerwehrauto schon so gewöhnt, daß Du meinst, Du warst schon immer so'n Vehikel. Das viele Geld ist auch recht angenehm, daß Du nun kriegst von Deinem Chef, und die Herzrhythmusstörungen, mein Gott, die haste nu eben. Nur manchmal in der Nacht, wenn Du allein bist und wieder nicht schlafen kannst, da siehste 'n Feuerwehrauto vor Dir, so schön rot mit 'ner Leiter drauf und Schläuchen dran zum Spritzen, mit fein geölten Rädern und 'nem Lenkrad, mit dem Du überall hinfahren kannst. Da mußte schreien. Wenn Du Dich dann entschließt, Dein Feuerwehrauto wieder in Ordnung zu bringen und wegen geklauten Schlüpfern wieder zu heulen, die Gegend und die Girls anzuschauen und auf der Arbeit wieder Spaß zu haben und dann zu einem gehst, der Dich unterstützt dabei und das funktioniert dann auch, dann habt Ihr NLP gemacht.

Anmerkungen:
- Diese Geschichten könnt Ihr zum Abschluß in einer Gruppe erzählen, wenn Ihr Lust habt oder als Integration für eine Woche oder ein Peer-Group-Treffen. Achtet darauf, daß Ihr vorher Rapport hattet und daß Ihr Zeit genug habt, Euch darüber noch ein bißchen auszutauschen.

Wir über uns

Michael Luther (1958), *Kommunikationstrainer, Sportlehrer, NLP-Lehrtrainer.* Durch meine Arbeit mit Kindern und Jugendlichen habe ich erlebt, wie innere Stärken wachsen, wenn ich Körperarbeit, Bewegung in der Natur und Spiele mit den Fähigkeiten verknüpfe, mich selbst zu erspüren und den Umgang mit anderen bewußter zu gestalten. So werden kreative Potentiale mit Lust geweckt! Die Aus- und Fortbildungen in den Bereichen *Musik und Bewegung, Atem- und Körperarbeit, Spieledidaktik, Abenteuer- und Erlebnispädagogik, Motivation, Gesundheitstraining,* an denen ich teilnahm und meine NLP-Ausbildung bei Evelyne Maaß, Ralph Frank, Bernd Isert und Robert McDonald haben mich auf diesem Weg bestärkt und mein Leben bereichert. Hier habe ich wertvolle Impulse gewonnen, ganzheitliches Erleben spielerisch zur Entwicklung zu nutzen.

Leitgedanke: „*Mit dem Leben ist es wie mit einem Theaterstück. Es kommt nicht darauf an, wie lang es ist, sondern wie bunt.*" – Seneca

So entstand „**TRANSFER**", unser Institut in Köln. Wir bieten Ihnen:

Reisen und Outdoor-Erlebnisse
Entspannung und Mentales Training
Fitness und Gesundheit
Spiel und Kreativität
NLP und Selbstcoaching
Abenteuer und Motivation
Rhetorik und Kommunikation
Teamarbeit und Kooperation

Alle Angebote beinhalten eine Balance zwischen Aktivität und Ruhe, zwischen Körper und Geist, zwischen Erlebnis und Transfer. Unsere Ziele dabei: Lernen mit spielerischer Neugierde erfahren, ganzheitliche Herausforderungen mit Begeisterung erleben, eigene Qualitäten und Chancen entdecken, Kontakt mit Menschen aller Länder knüpfen, den Blick für den Umgang miteinander bewahren, persönliche Power kreativ steigern, Vertrautheit spüren.

Infos: **TRANSFER-KommunikationsTraining**
Michael Luther, Wiener Weg 14, 50 858 Köln
Tel.: 0221/48 15 57
www.nlp-creativ.de

Evelyne Maaß, *Dipl.Soz., NLP-Lehrtrainerin, Hypnotherapeutin, Lehr-Coach.*
Ich leite mit Karsten Ritschl seit vielen Jahren gemeinsam das Weiterbildungsinstitut **Spectrum KommunikationsTraining** in Berlin.

Wir lehren aus der Praxis für die Praxis und setzen und ein für lebendiges lustvolles Lernen.

In unseren schönen Räumen in Berlin schaffen wir eine Atmosphäre, in der es leicht fällt, gleichzeitig etwas für seine berufliche kompetenz und persönliche Weiterbildung zu tun.

Lernen kann und soll Spaß machen.

Wer daran interessiert ist, unsere Arbeit persönlich kennenzulernen, ist herzlich eingeladen, an einem unserer offenen Seminare teilzunehmen.

Unser Angebot:
- Coach-Ausbildung
- NLP-Ausbildungen aller Stufen
- Seminar „Die Macht der Sprache"
- Seminar „Erfolgreiches Team-Coaching"
- Seminar „Selbst-Management"
- Ausbildung zum Teamentwickler
- Ausbildung zum Hypnotischen Berater

Wir informieren Sie gerne über unser aktuelles Programm:

Spectrum KommunikationsTraining
Stierstr. 9 (Ecke Bennigsenstr.)
12159 Berlin (Friedenau)
Fon 030/852 43 41
Fax 030/852 21 08
e-mail: info@nlp-spectrum.de
Internet: www.nlp-spectrum.de

Sollten Sie an firmeninternen Fortbildungsmaßnahmen zu den Themen:
- Coaching
- Kommunikation und Teamentwicklung
- Kreativität und Persönlichkeitsentwicklung

interessiert sein, nehmen Sie mit uns Kontakt auf.

Wir würden uns über eine Zusammenarbeit sehr freuen.

Glossar

Aktives Zuhören: Kontrollierter gegenseitiger Dialog zwischen zwei oder mehreren Partnern mit dem Ziel guter gemeinsamer Verständigung. Dazu faßt der „Zuhörer" das Gehörte nochmals mit seinen eigenen Worten inhaltlich zusammen. Erst wenn er die Bestätigung von dem „Sprecher" erhält hat, daß er ihn vollständig richtig verstanden hat, kann er beginnen, seinen eigenen Standpunkt darzulegen.

Aktivierung: Entspannungsübung mit dem Ziel, das eigene Energiepotential anzuheben.

Ankern: Die bewußte Verbindung eines beliebigen, wiederholbaren Reizes mit einer inneren internalen oder externalen Repräsentation.

Assoziiert sein: Ganz und gar in einem Erlebnis oder einer Erinnerung sein, mit allen Sinnen beteiligt.

Auditiv: Auf den Hörsinn bezogen; Sinnesorgan: Ohr.

Baumzeremonie: Ein Ritual aus dem Schamanismus, mit dem der Kontakt zur Natur hergestellt wird und bei dem in Bäumen und durch Bäume Geschenke gefunden, Aufgaben, Fragen gelöst und Wissen und Erfahrungen integriert werden können.

Bewußtes: Alles, was im gegenwärtigen Augenblick Gegenstand der bewußten Aufmerksamkeit ist oder sein kann, das Rationale.

Dissoziiert sein: Nicht mit seiner ganzen Person in einem Erlebnis sein oder in einer Erinnerung, sondern es von außen sehen, sich selbst beobachten.

Einstimmung: Ganz ankommen und die Vorbedingungen schaffen, um sich auf das jeweilige Spiel, die Situation und die Partner neugierig und offen einlassen zu können.

Empathie: Einfühlungsvermögen.

Feedback: Rückmeldung, die Du einem Anderen gibst, von jemand Anderem oder von Deinem eigenen Körper erhältst.

Feldenkrais: Methode der Körperarbeit, benannt nach ihrem Begründer Moshe Feldenkrais.

Funktionsgymnastik: Körper- und Bewegungsübungen, die den natürlichen Aufbau und die Funktion des menschlichen Bewegungsapparates berücksichtigen und durch wirbelsäulen- und gelenkschonende Ausführungen auf die Gesunderhaltung abzielen.

Future-Pace: Der Schritt in die Zukunft; in der Phantasie den Brückenschlag in den Alltag machen, um das gewünschte Verhalten dann auch im Alltag zur Verfügung zu haben.

Ganzheitlichkeit: Unter Einbezug aller „Ebenen", wie Körper (Bewegung), Geist (Denken) und Seele (Gefühl).

Gefühl/Emotion: Auf das eigene Empfinden/Einfühlen bezogen.

Gustatorisch: Auf den Geschmackssinn bezogen; Sinnesorgan: Zunge.

Höchste Werte: Die intensivsten Motivatoren in unserem Leben.

Identität: Selbstbild oder Selbstkonzept eines Menschen; „Wer bin ich?"

Innerer Zustand: Die Stimmung und die Gesamtsumme aller neurologischen, körperlichen Prozesse in einem Individuum.

Integration: Das Hineinnehmen in die Gesamtpersönlichkeit, das Einbauen eines neuen Verhaltens oder einer neuen Erfahrung in den derzeit bestehenden Erfahrungsschatz.

Interpretation: Auslegung, Deutung, Erklärung.

Kalibrieren: Genaues Erkennen des Zustandes einer Person durch geschärfte Sinne und genaues Wiedererkennen dieses Zustandes.

Kinästhetisch: Auf den „Gefühlssinn" bezogen. Umfaßt im NLP-Sprachgebrauch auch taktil, Gefühl, Temperatursinn und vestibulär (siehe jeweils dort). Ursprünglich auf den Muskel- und Bewegungssinn bezogen; Sinnesorgan: Kleinstsensoren in den Muskeln (Muskelspindeln).

Körperkoordination: Geordnetes Zusammenspiel von Muskeln („Empfänger") und Nerven („Sender") in einem bestimmten Bewegungsablauf.

Kriterien: Was für jemandem in einem ganz bestimmen Zusammenhang, in einem ganz bestimmten Zustand wichtig ist.

Leading: Rapport mit einer Person aufnehmen und pacen, um dann durch kleine Veränderungen die Person in einen anderen Zustand zu führen.

Mantra: Ein Mantra ist ein Klang oder eine Silbe oder ein Satz oder ein Wort, was Du Dir ständig wiederholst. Wenn Du diesen Klang laut singst, entsteht eine Schwingung in Deinem Körper, eine Vibration, die Dich harmonisiert. Wenn Du Dir dieses Wort, diesen Klang, diese Silbe innerlich wiederholst, dient es als Harmonisierung für Gedanken und Deine Gefühle. Wenn das Mantra ein Wort ist oder ein Satz oder eine Frage, die Du immer wiederholst, schafft es einen Zugang zu Deinem Unbewußten und möglicherweise einen Weg, um Antworten zu bekommen. Mantren stimmen Dich ein auf einen veränderten Bewußtseinszustand.

Meditation: Meditation stellt eine wirksame Methode dar, um Körper und Geist ruhig werden zu lassen und Körper, Seele, Geist zu harmonisieren, in Einklang schwingen zu lassen. Die stillen Meditationen zielen darauf ab, Körper und Geist zur Ruhe kommen zu lassen und zu konzentrieren, Bewegungsmeditationen zielen darauf ab, in Fluß zu kommen und bis in jede Zelle hinein lebendig zu vibrieren.

Medizinrad: Ein Ritual aus dem Schamanismus, mit dem alle Himmelsrichtungen nacheinander durchlaufen werden und in jeder Himmelsrichtung Geschenke gefunden,

Aufgaben gelöst und Wissen und Erfahrungen integriert werden können. Jeder Platz hat seine besondere Qualität und wird auf besondere Art gewürdigt und gefeiert und hat seine eigenen Antworten.

Metapher: Gleichnisse, Parabeln, Allegorien, indirekte Kommunikation mit einer Geschichte.

Milton-Modell: Kunstvoller Gebrauch von vagen, unbestimmten Sprachmustern, um Zugang zu den Erfahrungen eines anderen zu haben und dessen unbewußte Ressourcen zu nutzen und die Möglichkeit offenzulassen, daß jeder sein eigenes Erleben zu diesem Wort assoziiert.

Modell: Eine praxisorientierte Beschreibung davon, wie etwas funktioniert oder eine Person, die genau das, was Du modellieren möchtest, schon hat und kann.

Modellieren: Herausarbeiten der Strategien und Fähigkeiten, die jemand, der in einer bestimmten Hinsicht als Vorbild dient, bereits hat; das genaue Herausfinden von Gedanken und Verhaltensweisen, die zu einem Zustand von Exzellenz führen.

NLP: Neurolinguistisches Programmieren, ein Kommunikations- und Wahrnehmungsmodell nach John GRINDER und Richard BANDLER. Ursprünglich wurde das NLP abgeleitet von erfolgreichen Methoden bedeutender amerikanischer Psychotherapeuten. Heute findet es einen weiten Verbreitungskreis in den Bereichen Psychotherapie, Kommunikation und Gesprächsführung, Werbung und Öffentlichkeitsarbeit, Managementtraining, Motivation und Neues Lernen. Dabei meint *Neuro*: jedes Handeln geschieht aufgrund neurologischer Prozesse; *Linguistisch* steht für: sprachliche Prozesse geben wieder, was und wie jemand denkt; *Programmieren* bedeutet: unser Handeln und Erleben wird von Verhaltens- und Denk-Mustern (Programmen und Strategien) geprägt, die wir auch eigenverantwortlich beeinflussen können. Eine NLP-Annahme sagt: Das, was ich glaube, hat Auswirkungen auf mich und auf das, *was* ich erlebe und *wie* ich es wahrnehme und erlebe; es kann mich behindern oder unterstützen. So versteht sich NLP als ein Modell; anders als bei einer Theorie ist das Kriterium also nicht, daß eine Vorannahme wahr ist, sondern daß sie praktikabel ist und daß sie nützt. Ein weiterer wesentlicher Bestandteil des NLP ist es, sich selbst in einem guten Zustand zu befinden, also sich selbst da hinein zu versetzen und diesen Zustand wieder abrufen zu können; ein guter innerer Zustand bildet die Grundlage dafür, in jeder Situation leicht und angemessen auf die eigenen Ressourcen zugreifen und die eigenen Energien gezielt und kreativ einsetzen zu können. In diesem Sinne bietet NLP eindeutig Qualitäten hin zu einem Miteinander, also sich selbst wohlfühlen und mit anderen gut auskommen und sie darin unterstützen, daß sie sich auch wohlfühlen.

Ökologie: Das Einbeziehen und die Rücksichtnahme der Beziehung zwischen einem Menschen und seiner Umwelt, auf eine Person bezogen, die Ganzheit des Individuums mit seinen Gedanken, Strategien, Verhaltensweisen, Fähigkeiten, Glaubenseinstellungen, Werten und seiner höchsten Quelle und das Achten auf die Ausgeglichenheit, auf das Gleichgewicht, die Balance in einem System.

Olfaktorisch: Auf den Geruchssinn bezogen; Sinnesorgan: Nase.

Quelle: Das Spüren eines übergeordneten Zusammenhanges, wie auch immer der Einzelne dies nennen möchte, Universum oder Gott oder die Natur der Natur.

Pacing: Rapport mit einer anderen Person gewinnen und aufrechterhalten.

Peer-Group: Die Gruppe von Leuten, die Dich während Deiner NLP-Ausbildung begleitet.

Progressive Muskelrelaxation: Zentrale Entspannung durch eine „paradoxe Reaktion" (Anspannung – Entspannung der Muskulatur) nach dem Prinzip der Tiefmuskelentspannung (nach JACOBSON).

Rahmen: Kontext, Interpretationszusammenhang für ein Gefühl, für eine Wahrnehmung, Aussage, Erfahrung, Verhaltensweise.

Rapport: Eine Beziehung gegenseitigen Vertrauens und Verständnisses.

Reaktion: Körper-/Gedankenaktivität auf einen bestimmten Reiz hin.

Reflexion: Rückblick auf und Zusammenfassung von vorangegangenen Aktivitäten, Erfahrungen und Empfindungen.

Regulation: Entspannungsübungen mit dem Ziel, das eigene Energiepotential zu senken (Beruhigung).

Repräsentation: Die Verschlüsselung und Speicherung eines Sinneseindruckes als Information im Gehirn; alle Fähigkeiten, Talente und Möglichkeiten, Mittel, die jemand schon hat, um ein Ziel zu erreichen, alles was darin unterstützt, einen guten Zustand herzustellen, Erinnerungen, Gedanken, Strategien, Erfahrungen, Menschen, Begebenheiten, Besitztümer, was immer es ist.

Resonanz (Partnerarbeit): Gemeinsam mit einem Partner oder einer Gruppe schwingen, unter Beibehaltung der Eigenfrequenz.

Ressourcen: All die individuellen Fähigkeiten, Stärken, Talente und Brillanzen, die ein Mensch in sich trägt.

Sensitiv: Auf das feine, empfindlich unterscheidende Wahrnehmen bezogen; Sinnesorgan: je nach Aufgabenstellung.

Separator: Aktion oder Maßnahme, die einen momentanen Zustand unterbricht und dadurch eindeutige energetische Zustände schafft.

Sinnesschärfe: Die Fähigkeit, feinste Unterschiede wahrzunehmen.

Spiegeln: Genaues Anpassen an Teile des Verhaltens eines anderen, zum Beispiel: Körperhaltung, Bewegung, Sprache, Stimme etc..

Strategie: Eine Gedanken- und Verhaltenssequenz, die dazu dient, ein bestimmtes Ziel zu erreichen.

Submodalitäten: Feinste Unterschiede im „Wie" des Erlebens, zum Beispiel: visuell: Helligkeit, Entfernung, Klarheit; auditiv: Tonhöhe, Lautstärke usw.; kinästhetisch: Druck, Temperatur, Feuchtigkeit; gustatorisch: scharf oder bitter; und olfaktorisch: frisch oder muffig.

Taktil: Auf den Tastsinn (Berührung, Anfühlen) bezogen; Sinnesorgan: Haut.

Temperatursinn: Auf den Sinn bezogen, Unterschiede zwischen warm und kalt treffen zu können; Sinnesorgan: Haut.

Trance: Veränderter Bewußtseinszustand, in dem Du Deine Aufmerksamkeit nach innen richtest.

Überkreuz-Spiegeln: Teile des Verhaltens eines anderen spiegeln, in dem ein anderes „System" benutzt wird; Beispiel: Atmung spiegeln durch Fingerbewegungen.

Unbewußtes: Alles, was im Moment nicht in Deinem Bewußtsein ist; Dein Freund, Sitz Deiner Intuition und Deiner Kreativität.

VAKOG: Zusammenfassung aller Sinnesreize (visuell, auditiv, kinästhetisch, olfaktorisch, gustatorisch); umfassende Wahrnehmung.

Vestibulär: Auf den Gleichgewichtssinn bezogen; Sinnesorgan: Gleichgewichtsorgan im Mittelohr.

Visuell: Auf den Sehsinn bezogen; Sinnesorgan: Auge.

Wahrnehmung: Grundlegende Fähigkeit, durch Reizaufnahme und -verarbeitung über verschiedene Sinnesorgane (Kanäle) die Umwelt zu erfahren und zu begreifen.

Yoga: Jahrtausendealtes indisches philosophisches System in verschiedenen Stilrichtungen, um Geist, Körper und Seele zu harmonisieren.

Ziel: Ein konkretes, sinnlich wahrnehmbares, gewünschtes Ergebnis.

Zeitlinie: Die Aufreihung der eigenen biographischen Erinnerung an einem gedachten Zeitstrahl.

Viele weitere Anregungen für Spiel, Sport, Freizeit, Lernen und miteinander Spaß haben könnt Ihr den folgenden Büchern entnehmen, die uns inspiriert haben.

Literatur

ANDREAS, C. & S.: *Mit Herz und Verstand.* Junfermann, Paderborn, 2. Aufl. 1994.

BACH, R.: *Die Möwe Jonathan. Illusionen.* Ullstein, Berlin, 1993

BANDLER, R. & GRINDER, J.: *Neue Wege der Kurzzeit-Therapie.* Junfermann, Paderborn, 11. Aufl. 1994.

BASSET, K.: *Spielen und spielen lassen.* Katzmann, Tübingen, 1985.

BISCHOPS, K. & GERARDS, H.: *Tips für Sportspiele.* Meyer & Meyer, Aachen, 1987.

BRINCKMANN, A. & TREESS, U.: *Bewegungsspiele.* Rowohlt, Reinbek, 1992.

CASTANEDA, C.: *Das Feuer von innen.* Fischer, Frankfurt, 1985.

Deutscher Sportbund (Hrsg.): *Spielfest Leitfaden.* o.O., 1988.

ELSTNER, F.: *Spiel mit.* Deutscher Sportbund, Dortmund, 2. Aufl. 1981.

FLURI, H.: *1012 Spiele und Übungsformen in der Freizeit.* Karl Hofmann, Schorndorf, 6. Aufl. 1993.

GÖÖCK, R.: *347 lustige Gesellschaftsspiele.* MVG, München, 6. Aufl. 1991.

HOUSTON, J.: *Der mögliche Mensch.* Sphinx, Basel 1984.

INAYATKHAN, H.: *Vom Glück der Harmonie.* Herder, Freiburg 1979.

JÖLLENBECK, D.: *Bewegung von Kopf bis Fuß.* Rowohlt, Reinbek, 1993.

LABORDE, G.: *Kompetenz und Integrität.* Junfermann, Paderborn, 3. Aufl. 1994.

MARX, E.: *Spiele für alle.* Hans Putty, Wuppertal, 1986.

MASUNAGA, S. & OHASHI, W.: *Das große Buch der Heilung durch Shiatsu.* Scherz, München 1985

MITTERBAUER, G. & SCHMIDT, G.: *300 Bewegungsspiele.* Steiger, Innsbruck, 2. Aufl. 1987.

MOEWIG (Hrsg.): *Kreativität fördern durch phantasievolle Spiele.* Moewig, Rastatt, 1991.

MOEWIG (Hrsg.): *Zeitvertreib auf Reisen. Spiele und Tips für unterwegs.* Moewig, Rastatt, 1991.

MÜLLER, E.: *Auf der Silberlichtstraße des Mondes.* Fischer, Frankfurt 1985.

MÜLLER, E.: *Du spürst unter Deinen Füßen das Gras.* Fischer, Frankfurt, 1983.

NATALE, F.: *Lebendige Beziehungen.* Berlin, 1991.

ORLICK, T.: *Kooperative Spiele.* Beltz, Weinheim, 3. Aufl. 1988.

ORLICK, T.: *Neue kooperative Spiele*. Beltz, Weinheim, 1985.

PORTMANN, R. & SCHNEIDER, E.: *Spiele zur Entspannung und Konzentration*. Don Bosco, München, 5. Aufl. 1992.

RHEKER, U.: *Spiel und Sport für alle*. Meyer & Meyer, Aachen, 1993.

REINERS, A.: *Praktische Erlebnispädagogik*. Fachhochschulschriften, München, 3. Aufl. 1993.

ROBBINS, A.: *Grenzenlose Energie – Das Power Prinzip*. Heyne, München, 3. Aufl. 1993.

RÖSCHMANN, D.: *111 x Spaß am Abend*. Windmühle, Hamburg, 1991.

SAINT-EXUPERY, A. de: *Lichtgrüße von der unendlichen Nacht*. 1989.

SATIR, V.: *Kommunikation, Selbstwert, Kongruenz*. Junfermann, Paderborn, 4. Aufl. 1993.

TULKU, T.: *Selbstheilung durch Entspannung*. Heyne, München, 1978.

WATZLAWICK, P.: *Anleitung zum Unglücklichsein*. Piper, München, 1983.

WESTDEUTSCHER SKIVERBAND (Hrsg.): *Skifreizeiten für Jugendliche – Handbuch zur Gestaltung der skifreien Zeit*. o.O., 1990.

WILBER, K.: *Wege zum Selbst*. Kösel, München, 2. Aufl. 1986.

WILSON, R.A.: *Der neue Prometheus*. Sphinx, Basel, 1985.

ZALFEN, W.: *Spielräume*. Grünewald, Mainz, 2. Aufl. 1988.

Diese Musik hat uns bei unseren Spielen und Phantasiereisen begleitet, uns fasziniert und zum Träumen angeregt und inspiriert und dadurch die Wirkung noch umfassender und sinnlicher erlebbar gemacht. Gerade bei den Phantasiereisen kannst Du sie bewußt als Anker einsetzen.

Musik

BALL, Patrick: *Celtic Harp (Keltische Harfe)*.
COLUMBIA (Hrsg.): *Flights of Fantasy 1-4*.
DENBY, Constanze: *Secret space*.
DEUTER, G.: *Celebration*.
DEUTER, G.: *Land of enchantment*.
JARRE, Jean-Michel: *Musik aus Zeit und Raum*.
JASZKIEWICZ, Mark: *Ort der Ruhe* und *Quelltrance* (über die Autoren).
KARUNESH: *Colours of light*.
KARUNESH: *Sounds of the heart*.
KITARO: *Silkroad*.
OLDFIELD, Mike: *Five miles out* und *Sailors hornpipe*.
PACHEBEL: *Kanon in D-Dur*.
ROYAL PHILHARMONIC ORCHESTRA: *Classic Disco/Non stop classics*
SCOTT, Tony: *Music for Zen-Meditation*.
VANGELIS: *Chariots of fire*.
VOLLENWEIDER, Andreas: *Behind the gardens*.
ZAMPHIR, Georghe: *Panflöte*.

Stichwortartig

A

ABC-Tanz 267
Abschluß-Energiekreis 304
Abschlußspaziergang 302
Akkord 51
Aktives Zuhören 137
Albatros 210
Alibi 145
Amöbe 62
An meiner Haustür 76
Ankommen 27
Anne Kaffeekanne 258
Antworten 33
Arche Noah 117
Atem fühlen 192
Atemlos 271
Atem-Meditation 206
Atemraum 191
Atom und Molekül 256
Auditive Eichung 132
Aufhellung 276
Aufstand 63
Augenkontakt 32
Aura 286
Aus 51
Ausbrechen 75
Autogramme 31

B

Babymassage 217
Ballonfahrt 139
Ballontausch 50
Bauchatmung 192
Bäume im Wind 209
Baumzeremonie 198
Begegnungen 37
Begrüßen 35
Berühmtheiten 31
Bewegter Atem 192
Bewegungen erfahren 87
Bewußte Prioritäten 153
Bildhauer 268
Bleib bei mir 257
Blickkontakt 53
Blinde Tiere 117
Blindentanz 50
Blindes Geleit 287
Blindschleiche 123
Blinzeln 264
Blitzlicht 151
Brennglas .... Umschlagseite
Brustatmung 192
Buddha 264

C

Chaos 261
Chinesische Zahlen 108

D

Da geht's lang 66
Das ist mein Stuhl 77
Das Körpergedicht 200

Das trifft's 119
Decken-Schaukel 210
Den neuen Mythos tanzen 152
Der Ton macht die Musik 118
Detektiv 146
Dialog 135
Die Schere ist offen 109
Dirigent 107
Doppelkopf 65
Drachentanz 55
Drei Wünsche 213
Du sollst 77
Duett 65
Duo 97

E
Eichung 130
Eigenschaften 100
Ein Fuß im Kreis 64
Elektrozaun 275
Emotionen 101
Endlose Schleife 62
Entspannung nach Feldenkrais 93
Erwachen 59
Es liegt was in der Luft 260
Evas NLP-Geschichten 311

F
Familiennamen 117
Fan-Post 127
Farben berühren 63
Feedback 127

Feder 146
Feinfühlig 121
Ferngespräch 53
Feueratem 270
Feuerrede 146
Flaggenalphabet 266
Flinker Griffel 274
Förderband 281
Frau Holle 44
Fröhlicher Teppich 46
Fühl mal, was da ist 121

G
Gedächtnisball 264
Gefrorene Schuhe 257
Gefühle zeigen 97
Gegendruck 50
Gegensätze 98
Gegenwind 54
Gemeinsam atmen 41
Gemeinsam frieren 257
Gemeinschaftsverpflegung 67
Genußkarussell 282
Genußmarkt 282
Geschenkekarussell 70
Geschichten schreiben 214
Gewitter 260
Gib's mir 121
Gleich und gleich 35
Gordischer Knoten 61
Gruppen-Aura 287
Guten Morgen 278
Gutes Wahrnehmen 125

H
Haften 52
Händedruck 121
Harmonie 54
Heilreise 225
Herzenswunsch 167
Hey-Ho 263
Höhlengang 122
Hörprobe 117

I
Ich bin ich 39
Ich denk an Dich 128
Ich habe keine Lust 77
Ich habe Recht 75
Im Gleichgewicht 72
Im Reich der Sinne 124
In den Mokassins des Anderen 42
In Fluß sein 194
Innere Klarheit 140
Integrations-Trance 306
Irrenhaus 143

J
Ja 213
Ja und 139

K
Kannst Du das 60
Kanon 116
Kinästhetische Eichung 132
Klebstoff 53
Kleine Fläche 55

Kontraste 58
Kopf an Kopf 50
Kopfneigen 59
Körper-Blitzlicht 152
Krabbel-Shiatsu 43
Kristalle 35

L
Langer Atem 51
Lauffeuer 107
Lebensauftrag, Lebensaufgaben 181
Leichtigkeit 210
Lichtkreis 292
Lieder summen 116
Locken 133
Lügen 144

M
Magischer Klang 66
Magnetfeld 35
Malen 249
Marionette 288
Marktplatz 36
Masken 274
May the long time 310
Meditation 277
Medizinrad „Ja, Leben" 299
Mein Körper 86
Meinst Du mich 59
Mischpult 102
Modellieren 87
Modenschau 106
Mondreise 142

N

Nach Hause gehen 78
Nachbartausch 273
Namenskreis 31
Natürliche Atempause 193
Neigungsgruppen 98
Neunundneunzig Luftballons 49
Nummern-Ohnmacht 210

O

Ohne Worte 109
Opernbesuch 142
Orchesterprobe 115
Orgelpfeifen 120
Ort der Ruhe 221

P

Paarfindung 32
Palme und Elefant 262
Pantomime 96
Patenkind 119
Pendel 209
Pfeil und Bogen 91
Phantasien wecken 273
Platzwechsel 56
Popcorn 44
Positive Time-Line 196
Problemliste 154
Progressive Muskelrelaxation ... 293
Pyramide 265

Q

Quelltrance 245
Quo vadis 53

R

Ra Ma Da Sa 290
Rapport klassisch 40
Regen 116
Regentropfen 281
Rekordkreis 63
Rhythmische Führung 288
Rücken beschenken 68
Rückengruß 35
Rückenposter 33
Rück-Sicht 265
Rüstung 89

S

SaTaNaMa 66
Schatten 58
Schau, was ich für Dich habe ... 288
Schienennetz 55
Schildkröte 89
Schlagfertig 274
Schleuder 51
Schleuderkette 51
Schlichtung 160
Schmetterlinge 195
Schnecke 280
Schneeflocke 34
Schnelles Sofa 272
Schutzanzug
  für den Drachenkampf 283
Schwebend 195
Schwertransport 51
Seilquadrat 67
Seilschaft 67
Shake hands 32

Sitzschlange	62
Skulptur	268
So wird geklopft	109
Spaziergang	123
Spiegel	57
Spiegelkabinett	58
Spiegel-Schatten-Original	58
Spiegelwischen	58
Spirale	62
Spontane Kiste	273
Sprachspiegel	43
Sprechende Hände	134
Stadtverkehr	45
Stille Post	287
Stillstand	268
Stimmungsball	97
Stimmungslinie	97
Streicheleinheiten	212
Stumme Antwort	107
Suchen und Finden	30

T

Tagesausgleich	91
Tanzender Widerspruch	74
Tarzan	88
Teamarbeit	69
Teekesselchen	143
Telegrafieren	135
Telegramm	66
Tennisball	289
Tipp-Tapp	91
Tönende Vokale	271
Tonkette	116

Trance-Tanz	195
Trautes Heim	123

U

Überkreuzspiegeln	42
Uhrwerk	268
Urlaubsgrüße	138

V

Vereinsgründung	138
Verformen	120
Verpackt	143
Vertrauen	101
Vis a' Vis	74
Visionssuche	161
Vom Problem zum Ziel	156
Vorhang auf – Vorhang zu	261

W

Wahrnehmungsräume putzen	110
Walze	282
Wandern	67
Wanken	75
Was hat Dich berührt	287
Was uns verbindet	287
Waschanlage	255
Wasserbett	281
Wege	38
Weitergeben	59
Wellenreiten	282
Wenn Du ein Baum wärst	141

Wer hat Dich berührt	121
Werbung	101
Wertehierarchie	236
Wertekatalog	233
Wertelied	243
Wertschätzung	240
Whirlpool	281
Widerstand	75
Wiegen	208
Wie ich dich finde	267
Willi	143
Windhauch	288
Wirbel für Wirbel	90
Wirrwarr	50
Workshop-Füße	92
Wortball	273
Wunschgang	87

Y

Yoga für die Göttin	204

Z

Zauberwald	288
Zeitungsmusik	55
Zeltstangen	209
Zerrspiegel	58
Zielrahmen	158
Zielreise zur Bibliothek des Wissens	175
Zielspaziergang	172
Zing-Zang-Klatsch	263
Zöpfe flechten	269
Zusammenhänge herstellen	257

Lassen Sie sich nicht stressen!

80 Seiten, kart. • € (D) 9,95 • ISBN 978-3-87387-742-9
REIHE: KOMMUNIKATION • Aktive Stressbewältigung

DORIS KIRCH
»Der Stress-Coach«
Soft Skills kompakt Bd. 10

Ob zu Hause in der Familie oder im Büro: Stress kann uns überall heimsuchen!

Doris Kirch gibt in »Der Stress-Coach« Anleitungen und Tipps, wie man trotz Beanspruchungen durch Beruf, Familie und Gesellschaft ein hohes Maß an Lebensqualität bewahren kann.

Der Leser lernt, seinen Stress richtig einzuschätzen, seine persönliche Stressbewältigung zu gestalten und stressbedingten Ängsten den Schrecken zu nehmen. Das Buch ist spannend geschrieben und enthält praxistaugliche Tipps und Hilfestellungen für den Alltag.

Doris Kirch ist Gründerin und Leiterin des Deutschen Fachzentrums für Stressbewältigung (DFME), Vorsitzende der Deutschen Gesellschaft für Meditationskultur e.V. und Zen-Schülerin seit 1985.

Weitere erfolgreiche Titel:

»Mentaltraining in Frage und Antwort«
ISBN 978-3-87387-719-1
»20 Minuten Pause«
ISBN 978-3-87387-670-5
»Die eigenen Kraftquellen entdecken«
ISBN 978-3-87387-701-6

www.junfermann.de

Das Leben verändern – Schritt für Schritt

320 Seiten, kart. • € (D) 26,90 • ISBN 978-3-87387-642-2
REIHE AKTIVE LEBENSGESTALTUNG • Gewaltfreie Kommunikation (GFK)

MARY MACKENZIE
»In Frieden leben«
Gewaltfreie Kommunikation für jeden Tag

Tag für Tag, 366-mal im Jahr erinnert die Autorin Mary Mackenzie mit einer Meditation daran, dass jeder neue Tag auch neue Chancen und Lernmöglichkeiten bereithält. Sie stützt sich dabei auf den reichhaltigen Wissensfundus und ihren eigenen Erfahrungsschatz als Trainerin der Gewaltfreien Kommunikation: Jede der täglichen Meditationen in diesem Buch enthält ein inspirierendes Zitat, Informationen zu einem bestimmten Aspekt der GFK und einen konkreten Vorschlag zur Umsetzung im Alltagsleben.

Dank seiner klaren, verständlichen Sprache und vieler kleiner Anekdoten eignet sich dieses Buch sowohl für Einsteiger als auch für Fortgeschrittene in der Kunst der Gewaltfreien Kommunikation. Viele kleine Schritte für eine große Sache!

Mary Mackenzie ist zertifizierte GFK-Trainerin und Geschäftsführerin des Flagstaff Center for Compassionate Communication, einer gemeinnützigen Organisation, die sich für den Frieden einsetzt.

Weitere erfolgreiche Titel:

»Sei nicht nett, sei echt!«
ISBN 978-3-87387-598-2
»Die Sprache des Friedens sprechen«
ISBN 978-3-87387-640-8
»Lebendige Spiritualität«
ISBN 978-3-87387-600-2

www.junfermann.de